科学で読み解く

日本神話と古事記

歴史研究家・評論家
長浜浩明

展転社

はじめに

今まで広く国民に親しまれてきた「ウサギとワニ」、「ヤマタノオロチ」、「海幸彦と山幸彦」の物語、神武東征、ヤマトタケル命、神功皇后の新羅親征の話など、『古事記』に書き残された神話や伝承は、日本民族の歴史や文化を知るうえで、必要不可欠な史料である。

また『古事記』は日本文学のルーツであるばかりでなく、日本最古の歴史書でもあり、そこには当時の人々の思考や習俗、生活や考え方、価値基準など、今に続く幾多の文化人類学的要素を含んでいる。

『古事記』は、上巻（神代）、中巻（神武天皇〜応神天皇）、下巻（仁徳天皇〜推古天皇）の三巻から成っており、神話は上巻にまとめられているので、本書は上巻を中心に述べている。

だが、中巻の神武東征や神功皇后の話に、強い疑いを持っている方も多いので、科学的・論理的に解析し、やや詳しく解説することにした。下巻については、論争のある部分を除き、全体の流れを知るに止めた。

昔から『古事記』に対し、根拠なき偽書説が流されてきたが、一九七九年一月、竹西英夫氏が、茶畑の中から太安万侶《おおのやすまろ》の墓を発見したことで、疑念は雲散霧消したと言って良い。

ではその後、『古事記』はその地位を得たか、というとそうではなく、忘れ去られたままである。

単に忘れ去られただけではない。敗戦後、「それはウソだー！」という声が日本中の歴史学者から一斉に湧き上がり、それは糊口を凌ぐため、GHQの命令に従った変節と思われたが、占領が終わった今も続いているのは、どうしたことか。その為、今も日本神話や建国の歴史は、全くと言って良いほど子供たちに教えられなくなってしまった。

それればかりか、戦後の検閲とパージで、転向した学者から教育を受けてきた保守系作家なども、『古事記』や『日本書紀』に謂われなき疑問と偏見を持つに至り、わが国の歴史を歪め、貶め、冒瀆して憚らない。その結果、日本民族は神話と歴史から切り離され、根無し草となり、滅亡への道を歩み続けている。

本書はそれらに諍《あらが》い、『古事記』を否定し、わが国の歴史を貶める謬論と偏見に対し、科学と論理でそれらを論破し、その正しさを証明することを目的としている。

本書により、人々が世に蔓延る無知と偏見から抜け出し、真の神話と古代史を知り、私たちを呪縛してきた謬論から解き放たれることができれば、筆者、望外の喜びである。

凡　例

一　ここで用いた原文は、倉野憲司・武田祐吉・校注『古事記　祝詞』（岩波書店）に掲載されたものを用いた。だが、本書では原文は省略した。

二　読み下しにあたり、原文中に割注の形で二行に記されている部分の内、読み方に関する注記は省略したが、注記に従い仮名で表記した漢字もある。それ以外の割注は、理解の上で必要と判断した部分は書き加え、或いはカッコ内に記した。

三　原文の読み下しは旧仮名遣いを用い、旧漢字は可能な限り当用漢字を用いた。読み下しにあたり、『古事記　祝詞』に加え、『日本古典文学全集　古事記・上代歌謡』（小学館）、『古事記（上）』（講談社学術文庫）なども参考にした。尚、原文に見出しはないが、内容理解の都合上、見出しを付け、理解の補助とした。

四　例えば、天之御中主神には天之御中主《あめのみなかぬし》神と記し、神《のかみ》のルビは原則、省略した。命《のみこと》、連《のむらじ》、造《のみやつこ》、国造《のくにのみやつこ》、首《のおびと》、君《のきみ》、直《のあたひ》なども繰り返し使われ、それらのルビを省くことで、主要な漢字のルビを読みやすくした。

五　世の中には「現代語訳」のみの本もあるが、本書では、旧仮名遣いによる読み下し文と現代語訳とを読むことで、より良く理解できると判断し、原則として双方を載せた。

六　引用文献の文末にあるカッコ内の数値は、引用文献のページを示す。

七　引用文中の傍点は、全て筆者か付け加えたものである。

目次

科学で読み解く　日本神話と古事記

古事記　中巻

古事記　下巻

装幀　古村奈々＋Zapping Studio
カバー写真　『古事記：国宝真福寺本』上、京都印書館、昭和20年　国立国会図書館デジタルコレクション https://dl.ndl.go.jp/pid/1184132

古事記　上巻　并《あは》せて序

【序文】　上巻は、「臣安万侶信《まを》す」から始まるが、彼を突き動かした動機は、「古《いにしへ》を稽《かむが》へて風《ふう》猷《いう》を既に頽《すた》れたるに縄《ただ》し、今に照らして典教《てんけう》を絶えむとするに補はずということ莫《な》し」であった。訳せば、「古代の事績を知り、学ぶことは、今、生きる規範や道徳が廃れ、衰えているのを正し、補《おぎな》うのに極めて有益なことである」となろう。

次いで、天武天皇が『古事記』を編纂させた動機を、次のように述べている（訳文）。

「私が聞くところによると、諸家に伝わる歴代天皇の記録、即ち〝帝紀〟や伝承された物語など、即ち〝旧辞〟には、真実と異なるものが多いとのことである。そうなら、今、平和になったこの時に、誤りを改めておかないと正しさが失われてしまうだろう。それ故、正しい帝紀を選んで記し、旧辞を調べなおし、偽りを正し、真実を求め、後世に伝えたいと思う」。

その頃、氏は稗田《ひえだ》、名は阿礼《あれ》、年は二十八の舎人《とねり》がお側に仕えていた。この者は極めて聡明で、天武天皇は帝紀や旧辞を繰り返し読み聞かせ、習わされた。だが六八六年、天皇がお隠れになり、時世が変わり、その計画が実行に移されることはなかった。

その後、七〇七年に元明天皇が即位され、和銅四年（七一一）九月十八日、太安万侶《おおのやすまろ》に詔《みことのり》を下し、「稗田阿礼が、天武天皇の勅命により、記憶していた事柄を文字として書き記し、献上せよ」と仰せられた。その結果、和銅五年正月二十八日、安万侶が元明天皇に献上したのが、〔上〕、〔中〕、〔下〕の三巻から成る『古事記』である。

天地の初めの神々

一　五柱の別天《こと》つ神

【訓読】　天地《あめつち》の初めて発《ひら》けし時、高天原《たかあまのはら》に成れる神の名《みな》は、天之御中主神《あめのみなかぬしのかみ》（高の下の天を訓《よ》みて阿麻《あま》と云ふ。下は此れに效《なら》へ）、次に高御産巣日神《たかみむすひ》、次に神産巣日神《かみむすひ》、此の三柱の神は、みな独神《ひとりがみ》と成り坐《ま》して、身を隠したまひき。次に国稚《くにわか》く浮きし脂の如くして、くらげなす漂へる時、葦牙《あしかび》の如く萌え騰《あ》がる物に因《よ》りて成りし神の名は、宇摩志阿斯訶備比古遅神《うましあしかびひこぢ》、次に天之常立神《あめのとこたち》。この二柱の神も亦、独神と成り坐《ま》して、身を隠したまひき。

上の件《かみくだり》の五柱《いつはしら》の神は、別天《ことあま》つ神。

【訳解】　地球が誕生した時、天と地は混沌としていたが、やがてそれが分かれ、天と地になった時、天上の聖なる高天原に初めて現れた神の名は、天地の主宰神、天之御中主神《あめのみなかぬし》であった。次に現れたのが、万物を生成する霊力を持つ高天原の至高神、高御産巣日神《たかみむすひ》と出雲系の至高神、神産巣日神《かみむすひ》であった。この三柱の神は独神《ひとりがみ》であり、お姿を現すことはなかった。

やがて地上が水に浮かぶ脂のように千変万化し、クラゲのように漂っている時、春に水辺から芽吹《めぶ》き、成長する葦のように、万物の生命力、成長力、繁殖力を生み出す男神、宇摩志阿斯訶備比古遅神《うましあしかびひこぢ》が現れた。次に高天原の永続性を守る、天之常立神《あめのとこたち》が現れた。

この二柱の神も独神であり、お姿を現すことはなかった。

この五柱の神は、高天原におられる天つ神の中でも特に貴い神である。

【解説】　地球は今から46億年前に誕生したと言われている。始めは大気もなく、高温の一つの混沌とした惑星だった。やがて地球が冷えていき、38億年前に地球は地上と海と大気に分かれ、生命の源が誕生した。32億年前になると、光合成する生命、シアノバクテリアが、21億年前になると原始生物が誕生し、6億年前に生命の爆発が起き、4・8億年前、海で進化した生物が陸上で生活するようになる。

その後、地球は高温期と極寒期を繰り返し、多くの生物が誕生し、増減を繰り返し、その環境下に於いて、日本列島は千変万化してきた。やがて地球は恐竜の最盛期を迎えるものの、約6500万年前、隕石が地球に衝突することで環境は激変し、恐竜時代は終焉を迎える。その後、哺乳類が主役となる時代へと移行していく。

そして約700万年前、人類が誕生し、約20万年前にアフリカで今の私たちの直接の祖先である〝新人〟が誕生する。その彼らは約4万年前に日本へとやってきたが、これら、地球誕生から人類誕生までを統《す》べた絶対神が〝別天《ことあま》つ神〟と考えることもできる。

では高天原《たかあまのはら》とは何かというと、「現存する地上界が投影された、観念上の天上界」であることが分かる。処が世には珍論を述べる方がいる。

例えば、田中英道氏は、『高天原は関東にあった』(勉誠出版)なる本で、「高天原は関東にあった」と述べ、崔基鎬氏(『韓国　堕落の2000年史』)によると、馬淵和夫氏や加藤瑛二氏などは「高天原は韓国にあった」と信じていたようだ。

一方、萩原浅男氏らは『日本古典文学全集　古事記・上代歌謡』に於いて、「高天原を特定の地と結び付けて説くのは後世の俗説である」(49)と戒めている。序《ついで》ながら〝高天原〟の読み方だが、『古事記』には「高の下の天を訓《よ》みてアマと云ふ。下は此れに效《なら》へ」なる注があり、本書はこれに従う。また、〝柱《はしら》〟とは神や貴い方を数える数詞である。

所で、〝独神《ひとりがみ》〟とは「双神(男女対偶の神)に対する単独神」というのが、一般的解釈だが、筆者は男神を想定していた。それは未知の世界には、先ず男性が現れ、状況を把握し、安全を確保してから家族を呼び寄せる、というのが常道だからだ。

所が、竹田恒泰氏は、『現代語　古事記』（学研）で次のように書いていた。

「独神とは男女の区別が無い神で、男神と女神の性質をお備えになった神なのです」（16）

ギリシャ神話に出て来そうな、こんな気持ちの悪い神が日本にもいたのか、と思って調べると、この一文は、「原文」の何処にも見当たらない。即ち、これは「現代語訳」ではなく、氏が、根拠なく書き加えた一文だった。

例えば、専門家は〝独神《ひとりがみ》〟である宇摩志阿斯訶備比古遅神《うましあしかびひこじ》を次のように解説していた。

「りっぱな葦の芽の男の神の意で、国土の成長力の神格化」（『古事記　祝詞』51）

「ヒコはヒメに対する男の意、ヂは男子または老翁に対する尊称」（『古事記　上代歌謡』50）

追認の為、『日本書紀（一）』（岩波文庫）を開くと次のようにあった。

「凡《すべ》て三柱《みはしら》の神ます。乾道独化《あめのみちひとりな》す。所以《このゆえ》に、此《こ》の純男《をとこのかぎり》を成せり」（18）

この文を訳せば次のようになる。

「陽気のみ受けて生まれた神で、全く陰気を受けない純粋な男性」（318）

三柱の神とは、『古事記』でいう、天之御中主神《あめのみなかぬし》、高御産巣日神《たかみむすひ》、神産巣日神《かみむすひ》を指す。

既にお分かりの通り、〝独神〟とは純粋な男神なのである。『古事記』を読めば、独神《ひとりがみ》が何人もの子を残していることからも分かることだ。

話を戻す。地上と高天原の永続性が確定し、アフリカを旅立った新人が日本にやってきた頃、日本を生み出す根源の二神が現れる。

二　神代七代

【訓読】次に成りし神の名は、国之常立《くにのとこたち》神、次に豊雲野《とよくもの》神。この二柱の神も独神《ひとりがみ》と成りまして、身を隠したまひき。

次に成りし神の名は、宇比地邇《うひぢに》神、次に妹須比智邇《いもすひぢに》神。次に角杙《つのくひ》神、次に妹活杙《いもいくぐひ》神。(二柱)。次に意富斗能地《おほとのぢ》神、次に妹大斗乃弁《いもおほとのべ》神。次に於母陀流《おもだる》神、次に妹阿夜訶志古泥《いもあやかしこね》神。次に伊邪《いざ》那岐《なき》神、次に妹伊邪那美《いもいざなみ》神。

上の件《くだり》の国之常立神以下《よりしも》、妹伊邪那美神以前《よりさき》を、幷《あは》せて神代七代《かみよななよ》と称《い》ふ。

(上の二柱の独神は各一代と云ふ。次に双《たぐ》へる十神は、各二神を合わせて一代と云ふ)。

【訳解】次に成り出た神の名は、国土に恒久に留まる根源神、国之常立《くにのとこたち》神である。次に成り出た神の名は、地上をおおう雲と原野を司る豊雲野《とよくもの》神である。この二柱の神も独神であり、お姿を現すことはなかった。

次に成り出た神の名は、大地の土を司る宇比地邇《うひぢに》神であり、大地《だいち》の砂《すな》を司る女神の妹須比《いもすひ》智邇《ぢに》神である。次に、土や砂の中に生まれる命が、生き生きと姿を現すことを司る、角杙《つのくい》神と妹活杙《いもいくぐい》神が成り出た。次に、万物を生み出す門戸たる意富斗能地《おほとのぢ》神と妹大斗乃弁《いもおほとのべ》神が成り出た。次に、世の生き物が然るべき形に整っていくことを司る、於母陀流《おもだる》神が成り出て、この変化を驚き、畏敬し、喜ぶ妹阿夜訶志古泥《いもあやかしこね》神が成り出た。次に伊邪那岐神と妹伊邪那美神が成り出た。

上に述べた国之常立神から妹伊邪那美神までの神々を合わせて神代七代《かみよななよ》と云う。

（上に述べた国之常立神と豊雲野神の独神は各一代と云う。次に男女の対として成り出た十神は、各二神を合わせて一代と云う）

【解説】　新人が誕生して以来、アフリカから旅立った様々な民族が何度にもわたって日本列島にやってきた。人々はこの地で人口を増やし、人口圧により、あるものは朝鮮半島から大陸へ、樺太を通って東シベリアへ、さらに北米へと移動していった。（図―1）

約4万年前の日本列島は現在の形状ではなかったが、それでも地上には生物が活動を始め、空には雲が湧きおこり、気候も安定に向かった。そして約2万年前のウルム氷期の最盛期は、海水面は今より最大140m程低く、瀬戸内海は陸地であり、九州と対馬は陸続きだった。また隠岐の島と本州、北海道と樺太も陸続きであり、氷結時は本州と繋がった。（図―2）

その後、地球の温度は約6度上昇し、地球上の氷が溶けだして海水面が上昇、やがて現在

HUMAN MIGRATION ROUTES

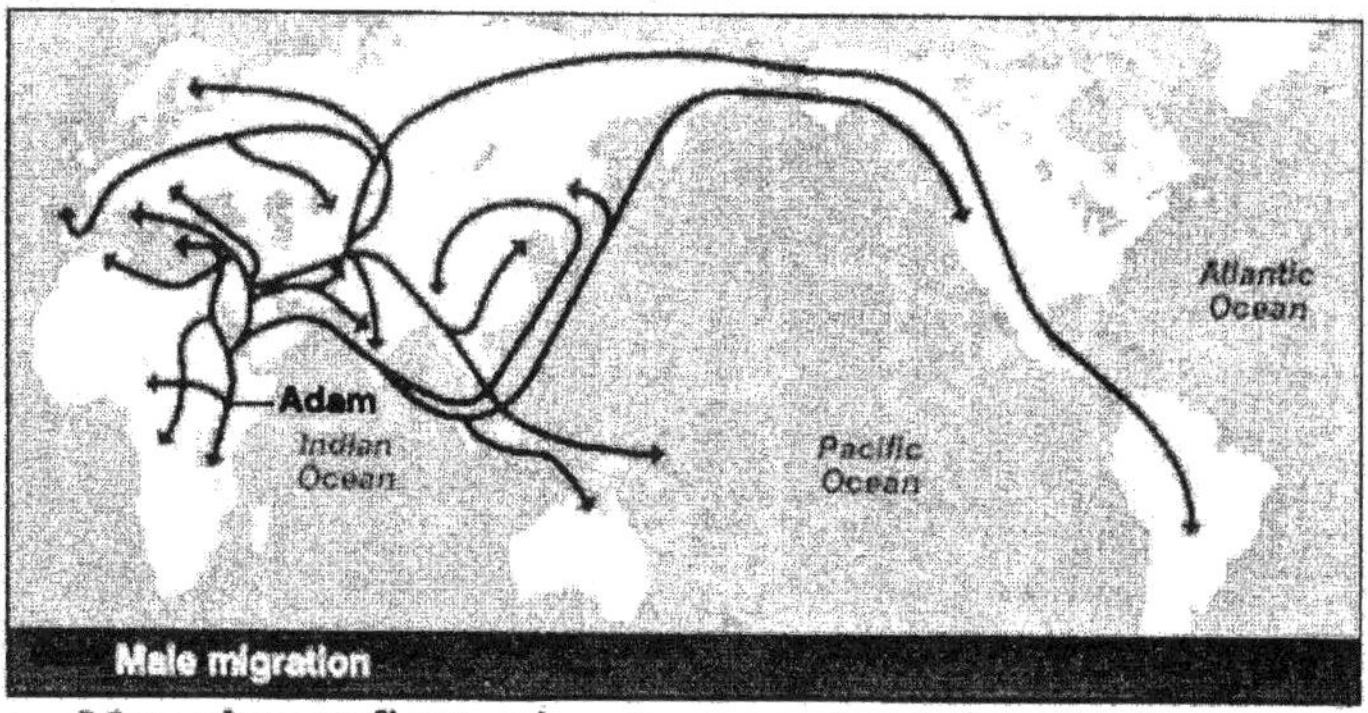

- Map shows first migratory routes taken by humans, based on surveys of different types of the male Y chromosome. "Adam" represents the common ancestor from which all Y chromosomes descended
- Research based on DNA testing of 10,000 people from indigenous populations around the world

Source: The Genographic Project

図―1　新人の移動ルート
（ジェノグラフィック・プロジェクトより）

の日本列島の形になっていく。（図―3）

この変化の時代に国之常《くにのとこ》立《たち》神、次に豊雲野《とよくもの》神を始め、様々な神が登場した。その最後に成り出でたのが、伊《い》邪《ざ》那《な》岐《き》神、妹《いも》伊《い》邪《ざ》那《な》美《み》神だったが、それは、縄文海進により対馬が島となり、瀬戸内海に島々が形成されつつある時代だった。

所で、『旺文社全訳古語辞典』によると〝妹《いも》〟とは「男性から、年齢の上下にかかわりなく、妻、恋人、姉妹など女性を親しんで呼ぶ語」とある。だから、何

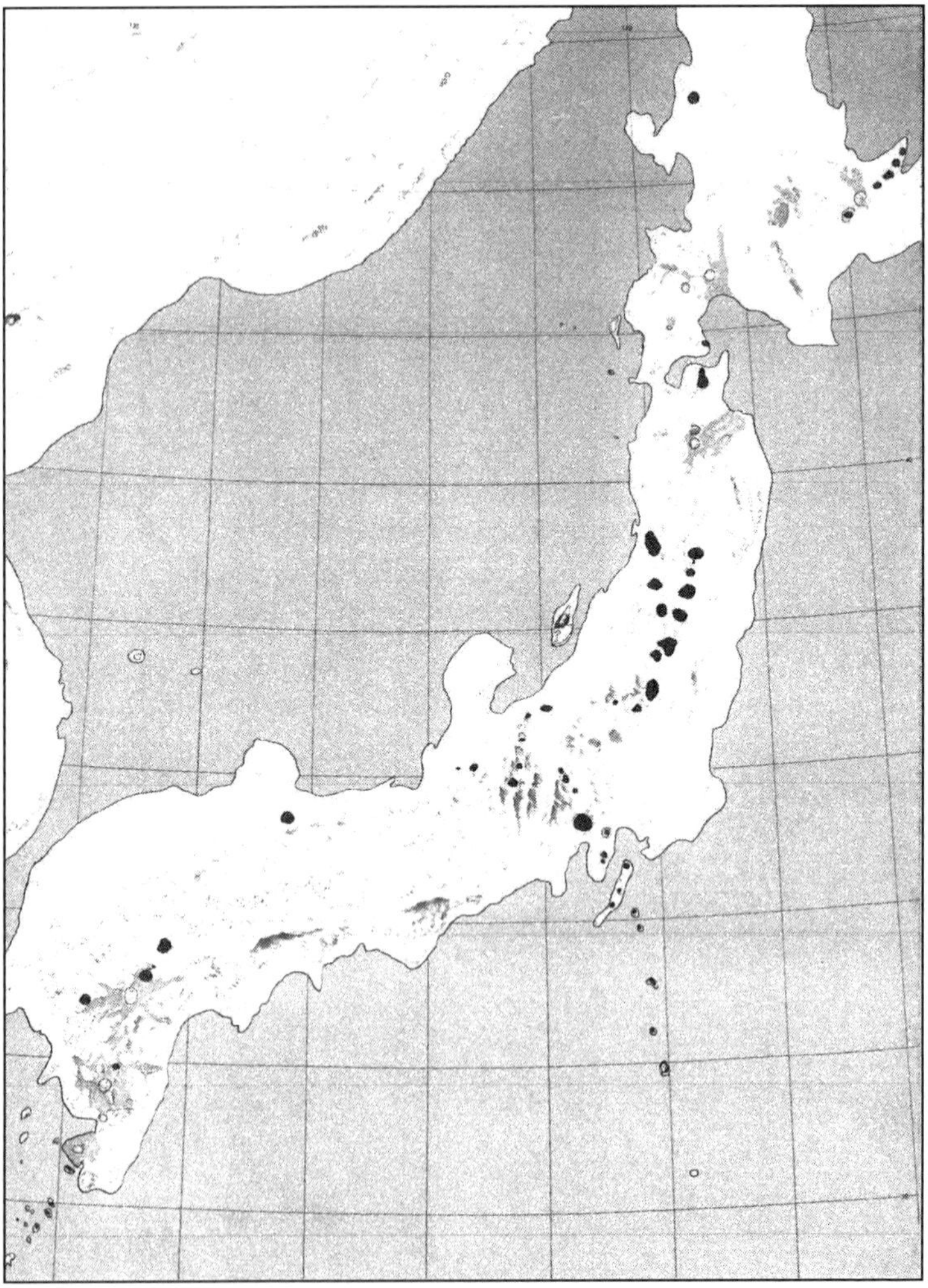

図―２　第四紀・更新世後期の古地理
15 万年前～ 1.5 万年前
（湊正雄監修『目でみる日本列島のおいたち』築地書館）

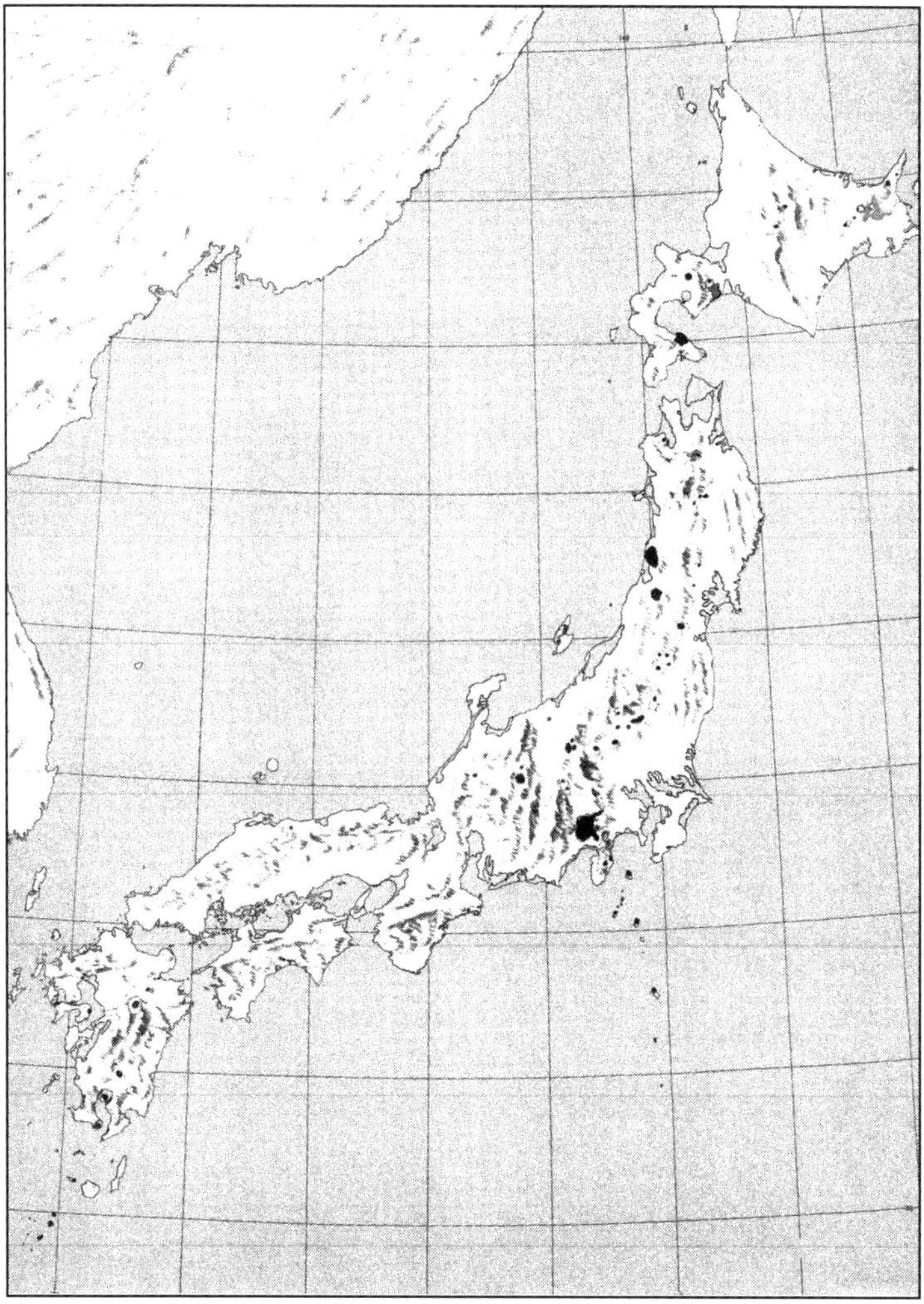

図―3　第四紀・完新（沖積）世の古地理
1.5 万年前～現在まで
（湊正雄監修『目でみる日本列島のおいたち』築地書館）

を指しているかは、文脈から判断することになる。

倉野憲司氏は、「妹は対偶の女性神であることをあらわしている」（『古事記　祝詞』51）とした。

〝対偶〟とは〝つれあい〟という意味だ。

谷口雅春氏は、次のように解説する（『古事記と日本国の世界的使命』光明思想社）。

「妹《いも》というのは女性ということで、妹《いもうと》ということではありません」（17）

これらの見解なら良く分かる。所が、竹田恒泰氏は次のように書いていた。

「次に初めて、男神《おがみ》と女神《めがみ》が成ります。宇比地邇神《うひじにのかみ》とその妻の須比智邇神《すひちにのかみ》です。二柱は兄と妹の関係ですが、夫婦になりました。兄と妹の結婚は神々にとっては理想的な結婚と考えられています。ゆえに、人間にとっては禁忌なのでしょう。（中略）次に、伊邪那岐神《いざなきのかみ》とその妻の伊邪那美神《いざなみのかみ》が成りました」（『現代語　古事記』16）

上の傍点部分だが、これは「解説」ではなく、「現代語訳」と思しき中に書いてある。だが、「原文」には一切ない。これも、氏が、勝手に加えた一文だった。

ここから氏は、伊邪那岐と伊邪那美も兄《あに》と妹《いもうと》と解していると読めるが、筆者はこの説は取らない。この二神も「成りし神」で親はいないのだから、谷口雅春氏の言うように、兄、妹の関係ではない。何故なら、やがて伊邪那美は神生みをするが、そこには「成りし」ではなく、「生みき」や「生みし」と書いてある。異なる用語を使うのは、意味が異なるからだ。また、二神の会話から兄妹でないことが分かる上、『古事記』が書かれた時代から、兄妹が通じることは死を伴う禁忌だった。人の場合、遺伝的弊害もあり、禁忌なのに、なぜ神々では理想的なのか。その根拠や合理的な理由が書いていない。即ち、根拠ゼロなのである。

伊邪那岐命と妹伊邪那美命

一　淤能碁呂島での誘《いざな》い

【訓読】　是《ここ》に天つ神諸《もろもろ》の命《みこと》以《も》ちて、伊邪那岐《いざなき》命、妹伊邪那美《いもいざなみ》命二柱《ふたはしら》の神に、「この漂《ただよ》へる国を修《おさ》めつくり固め成せ」と詔《の》りて、天《あめ》の沼矛《ぬぼこ》を賜《たま》ひて、言依《ことよ》さしたまひき。

故《かれ》、二柱の神、天浮橋《あめのうきはし》に立たして、其《そ》の沼矛を指し下《おろ》して画《か》きたまえば、塩こをろこをろに画《か》き鳴《な》して引き上げたまふ時、其《そ》の矛の末《さき》より垂《したた》り落《お》つる塩、畳《かさ》なり積《つも》りて島と成りき。これ淤能碁呂島《おのごろじま》なり。

其《そ》の島に天降《あまも》り坐《ま》して、天《あめ》の御柱《みはしら》を見立て、八尋殿《やひろどの》を見立てたまひき。

是《ここ》に其の妹、伊邪那美命に、「汝《な》が身は如何《いか》にかなれる」と問ひて曰《の》りたまえば、「吾《あ》が身は成り成りて、成り合わざる処一処《ところひとところ》在《あ》り」と答曰《こた》へたまひき。

爾《ここ》に伊邪那岐命、「吾《あ》が身は成り成りて、成り余《あま》れる処一処在り。故《かれ》、この吾が身の成り余れる処をもちて、汝が身の成り合わざる処に刺し塞《ふた》ぎて、国土《くに》を生み成さむとおもふ。生むこと如何《いかに》」と詔《の》りたまへば、伊邪那美命、「然善《しかよ》けむ」と答曰《こた》へたまひき。


【訳解】 高天原《たかあまはら》に男女の二柱の神が現れたのをご覧になった神々は、漂える下界をご覧になり、一致した意見として、伊邪那岐命と伊邪那美命に、「この漂っている国をよく整へ固めよ」と国作りを委任され、玉で飾った聖なる天《あめ》の沼矛《ぬぼこ》を賜った。

そこで二神は、高天原と地上界を結ぶ天の浮橋の上に立たれ、天の沼矛を使って下界に降ろし、海中をかき廻すと、コロコロと鳴り、その矛を引き上げる時、その先から滴り落ちた塩が重なり、積もって島が出来上がった。そんな訳でこの島を、自ら現れた島、ということで〝おのころ島〟と呼んでいる。

二神は島にお降りになり、神霊の依代《よりしろ》となる聖なる柱を立て、大きな御殿を造られた。

そこで伊邪那岐は、「あなたの身体《からだ》は、どのようになっているか」と尋ねられた。すると伊邪那美は、「私は次第に大きく、大人になり、成り合わない処が一所あります」と自分の身体《からだ》の特徴を語り、自分が女神であることを告げた。

それを聞いた伊邪那岐は、「私の身体は次第に大きくなり、体からはみ出した処が一所ある。そうなら、私のはみ出した所を、あなたの成り合わない所に刺し塞いで国を生もうと思う。国を生むということはどうだろうか」と仰せになった。それを聞いた伊邪那美は、「それは善《よ》い考えです」とこの提案を受け入れた。

【解説】 旧約聖書の〔創世記2〕によると、神が作ったアダムとエバについて、「人とその妻は、ふたりとも裸だったが、互いに恥ずかしいとは思わなかった」と書いてある通り、彼らは裸だった。〝人〟とはアダムを指し、女のエバはアダムのあばら骨から造られた、とある。これが、旧約を聖典とする民の男女観の根底にあることを忘れてはならない。

一方、伊邪那岐が伊邪那美に、「あなたの身体はどのようになっているか」と尋ねたように、高天原に成り出た時から二神は着物を着ていた。また、二神が同じ親から生まれた兄と妹なら、体の違いは知っており、尋ねることはない。筆者が、「二人は兄と妹」ではないと断ずる根拠の一つである。

同時に、日本民族は神代の昔から、男女が結ばれるとき、男性が女性の同意を求めることになっていた。今は当たり前と思われるが、キルギスで行われてきた略奪婚、シナでの女性の誘拐や売買による強制結婚、日本人女性を牝家畜と見做す統一教会の合同結婚式、などは神代の昔から、私たちが是とする婚姻習慣ではなかった。それらは、女性の人権を無視した野蛮行為、という価値観があったのだ。

日本民族の結婚の原型が、伊邪那岐のプロポーズに対して伊邪那美が「然善けむ」と受け入れることにあった。そして、男女が結婚し、子を生むことで命が受け継がれ、国が成り立つことを教えてくれる。『古事記』の世界には、男性の肉体を持った女や女性の肉体を持った男は存在しない。それを認めるLGBT法は、日本の伝統を破壊する亡国への道である。

二　最初の国生みに失敗

【訓読】 爾《こ》に伊邪那岐命、「然らば吾《あれ》と汝《いまし》と是《こ》の天《あま》の御柱を行き廻《めぐ》り逢《あ》ひて、みとのまぐはひ為《せ》む」と詔《の》りたまひき。かく期《ちぎ》りて、乃《すなは》ち「汝《いまし》は右より廻《めぐ》り逢《あ》へ、我《あれ》は左より廻り逢はむ」と詔《の》りたまひ、約《ちぎ》り竟《を》へて廻る時、伊邪那美命、先に「あなにやし、えをとこを」と言い、後《のち》に伊邪那岐命、「あなにやし、えをとめを」と言ひ、各《おのおの》言ひ竟《を》へし後、その妹《いも》に、「女人《をみな》先に言へるは良からず」と告げ曰《の》りたまひき。

然《しか》れども、くみどに興して生みし子は水蛭子《ひるこ》。此の子は葦船《あしぶね》に入れて流し去《う》てき。次に淡《あは》島《しま》を生みき。是《こ》も亦、子の例《たぐひ》には入れざりき。

是に二柱の神、議《はか》り、「今吾《あ》が生みし子良からず。なほ天《あま》つ神の御所《みもと》に白《まを》すべし」といひて、即ち共に参上《まゐのぼ》りて天つ神の命《みこと》を請ひたまひき。爾《ここ》に天つ神の命《みこと》もちて、ふとまにに占相《うらな》ひて、「女《おみな》先に言へるに因《よ》りて良からず。また還《かへ》り降《くだ》りて改め言へ」と詔《の》りたまひき。

【訳解】 そこで伊邪那岐は、「では、神聖な天の御柱を回って、出会った処で結婚することにしよう」と仰せられた。そして、「あなたは右から廻り、私は左から廻ろう」と言い終え、出会った時に伊邪那美は、「なんて素晴らしい男神なのでしょう！」と言い、後に伊邪那岐は「なんと素晴らしい女神なのだ！」と言ったのだが、その後、伊邪那岐は「女が先にこう言うのは不吉な気がする」と告げた。

しかし二人は廻《めぐ》りあった処で結婚し、寝所で夫婦の営みを交わし、生んだ子が水蛭子《ひるこ》だった。この子は葦の船に乗せて水葬とした。次に淡島、乃ち波で消え去ってしまうような島を生んだ。これも子の数には入れなかった。

ここに至り二神は、「今、私たちが生んだ子は良くなかった。天《あま》つ神の御所《みもと》に行って事の次第を申し上げよう」と相談し、高天原に上って天つ神の意見を仰《あお》がれた。すると二人に、鹿の肩の骨を朱桜の皮で焼くように、と仰《おお》せられ、焼いた骨の割れ方を見て占い、「伊邪那美が先に言葉をかけたのが良くなかった。島に戻り、唱え直しなさい」と仰せられた。

【解説】 男女の関係とは、鳥類、哺乳類を見ればわかる通り、生殖機能を持つオスが妊娠可能なメスを誘《いざな》うのが自然の摂理である。それ故、伊邪那岐は、「女が先に言うのは不吉な気がする」と告げたが、確認する意味で天つ神の見解を求めた。

学ぶべきは、疑問点を、信頼のおける第三者に尋ねた、伊邪那岐の判断である。

例えば、〝オレオレ詐欺〟を始め、詐欺の被害者は、自分の判断だけで行動しており、信頼のおける第三者に相談すれば、騙されることはなかっただろう。

では、なぜ二人から水蛭子《ひるこ》や淡島《あわしま》のような子が生まれたのか。答えは、「伊邪那美が先に言葉をかけたのが良くなかった」と書いてある。自然の摂理が書いてあるのだ。

所が、様々な説を唱える方がいる。例えば、次田真幸氏は次のように解説する。

「最初に水蛭子《ひるこ》が生まれたのは、女神先唱のためとされているが、本来はイザナキ・イザナミ二神は兄妹であって、二神の結婚は兄妹結婚説話の系統をひくものであろう、といわれている。兄妹結婚によって、不具の子が生まれたとする説話は、中国南部から東南アジアに広く分布している」（『古事記（上）』44）

だが、〝いわれている〟だけで根拠がない。田中英道氏も次のように書いていた。

「イザナギ、イザナミは兄妹の近親相姦であるため、そこからこのような異常児（水蛭子：引用者注）が生まれるのは十分可能性のあることだ……」（『高天原は関東にあった』27）

二神の「兄妹の近親相姦により、日本の国土や神々は生まれた」という見解は、竹田恒泰氏と同じなのだが、やがて論理破綻をきたす。

三　二神による国生み

【訓読】 故《かれ》ここに反《かへ》り降りて、更に其の天の御柱を先の如く往き廻《めぐ》りき。是《ここ》に伊邪那岐命、先に「あなにやし、えをとめを」と言い、後に女神の伊邪那美命、「あなにやし、えをとこを」と言ひき。

かく言い竟《を》へ御合《みあひ》して、生みし子は、淡路之穂之狭別島《あはぢのほのさわけ》。

次に伊予之二名島《いよのふたな》を生みき。此の島は身一つにして面四《おもよ》つあり。面毎《おもごと》に名有り。故《かれ》、伊予《いよの》国を愛比売《えひめ》と謂《い》ひ、讃岐国《さぬきのくに》を飯依比古《いひよりこ》と謂ひ、粟国《あはのくに》を大宜都比売《おほげつひめ》と謂ひ、土左国《とさのくに》を建依別《たけより》と謂ふ。次に隠伎之三子島《おきのみつご》を生みき。亦《また》の名は天之忍許呂別《あめのおしころ》。

次に筑紫島《つくし》を生みき。此の島も亦、身一つにして面《おも》四つ有り。面毎《おもごと》に名有り。故、筑紫国を白日別《しらひ》と謂ひ、豊国《とよのくに》を豊日別《とよひ》と謂ひ、肥国《ひのくに》を建日向日豊久士比泥別《たけひむかひとよくじひね》と謂ひ、熊曾国《くまそ》を建日《たけひ》別と謂ふ。次に伊伎島《いき》を生みき。亦の名は天比登都柱《あめひとつばしら》と謂ふ。

次に津島《つ》を生みき。亦の名は天之狭手依比売《あめのさでよりひめ》と謂ふ。次に佐度島《さど》を生みき。次に大倭豊《おほやまととよ》秋津島《あきづ》を生みき。亦の名は天御虚空豊秋津根別《あまつみそらとよあきづね》と謂ふ。故《かれ》、此の八《や》島を先に生みしに因りて、大八島国《おほやしま》と謂ふ。

然《しか》ありて後《のち》、還《かへ》り坐《ま》す時、吉備児島《きびのこじま》を生みき。亦の名を建日方別《たてひかた》と謂ふ。次に小豆島《あづきしま》を生みき。亦の名を大野手比売《おほのでひめ》と謂ふ。次に大島を生みき。亦の名を大多麻流別《おほたまる》と謂ふ。次に女《ひめ》島《じま》を生みき。亦の名を天一根《あめひとつね》と謂ふ。次に知訶島《ちかのしま》を生みき。亦の名を天之忍男《あめのおしを》と謂ふ。次に両児島《ふたご》を生みき。亦の名を天両屋《あめふたや》と謂ふ。（吉備児島より両児島まで幷《あは》せて六島）。

【訳解】 二神は、淤能碁呂島に戻り、天の御柱を前と同じように回られた。そして先ず伊邪那岐が「なんと素晴らしい女神なのだ！」と言い、後に伊邪那美は「なんて素晴らしい男神なのでしょう！」と言った。言い終えた後、二神は交わり、生んだ子が淡路島だった。

次に四国を生んだ。この島は一つだが四つの地方に分かれている。それぞれ名があり、伊予国（愛媛県）を愛比売と言い、讃岐国（香川県）を飯依比古《いひよりこ》と言い、粟国《あわのくに》（阿波・徳島県）を大宜都比売《おほげつひめ》と言い、土佐国（高知県）を建依別《たけよりわけ》と云う。

次に島根県の隠岐島を生んだ。この島は島前《とうぜん》と島後《とうご》に分かれており、島後は大きいが島前は三つの小さな島からなっており、三つ子の島と呼ばれている。

次に筑紫《つくし》島（九州）を生んだ。この島も一つだが四つの地方に分かれている。筑紫国（福岡県）を白日別《しらひわけ》と言い、豊国《とよのくに》（大分県と福岡県の一部）は豊日別《とよひわけ》と言い、肥国《ひのくに》（長崎県、佐賀県、熊本県北部辺り）を建日向日豊久士比泥別《たけひむかひとよくじひねわけ》と言い、熊曾国《くまそのくに》（熊国＝熊本の南部、曾国＝鹿児島県と宮崎県南部）を建日別《たけひわけ》と言う。次に壹岐《いき》島を、次に対馬を、次に佐渡島を、次に大倭豊秋津島《おおやまととよあきづしま》、即ち、本州島を生んだ。そして淡路島から大倭豊秋津島まで、八つの島を最初に生んだので、わが国を大八島《おおやしま》国と呼んでいる。

島生みを終えた伊邪那岐と伊邪那美が、淤能碁呂《おのごろ》島へ帰る時、吉備児《きびのこ》島を生んだ。次に小《しょう》豆《ど》島を生んだ。次に大島を生んだ。次に女《ひめ》島を生んだ。この島は大分県国東半島の東北にある姫島と云われている。次に知訶島《ちかのしま》を生んだ（長崎県の五島列島）。次に両児島《ふたごのしま》を生んだ（五島列島の南の男島、女島であろう）。二神は、吉備児島より両児島まで合わせて六島を生んだ。

【解説】天つ神の言う通り、呼びかけ方を替えることで、淡路島から始まり、大八島の誕生を見た。二神による島生みの時代は、ウルム氷期が終わり、更新世から完新世への移行期を彷彿とさせる。海進により、島々が形成されたことを現しているからだ。従ってこの話は、今から約一万六千年前の縄文草創期以降の出来事と読むことができる（図―3）。

先に、田中氏の「イザナギ、イザナミは兄妹の近親相姦であるため、そこからこのような異常児が生まれるのは十分可能性のあることだ」なる論は、「論理破綻を来す」と書いたが、それは、言葉の掛け方を変えても「兄妹の近親相姦」に変わりはなく、何故、言葉の掛け方を替えただけで、立派な島々が誕生したのか、が説明困難になるからだ。即ち、「伊邪那岐と伊邪那美が兄妹の関係にある」なる論は破綻したのである。

四　二神による神生み

【訓読】既に国を生み竟《を》へて、更に神を生みき。

故《かれ》、生みし神の名は、大事忍男神《おほことおしをのかみ》。次に石土毘古神《いはつちびこのかみ》を生み、次に石巣比売神《いはすひめのかみ》を生み、次に大戸日別神《おほとひわけ》を生み、次に天之吹男神《あめのふきを》を生み、次に大屋毘古神《おほやびこ》を生み、次に風木津別之忍男神《かざもつわけのおしを》を生み、次に海の神、名は大綿津見神《おほわたつみ》を生み、次に水戸神《みなと》、名は速秋津日子神《はやあきづひこ》、次に妹速秋津比売神《いもはやあきつひめ》を生みき。

（大事忍男神より速秋津比売神まで幷《あは》せて十神）。

此の速秋津日子、速秋津比売の二神、河海《かはうみ》に因《よ》りて持ち別けて、生みし神の名は、沫那芸神《あわなぎ》、次に沫那美神《あわなみ》、次に頬那芸神《つらなぎ》、次に頬那美神《つらなみ》、次に天之水分神《あめのみくまり》、次に国之水分神《くにのみくまり》、次に天之久日奢母智神《あめのくひぎもち》、次に国之久日奢母智神《くにのくひざもち》。

（沫那芸神より国之久日奢母智神まで幷《あは》せて八神）。

次に風の神、名は志那都比古神《しなつひこ》を生み、次に木の神、名は久久能智神《くくのち》を生み、次に山の神、名は大山津見神《おほやまつみ》を生み、次に野の神、名は鹿屋野比売神《かやのひめ》を生みき。亦《また》の名は野椎神《のづち》と謂ふ。

（志那都比古神より野椎神まで幷せて四神）。

此の大山津見神《おほやまつみ》、野椎神《のづち》の二柱の神、山野《やまの》に依りて持ち別けて、生みし神の名は、天之狭土神《あめのさづち》。次に国之狭土神。次に天之狭霧神《あめのさきり》、次に国之狭霧神、次に天之闇戸神《あめのくらど》、次に国之闇戸神、次に大戸或子神《おほとまとひこ》、次に大戸或女神《おほとまとひめ》。

（天之狭土神より大戸或女神まで幷《あは》せて八神）。

次に生みし神の名は、鳥之石楠船神《とりのいはくすぶね》、亦の名は天鳥船《あめのとりふね》と謂ふ。次に大宜都比売神《おほげつひめ》を生みき。

次に火之夜芸速男神《ひのやぎはやを》を生みき。亦の名は火之炫毘古神《ひのかがびこ》と謂ひ、亦の名は火之迦具土神《ひのかぐつち》と謂ふ。

此の子を生みしに因《よ》りて、美蕃登《みほと》炙《や》かえて病み臥《こや》せり。

多具理邇《たぐりに》生《な》れる神の名は、金山毘古《かなやまびこ》神、次に金山毘売神。次に屎《くそ》に成れる神の名は、波邇《はに》夜須毘古《やすびこ》神、次に波邇夜須毘売神。次に尿《ゆまり》に成れる神の名は、弥都波能売《みつはのめ》神、次に和久産巣《わくむす》日《ひ》神。此の神の子は、豊宇気毘売《とようけびめ》神と謂ふ。

故《かれ》、伊邪那美神は、火の神を生みしに因りて、遂《つひ》に神避《かむさ》り坐《ま》しき。

（天鳥船より豊宇気毘売神まで幷せて八神）

凡《す》べて伊邪那岐、伊邪那美の二柱の神、共に生みし島、壱拾肆島《とをまりよしま》、神は参拾伍神《みそぢまりいつはしら》。

（是は伊邪那美神、未《いま》だ神避《かむさ》らざりし以前《さき》に生めり。唯《ただ》、意能碁呂島《おのごろしま》は生みしに非《あら》ず。

亦、蛭子《ひるこ》と淡島《あはしま》は子の例《かず》に入れず）

【訳解】　二神は国を生み終え、次に神を生んだ。彼らが生んだ神の名は、神々の誕生という大仕事を司る大事忍男《おほことおしを》神から始まった。
次に国土を固める石や土を司る石土毘古《いわつちびこ》神を生み、次にその女神の石巣比売《いわすひめ》神を生み、次に土地への入り口を司る大戸日別《おほとひわけ》神を生み、次に屋根を司《つかさど》る天之吹男《あめのふきを》神を生み、次に家屋を司る大屋毘古《おほやびこ》神を生み、次に風の方向を司る風木津別之忍男《かざもつわけのおしを》神を生み、次に海を司る大綿津《おおわたつ》見《み》神を生み、次に河口を司る水戸《みなと》神、名は速秋津日子《はやあきつひこ》神を生み、次に妻となる妹速秋津比売神を生んだ。（大事忍男神より速秋津比売神まで計十神）。

この速秋津日子と速秋津比売の二神が、河と海に拠って生んだ神は、沫《あわ》の男神、沫那芸《あわなぎ》神と女神、沫那美神である。次に水面の頬那芸《つらなぎ》神と女神の頬那美神であり、次に高天原の水を分ける天之水分《あめのみくまり》神と地上界の水を分ける国之水分神を生んだ。次に高天原で水の足りないところに水を与える天之久日奢母智《あめのくひぎもち》神と地上界で同じことを司る国之久日奢母智神を生んだ。

（沫那芸神より国之久日奢母智神まで計八神）

次に伊邪那美は、風の神である志那都比古《しなつひこ》神を生み、次に木の神である久久能智《くくのち》神を生み、次に山の神、名は大山津見《おほやまつみ》神を生み、次に野の神、名は鹿屋野比売《かやのひめ》神、またの名、野椎《のづち》神を生んだ。（志那都比古神より野椎神まで計四神）

この大山津見神と野椎神は、分担し、高天原の山野の土の神である天之狭土《あめのさづち》神と、地上界の山野の土の神である国之狭土神を生んだ。次に高天原の霧の神である天之狭霧《あめのさぎり》神と地上界の霧の神である国之狭霧神を生んだ。次に高天原の渓谷と暗闇を司る天之闇戸《あめのくらど》神と地上界のそれを司る国之闇戸神を生んだ。次に、あらゆる意味での迷いを司る男神、大戸或子《おほとまとひこ》神と女神、大戸或女神を生んだ。（天之狭土神より大戸或女神まで計八神）。

次に伊邪那美は、鳥のように自由に漕ぎ進む楠《くす》で造った船の神、鳥之石楠船《とりのいはくすふね》神、またの名、天鳥船《あめのとりふね》を生んだ。次に食物を司る女神、大宜都比売《おおげつひめ》神を生んだ。

次に焼くこと速《すみ》やかな火を司る火之夜芸速男《ひのやぎはやを》神、またの名を火が光り輝く火之炫毘古《ひのかがびこ》神、またの名を焼ける臭いを発する火之迦具土《ひのかぐつち》神を生んだ。だが伊邪那美は、この子を生んだことで陰部が焼かれ、病み患《わずら》い、床《とこ》に伏した。

その時、伊邪那美の嘔吐《おうと》から、鉄などを作る鉱山の男女神、金山毘古《かなやまびこ》神と金山毘売神が成り出た。次に大便から、土器を司る粘土の男女神、波邇夜須毘古《はにやすびこ》神と波邇夜須毘売神が成り出た。次に尿から、水の精・灌漑用水を司る弥都波能売《みつはのめ》神と農業生産を司る和久産巣日《わくむすひ》神が成り出た。和久産巣日神の子が伊勢の外宮《げぐう》の祭神、食物を司る豊宇気毘売《とようけびめ》神である。

やがて伊邪那美は、火の神を生んだのが原因で、遂にお亡くなりになった。

（天鳥船より豊宇気毘売神まで計八神）。

伊邪那岐・伊邪那美の二神が生んだ島は十四島であり、生んだ神は三十五神である。

（これらは、伊邪那美神が亡くなる前に生まれた島と神である。但し、意能碁呂島《おのごろしま》は生んだのではない。また、蛭子と淡島は子の数に入れない）。

【解説】 思い起こせば、伊邪那岐と伊邪那美は結婚し、天つ神の助言を得て、立派な島々と神々を生むことができた。二神は幸せの絶頂期にあったが、突然悲劇が訪れる。それが、伊邪那岐の愛妻、伊邪那美の死だった。人生には、このような悲劇が訪れることが有り得ることを、この一節は教えてくれる。
処で、生まれた島は大八島とその後の6島であり、計14島となるから問題はない。では、なぜ『古事記』の作者は、伊邪那美神が生んだ神の数を35柱としたのか。ここに登場した神は全部で40柱になるからだ。その理由を、倉野憲司氏が答えていたので紹介する。
「同名の男女対偶の神、速秋津日子・妹速秋津比売、大戸或子・大戸或女、金山毘古・金山毘売、波邇夜須毘古・波邇夜須毘売を各一神に数え、伊邪那美神の子ではない豊宇気毘売を除くと三十五神となって数が合う」（『古事記　祝詞』61）
所で、この悲劇に直面した伊邪那岐は、どう対応したのだろう。

五　伊邪那岐の嘆き

【訓読】故《かれ》、爾《ここ》に伊邪那岐命、「愛《うつく》しき我《あ》が那邇妹《なにも》の命を、子の一つ木《け》に易《か》へつる」と謂《の》りたまひて、乃《すなは》ち御枕方《みまくらへ》に匍匐《はらば》ひ、御足方《みあとへ》に匍匐ひて哭《な》きし時、御涙に成れる神は、香山《かぐやま》の畝尾《うねを》の木《こ》の本《もと》に坐《ま》す、泣沢女《なきさはめ》神なる名なり。故《かれ》、其の神避《かむさ》りし伊邪那美神は、出雲《いずも》国と伯伎《ははき》国の堺、比婆《ひば》の山に葬《はふむ》りき。

是《ここ》に伊邪那岐命、御佩《はか》せる十拳剣《とつかつるぎ》を抜きて、其の子、迦具土《かぐつち》神の頸《くび》を斬りたまひき。爾《ここ》にその御刀《みはかし》の前《さき》に箸《つ》ける血、ゆつ石村《いはむら》に走り就《つ》きて、成りし神の名は石拆《いはさく》神、次に根拆《ねさく》神、次に石筒之男《いはつつのお》神。（三神）。

次に御刀《みはかし》の本《もと》に箸《つ》ける血も亦《また》、ゆつ石村《いはむら》に走り就《つ》きて、成りし神の名は甕速日《みかはやひ》神、次に樋《ひ》速日《はやひ》神、次に建御雷之男《たけみかづちのを》神、亦《また》の名は建布都《たけふつ》神、亦《また》の名は豊布都《とよふつ》神。（三神）。

次に御刀の手上《たがみ》に集まれる血、手俣《たなまた》より漏《く》き出でて、成りし神の名は闇淤加美《くらおかみ》神、次に闇《くら》御津羽《みつは》神。上《かみ》の件《くだり》の石拆神より下《しも》、闇御津羽神より前《さき》、幷《あは》せて八神《やはしら》は御刀にて生《な》りし神なり。

殺さえし迦具土《かぐつち》神の頭《かしら》に成りし神の名は、正鹿山津見《まさかやまつみ》神。次に胸に成りし神の名は、淤縢《おど》山津見神。次に腹に成りし神の名は、奥《おく》山津見神。次に陰《ほと》に成りし神の名は、闇《くら》山津見神。次に左の手に成りし神の名は、志芸《しぎ》山津見神。次に右の手に成りし神の名は、羽《は》山津見神。次に左の足より成りし神の名は、原《はら》山津見神。次に右の足に成りし神の名は、戸《と》山津見神。（正鹿山津見神より戸山津見神まで、幷せて八神）。

故《かれ》、斬りたまひし刀《たち》の名は天之尾羽張《あめのをはばり》と謂ひ、亦の名は伊都之《いつの》尾羽張と謂ふ。

【訳解】　ここに至り、伊邪那岐は、「愛《いと》しい妻を、子一人のために失うとは思ってもみなかった」と、枕もとや足もとに腹ばいに伏せ、嘆いたとき、涙から成り出た神は、大和の天の香具山の麓《ふもと》におられる泣沢女《なきさはめ》神である。いくら嘆いても生き返るはずもなく、伊邪那岐は伊邪那美を出雲《いずも》国（島根県）と伯伎《ほうき》国（広島県）の境にある比婆《ひば》山に葬った。

その後、伊邪那岐は、火之迦具土《ひのかぐつち》神のせいで妻が亡くなったことを怒り、腰に帯びた十拳《とつか》剣《つるぎ》を抜き、火之迦具土神の頸《くび》を刎《は》ねた。するとその刃《やいば》の先についた血が多くの岩に飛び散り、岩を裂く力のある石拆《いはさく》神、次に木の根を裂く力のある根拆《ねさく》神、次に岩に穴をあける力のある石筒之男《いはつつのを》神が成り出た。次に鍔《つば》に付いた血も多くの岩に飛び散り、稲光《いなびかり》の神・甕速日《みかはやひ》神が成り出《いで》、次に雷の火を地上へと導く神・樋速日《ひはやひ》神が成り出、次に勇猛な雷《いかづち》や火を使って造る剣の神・建御雷之男《たけみかづちのを》神、またの名は建布都《たけふつ》神、またの名は豊布都《とよふつ》神が成り出た。

次に柄《つか》に付いた血が、指の間から漏れ、ご神体は龍蛇の渓谷に住む水神、闇淤加美《くらおかみ》神が成り出、次に水霊の闇御津羽《くらみつは》神が成り出た。

以上の石拆神より闇御津羽神までの八神は、伊邪那岐が剣を使って迦具土神を斬ることで成り出た神である。

また殺された火之迦具土神の頭からは、山の坂を司る正鹿《まさか》山津見神が成り出《いで》、胸からは、山麓を司る淤縢《おと》山津見神が成り出、腹からは、奥深い山を司る奥《おく》山津見神が成り出、陰《ほと》からは、山の渓谷を司る闇《くら》山津見神が成り出、左の手からは、山に生い茂る木々を司る志芸《しぎ》山津見神が成り出、右の手からは、麓《ふもと》にある小さな山を司る羽《は》山津見神が成り出、左の足からは、麓にある草原を司る原《はら》山津見神が成り出、右の足からは、奥山と反対に、人里に近い山を司る戸《と》山津見神が成り出た。（正鹿山津見神より戸山津見神まで八神が成り出た）。

また伊邪那岐が使った十拳剣《とつかつるぎ》は、神聖な鋭い刃が盛り上がった剣、天之尾羽張《あめのをはばり》といい、別名を伊都之《いつの》尾羽張という。

【解説】 伊邪那岐は悲歎にくれ、次に怒りが込み上げ、怒りの的となったのが火之迦具土神だった。我が子を殺す、という常軌を逸した行為は、時に起こりうることを暗示している。

しかし、火之迦具土神は、自らが斬られることで単に死ぬのではなく、様々な神々が成り出たとあるが、これは何を意味するのか。

例えば、スイカやカボチャなど、食べればそれはなくなるが、種を大事に育てれば、その命は次世代へと繋がり、多くの実を実らせることができる。

同じように、人も、たとえ自分が死んでも、命は終わりではなく、多くの命を生み出し、次世代に伝えることができる、と云うことだ。自分の命が次世代に伝えられるのだから、「たった一度だけの人生」や「自分の命だから自分の勝手だ」という考えに異を唱えているのが、この場面である。

伊邪那岐の八つ当たり的な怒りにより、火之迦具土神は斬り殺されたが、その死から多くの孫神が成り出た。これを見た伊邪那岐は、何かを悟り、怒りが収まり、悲しみから解き放たれ、冷静さを取り戻し、天《あま》つ神から与えられた使命を思いだしたのである。

六　黄泉の国

【訓読】　是《ここ》に其の妹《いも》伊邪那美命を相見《あひみ》むと欲《おも》ひて、黄泉国《よみのくに》に追い往《ゆ》きき。

爾《ここ》に殿《との》の縢戸《とざしど》より出《い》で向かへし時、伊邪那岐命、語らひ詔《の》りたまはく、「愛《うつく》しき我《あ》が汝妹《なにも》の命、吾《あ》と汝《いまし》と作りし国、未だ作り竟《を》へず。故《かれ》、還《かへ》るべし」と。

爾に伊邪那美命、答へ白《まを》す、「悔《くや》しきかも、速《と》く来《こ》ずて。吾は黄泉戸喫《よもつへぐひ》しつ。然れども愛しき我《あ》が那勢《なせ》の命、入《い》り来《き》ませる事恐《かしこ》し。故《かれ》、還らむと欲《おも》ふを、且《しばら》く黄泉神《よもつかみ》と相論《あげつら》はむ。我《あ》をな視《み》たまひそ」と。

かく白《まを》して殿の内に還り入りし間、いと久しくて待ち難《かね》たまひき。

故、左の御みづらに刺《さ》せる湯津津間櫛《ゆつつまぐし》の男柱《をばしら》一箇《ひとつ》取り闕《か》きて、一つ火燭《びとも》して入り見たまひし時、うじたかれころろきて、頭《かしら》には大雷《おほいかづち》居《お》り、胸には火《ほの》雷居り、腹には黒雷居り、陰《ほと》には析《さき》雷居り、左の手には若《わか》雷居り、右の手には土《つち》雷居り、左の足には鳴《なり》雷居り、右の足には伏《ふし》雷居り、并《あは》せて八《や》はしらの雷神成り居《お》りき。

是《ここ》に伊邪那岐命、見畏《みかしこみ》て逃げ還る時、その妹《いも》伊邪那美命、「吾《あれ》に辱《はぢ》見せつ」と言ひて、即ち、よもつしこめを遣《つか》はして追はしめき。爾に伊邪那岐命、黒御縵《くろみかづら》を取りて投げ棄《う》てば、乃ち蒲《えびかづら》の子《みな》生りき。是《こ》を摭《ひろ》ひ食《は》む間に逃げ行くを、猶《なほ》追ひしかば、亦《また》其《そ》の右の御みづらに刺《さ》せる湯津津間櫛を引き闕《か》きて投げ棄《う》つれば、乃ち笋《たかむな》生《な》りき。是《こ》を抜き食《は》む間に逃げ往きき。

且《また》後には、其の八《や》くさの雷神に、千五百《ちいほ》の黄泉軍《よもついくさ》を副《そ》へて追はしめき。

爾に御佩《はか》せる十拳剣《とつかのつるぎ》を抜きて、後手《しりへで》にふきつつ逃げ来るを、猶《なほ》追ひて、黄泉比良坂《よもつひらさか》の坂本に到りし時、其の坂本に在る桃の子《み》、三箇《みつ》を取りて待ち撃《う》てば、悉《ことごと》に逃げ返りき。

爾に伊邪那岐命、其の桃子に、「汝《なれ》、吾《あれ》を助けしが如く、葦原中国《あしはらのなかつくに》に有らゆるうつしき青人草《あをひとくさ》の、苦しき瀬に落ちて患《うれ》ひ惚《なや》む時、助くべし」と告《の》りて、名を賜ひて意富加牟豆美《おほかむづみ》命と号《い》ひき。

最後《いやはて》に妹《いも》伊邪那美命、身自《みづ》から追ひ来りき。爾に千引《ちびき》の石《いは》を其の黄泉比良坂に引き塞《さ》へて、その石《いは》を中に置きて、各対《おのおのむか》ひ立ちて、事戸《ことど》を度《わた》す時、伊邪那美命、「愛《うつく》しき我《あ》が那勢《なせ》の命《みこと》、如此《かく》為《せ》ば、汝《いまし》の国の人草《ひとくさ》、一日《ひとひ》に千頭《ちがしらくび》絞り殺さむ」と言ひき。

爾に伊邪那岐命、「愛《うつく》しき我が那邇妹《なにも》の命、汝然《いましか》為《せ》ば、吾《あれ》一日《ひとひ》に千五百《ちいほ》の産屋《うぶや》立てむ」と詔《の》りたまひき。是《ここ》を以ちて一日《ひとひ》に必ず千人《ちたり》死に、一日に必ず千五百人《ちいほたり》生まるるなり。

故《かれ》、其の伊邪那美命を号けて黄泉津《よもつ》大神と謂ふ。亦、其の追《おひ》しきしを以《も》ちて、道敷《ちしきの》大神と号《なづ》くといふ。亦、其の黄泉《よみ》の坂に塞《さや》りし石《いは》は、道反之《ちがへしの》大神と号《なづ》け、亦、塞《さや》り坐《ま》す黄泉戸《よみど》大神とも謂ふ。故《かれ》、其の謂《い》はゆる黄泉比良坂は、今、出雲国の伊賦夜《いふや》坂と謂ふ也《なり》。


【訳解】 怒りが収まり、冷静さを取り戻した伊邪那岐は、伊邪那美に合いたい思いが募り、妻の後を追って黄泉の国を訪れた。すると、暗黒な世界の鎖《とざ》し戸まで伊邪那美が出向えると、それと知った伊邪那岐は次のように語りかけた。

「愛《いと》しき我が妻よ、私とあなたで作ってきた国は未だ作り終わっていない。だから現世に帰ろうではないか」と。

すると暗闇の中から次のように答えた。

「私は悔《くや》しい、どうしてもっと速く来て下さらなかったのですか。私は黄泉の国の竈《かまど》で煮炊きしたものを食べてしまい、もう現世には戻れないのです。しかし、愛《いと》しい夫が死者の国までやって来たことは恐れ多いことです。ならば掟に逆らい、現世に帰ろうと云う気持ちになったのですが、その思いが叶えられるか黄泉の国の神と相談してみます。その間、決して私の姿を見てはなりませぬ」と。

こう言って伊邪那美は鎖《とざ》し戸から離れ、黄泉の国の御殿に戻っていったが、その時間が余りに長く、待ちきれなくなった伊邪那岐は、左のミズラ（上代の男子は髪を左右に分けて耳のところで結っていた）に刺していた爪櫛の端の太い歯を一本折り取って、火を灯《とも》し、これを頼りに進み、御殿の中に入った伊邪那美をご覧になると、その身体には蛆《うじ》がたかり、コロコロと音をたてていた。そして、頭には大雷《おほいかづち》がおり、胸には火雷《ほの》がおり、腹には黒雷がおり、陰部には析雷《さき》がおり、左の手には若雷《わか》がおり、右の手には土雷《つち》がおり、左の足には鳴雷《なり》がおり、右の足には伏雷《ふし》がおり、計八柱《や》の雷神《いかづち》が成り出ていた。

これを見た伊邪那岐は、驚き恐れ、逃げ帰ろうとすると、伊邪那美は、「我の願いを聞き入れず、恥をかかせたな～」と言って、黄泉の国の醜女《しこめ》に命じ、逃げる伊邪那岐を追いかけさせた。ここに伊邪那岐は、頭飾りとして蔓草《つるくさ》で作った黒鬘《かずら》を投げ捨てると、山ブドウが実った。これを醜女《しこめ》たちが拾って食べている間に逃げて行ったが、なおも醜女《しこめ》たちが追いかけてきたので、今度は右のミヅラに刺してある爪型の櫛の歯を折り取って投げ捨てると、今度は筍《たけのこ》が生えてきた。醜女《しこめ》たちがそれを抜いて食べている間に、伊邪那岐は逃げて行った。

すると伊邪那美は、自分に取りついていた八柱の雷神に千五百の黄泉軍を従わせ、なおも追ってきた。伊邪那岐は腰に付けた十拳剣を抜き、後手に振りながら走り、漸《ようや》く黄泉の国と現世の境、黄泉比良坂《よもつひらさか》の麓《ふもと》まで逃げ延びてきた。そして、そこにあった桃を三つ取って待ち受け、迫り来る追手《おって》に投げつけると、黄泉の軍勢は悉《ことごと》く逃げ帰った。

そこで伊邪那岐は、「お前が私を助けたように、あらゆる現世の人々が、苦難に会い、患い、悩むとき、助けてもらいたい」と仰って、偉大な霊力のある桃に、意富加牟豆美命《おほかむづみ》（大神之御命《おほかみのみ》）と云う名を与えた。

これで逃げおおせたと思いきや、最後に伊邪那美が追いかけてきた。

そこで伊邪那岐は、千人の人でないと動かせないような巨大な千引《ちびき》の岩を黄泉比良坂に引き据え、黄泉国と現世の道を塞ぎ、その岩を間に互いに向かい合い、夫婦別離の誓いを申し渡すと、伊邪那美は、「愛しい我が夫が、このようなことをなさるなら、あなたの国の人々を、一日に千人絞め殺すでしょう」と応えた。伊邪那岐は、「愛しい我が妻よ、あなたがそうするなら、私は一日に千五百の産屋《うぶや》を立てるだろう」と仰せられた。それ以来、一日に必ず千人死に、一日に必ず千五百人生まれるのである。

こういうわけで、伊邪那美命を黄泉津《よもつ》大神と呼んでいる。伊邪那美が伊邪那岐に追いついたので道敷《ちしき》大神ともいう。黄泉の坂を塞《ふさ》いだ岩は、伊邪那美を黄泉国へ返したことから道《ち》反之《がへしの》大神と名づけ、黄泉国の入り口を塞いだことから黄泉戸《よみど》大神ともいう。所で、その黄泉比良坂とは、今の出雲国の伊賦夜《いふや》坂と云う坂である。

【解説】　如何に愛し合った男女でも必ず別離が訪れる。それは精神的な別離であり、或いは死別である。二神の場合は愛する妻の死に起因するが、伊邪那岐は伊邪那美を現世に連れ戻そうとする。だが、それは叶わぬことだった。

この別離が、精神的な別離へと展開するのだが、それは伊邪那美が決して見て欲しくない醜さを見られてしまったことによる。誰にでも知られたくないことがあるのだ。

ＬＧＢＴ法案成立後、女風呂に「心は女」なる男が入り込み、女性に交じって入浴するという事件が起きた。これは女性にとって、ショッキングな出来ごとだったに違いない。

同じように、伊邪那岐は黄泉国の妻の姿を見てしまう。その醜くも恥ずかしい姿を見られた故、伊邪那美は怒り狂い、愛しいはずの夫を黄泉国に引きずり込もう、現世に帰すまい、と追いかけてきた。

この窮地を桃の実が救ったわけだが、それでも伊邪那美は追いかけてきたことに女の執念を感じる。この恐怖から、元には戻れないことを悟った伊邪那岐は離別の言葉を発する。

すると伊邪那美は、二人で作ってきた現世の人々を一日千人絞め殺すと言い放つが、これは国を滅ぼすことを意味する。夫婦喧嘩の末、妻はもとより子まで殺した男がいたが、そのようなことは起こり得るのだ。それに対し、伊邪那岐は一日千五百人を生むと返答した。これは国づくりを続ける決意を述べたことになる。

国の基本は、人間にあることを古代の人々は知っていた。戦後は、『古事記』の伝統は脈々と息づいており、大東亜戦争で多くの若者を失ったが、生き残った親の世代は、「失った命を取り戻すのだ」と決意し、驚異的な人口増加を果たした。

例えば、北朝鮮による日本人拉致とは、多くの日本人が黄泉国に連れ去られた悲劇に類似している。だが、相手は地獄の悪鬼であり、返すはずがないのではないか。

この場合、悪鬼に向って「返してくれ～」と歎き悲しむだけでなく、伊邪那岐に倣い、拉致された被害者に倍する肉親を増やすことが肝要なのだ。そして、親に加え、子や孫が、「叔父さんや叔母さんを返せ！」と訴えることで悲しみは癒えていく。

彼らを救えないなら、伊邪那岐の云うように、多くの子供たちを生むことが大切なのだ。『古事記』が教えられなくなった今、それが分からなくなってしまった。

こうして伊邪那伎は妻への未練を断ち切り、多くの孫神が生まれたことで、新たな生きる希望を得たのである。

七　禊祓と神々の生成

【訓読】 是《ここ》を以《も》ちて伊邪那伎《いざなき》大神、「吾《あ》は、いなしこめしこめき、穢《きたな》き国に到りてありけり。故《かれ》、吾は御身《みみ》の禊《みそぎ》をせむ」と詔《の》りたまひて、竺紫《つくし》の日向《ひむか》の橘《たちばな》の小門《おど》の阿波岐原《あはきはら》に到《いた》りまして、禊《みそ》ぎ祓《はら》ひたまひき。

故《かれ》、投げ棄《う》つる御杖《みつゑ》に成れる神の名は衝立船戸《つきたつふなど》神。次に投げ棄つる御帯《みおび》に成れる神の名は道之長乳歯《みちのながちは》神。次に投げ棄つる御嚢《みふくろ》に成れる神の名は時量師《ときはかし》神。次に投げ棄つる御衣《みけし》に成れる神の名は和豆良比能宇斯能《わづらひのうしの》神。次に投げ棄つる御褌《みはかま》に成れる神の名は道俣《ちまた》神。次に投げ棄つる御冠《みかがふり》に成れる神の名は飽咋之宇斯能《あきぐひのうしの》神。

次に投げ棄つる左の御手の手纏《たまき》に成れる神の名は奥疎《おきざかる》神、次に奥津那芸佐毘古《おきつなぎさびこ》神、次に興津甲斐弁羅《おきつかびべら》神。次に投げ棄つる右の御手の手纏に成れる神の名は辺疎《へざかる》神、次に辺津那芸《へつなぎ》佐毘古《さびこ》神、次に辺津甲斐弁羅《へつかびべら》神。

右の件《くだり》の船戸神より下《しも》、辺津甲斐弁羅神より前の十二神《とをまりふたはしら》は、身に著ける物を脱ぐに因《よ》りて生《な》りし神なり。

是に詔《の》りたまはく、「上《かみ》つ瀬《せ》は瀬速し。下《しも》つ瀬は瀬弱し」とて、初めて中つ瀬に堕《お》り、かづきて滌《すす》ぎたまふ時、成り坐《ま》せる神の名は八十禍津日《やそまがつひ》神、次に大《おほ》禍津日神。此の二神《ふたはしら》は、その穢《きたな》さ繁《しげ》き国に到りし時の汚垢《けがれ》に因《よ》りて成れる神なり。次にその禍《まが》を直《なほ》さむとして、成れる

神の名は神直毘《かむなほび》神。次に大《おほ》直毘神。次に伊豆能売《いづのめ》神。（并《あは》せて三神《みはしら》）
次に水底《みなそこ》に滌《すす》ぎたまふ時、成れる神の名は底津綿津見《そこつわたつみ》神、次に底筒之男《そこつつのを》命。中に滌ぎたまふ時、成れる神に名は中津綿津見神、次に中筒之男命。水の上に滌ぎたまふ時、成れる神の名は上津《うはつ》綿津見神、次に上筒之男命。
この三柱《みはしら》の綿津見神は、阿曇《あづみ》連等が祖神《おやがみ》として以《も》ちいつく神《かみ》なり。故《かれ》、阿曇連等は、其の綿津見神の子、宇都志日金拆《うつしひかなさく》命の子孫《うみのこ》なり。その底筒之男命、中筒之男命、上筒之男命の三柱の神は、墨江《すみのえ》の三前《みまへ》の大神なり。

【訳解】　伊邪那美への思いを断ち切った伊邪那岐は、「私は、見るも醜悪で穢《きたな》い国に行ってきたものだ。その穢《けが》れを清める禊《みそぎ》をしよう」と仰せられ、九州の日向《ひむか》の橘《たちばな》が生えている河口近くの阿波岐原《あはきはら》で穢れを清め祓《はら》われた。

先ず、杖を手放すと、陸路への悪霊・邪気の侵入を防ぐ衝立船戸《つきたつふなど》神が成り出た。解いた帯から、長い道を司る道之長乳歯《みちのながちは》神が成り出た。投げ棄てた物入れから、時を司る時量師《ときはかし》神が成り出た。脱ぎ置いた上着から、煩《わずら》いを司る和豆良比能宇斯能《わづらひのうしの》神が成り出た。脱いだ袴《はかま》から、道の分岐を司る道俣《ちまた》神が成り出た。冠から煩いや穢れを食らう飽咋之宇斯能《あきぐいのうしの》神が成り出た。この六神は陸路を司る神々である。

次に、外した左手に巻いた装身具から、沖を司る奥疎《おきざかる》神、汀《みぎわ》を司る奥津《おきつ》なぎさびこ神、沖と汀の間を司る興津かひべら神が成り出た。次に、外した右手に巻いた装身具から、浜辺から遠ざかる所を司る辺疎《へざかる》神、浜辺と船着き場を司る辺津《へつ》なぎさびこ神、浜辺と港の間を司る辺津かひべら神が成り出た。この六神は海や川の路を司る神々である。

以上の船戸神から辺津かひべら神までの十二神は、身に著ける物を脱ぐことで成り出た神々である。

禊《みそぎ》の準備が整った伊邪那伎大神は、「上の瀬は流れが速い。下の瀬は流れが緩やかだ」と言われ、先ず中ほどの瀬に身を沈め、穢れを洗い清められたとき、人を不幸にする、悪・曲・邪を司る八十禍津日《やそまがつひ》神と大禍津日《おほまがつひ》神が成り出た。この二神は、黄泉国で身に付いた穢れにより成りでた神である。次に悪・曲・邪に対する、正・吉・善・福を司る三神、神直毘《かむなほび》神、大《おほ》直毘《なほび》神、伊豆能売《いづのめ》神が成り出た。

次に、水の底に潜って身を洗い清められた時、成り出た神は、海の底を司る底津綿津見《そこつわたつみ》神、次に底での航行を司る底筒之男《そこつつのを》命である。水の中程で身を洗い清められた時に成り出た神は、海の中ほどを司る中津綿津見神、次に中ほどでの航行を司る中筒之男命である。水の表で身を洗い清められたときに成り出た神は、海の水面を司る上津綿津見神、次に水面の航行や泳ぎを司る上筒之男命である。

この三柱の、海を司る綿津見神は、福岡県の志賀島を本拠地とした海人《あま》系の豪族、阿曇《あづみ》連等が祖先神として崇めている神である。何故なら、阿曇連等は、綿津見神の子、宇都志日金《うつしひかな》拆《さく》命の子孫だからである。また、底筒之男命、中筒之男命、上筒之男命の三柱の神は、住吉神社に祭られている三座の大神である。

【解説】 ある時、小名木善行氏の『古事記 壱』（青林堂）が目に止まった。開くと、伊邪那岐の行った「穢き国」について次のようにあった。

「古代の朝鮮半島は、半島南部が倭国のエリアです。その倭国の北側に新羅と百済ができるのですが、それより以前は、半島は、南部が倭国、北東部が穢国となっていました」、「穢族たちは、もっぱら糞尿にまみれた生活をしながら、略奪を稼業としていた……」（194）

確認のため、『三国志』濊（『倭国伝』講談社学術文庫）を開くと、当時のシナ人は濊《わい》の人々を次のように評していた。

「門にかんぬきをおろさなくても、人民の中で盗みをするものはいなかった」、「人々の性格は、きまじめで禁欲的であり、恥というものを知っていて、ものごいはやらない」（75）「風俗は、山や川の神を大事にして、あちこちに聖域を設けていてやたらに立ち入ることはできない」、「病人や死人がでると、古い家をすてて、新しく建てかえをする」（76）

このような濊族を、傍点部のように書くのは、彼らへの偏見というより、虚偽に基づく侮蔑に近い。また、伊邪那岐が穢国に行ったのなら、伊邪那美も半島に葬られたことになろう。では、『古事記』にある、「伊邪那美神は、出雲《いずも》国と伯伎《ははき》国との堺の比婆《ひば》の山に葬《はふむ》りき」はどうなるのか。氏は、話の辻褄が合わないことが理解できないのだろうか。

『三国志』濊によると、濊人は、前108年～後247年に半島に住んでおり、濊国は247年以降に成立したとある。神武天皇の即位は皇紀で前660年、西暦で前70年頃となるが、伊邪那岐から何代の後に神武天皇に至るのか、考えたことがあるのだろうか。

年代も内容も矛盾だらけで史実に反し、朝鮮半島の民族を不当に貶め、侮蔑する。こういう日本人もいるのか、と驚き呆れ、考えさせられた次第である。

『古事記』のこの部分は、半島民族への差別や侮蔑を伝えたいのではなく、悲しみから立ち直った伊邪那岐の行動を通じて、先人が私たちに伝えたいことが書いてあるのだ。

先ず、伊邪那伎大神が身に着けていたものを取り外す過程で、様々な神が成り出ているが、それは命無き物であっても大切に扱え、と云うことだ。全ての物に神が宿ると思えば、物を徒《いたずら》に粗末に扱うことができない。わが国では、多くの物が古くから今日まで伝えられているが、その思考の源泉がここにある。

また、汚れや穢れを放置すると、悪・曲・邪を司る八十禍津日神《やそまがつひ》と大禍津日神に取りつかれる。それを洗い流し、清めることで、正・吉・善・福を司る、神直毘《かむなほび》神、大直毘《おおなほび》神、伊豆《いづ》能売《のめ》神が近づいてくる、と云うことだ。この話は、私たちに、自らの汚れを洗い清める大切さを伝えている。それが、日本民族が清潔を好み、清潔な社会を作り上げた根底にあり、日本にやって来る外国人が驚嘆することになる。そして自らを洗い清める最後に、伊邪那伎大神にとって最大の喜びが訪れる。

八　天照大御神・月読命・建速須佐之男命の誕生

【訓読】是に左の御目《みめ》を洗ひたまふ時に、成れる神の名は、天照大御神《あまてらすおほみかみ》。次に右の御目を洗ひたまふ時に、成れる神の名は、月読《つくよみ》命。次に御鼻《みはな》を洗ひたまふ時に、成れる神の名は、建速須佐之男《たけはやすさのを》命。

　右の件《くだり》の八十禍津日《やそまがつひ》神より下《しも》、建速須佐之男命より前《さき》の十四柱《とをまりよはしら》の神は、御身《みみ》を滌《すす》ぐに因りて生《な》れる者《かみ》なり。

　此の時、伊邪那伎命、大《いた》く歓喜《よろこ》び、「吾《あ》は子生み生みて、生みの終《はて》に三《みはしら》の貴《たふと》き子を得つ」と詔《の》りたまひて、即ち御頸珠《みくびたま》の玉の緒《お》母由良《もゆら》邇《に》取りゆらかし、天照大御神に、「汝命《いましみこと》は高天《たかあまの》原《はら》を知らせ」と事依《ことよ》さし、詔りたまひき。故《かれ》、その御頸珠の名を御倉板挙之《みくらたなの》神と謂ふ。

　次に月読《つくよみ》命に、「汝命は夜《よる》の食国《をすくに》を知らせ」と事依さし、詔りたまひき。

次に建速須佐之男命に、「汝命は海原《うなばら》を知らせ」と事依さし、詔りたまひき。

【訳解】 次に、伊邪那岐命が左目を洗い清められた時、天照大御神が成り出《いで》た。次に右の目を洗い清められた時、月読命が成り出た。次に鼻を洗い清められた時、建速須佐之男命が成り出た。禊《みそぎ》を始めた時、生まれた八十禍津日神から建速須佐之男命までの十四柱の神は、身を洗い清めることにより成った神である。

この時、伊邪那伎命はたいそう喜び、「私は、今まで多くの子を生んできたが、最後に三柱の貴い子を得ることができた」と仰せられ、直ちに首飾りの玉を揺り鳴らしながら、天照大御神にお授けになり、「おまえは、高天原《たかあまのはら》を治めなさい」と仰せられ、委任された。その首飾りを、御倉板挙之神《みくらたなのかみ》と呼んでいる。この名は、この首飾りを御倉の棚の上に安置し、神霊を認め、崇め祭ったことから名付けられた。

月読命には、「おまえは、夜の世界を治めなさい」と仰せられ、委任された。

建速須佐之男命には、「おまえは、海原を治めなさい」と仰せられ、委任された。

【解説】 天照大御神は天にあって世界を照らす大神であり、人格神としては皇室と日本民族の祖神となった。これが、シナ、朝鮮、西欧やイスラムの〝男尊女卑社会〟と根本的に異なる点であり、古来より、日本民族は国の基、女性を崇めてきたのである。

月読命とは、夜の世界を治めると同時に、月を読む、即ち、暦を司る神である。日本は長らく月をベースにした暦を使ってきたのだ。最後に、鼻を洗う時に建速須佐之男命が生まれたが、鼻を洗うとは、大きく息を吹き出すことであり、〝建速〟の意味する〝勇猛・迅速〟から、この世の荒々しい出来ごとも司る、と見ることができる。

こうして、次世代を担う神々を生み終えた伊邪那伎命は、神話の表舞台から次第に遠ざかり、話は、天照大御神と建速須佐之男を中心に展開していく。

九　須佐之男命の号泣

【訓読】故《かれ》、各《おのおの》依《よ》さし賜ひし命《みこと》のまにまに、知らし看《め》す中に、速須佐之男命、命《よ》させし国を治《し》らさず、八拳須《やつかひげ》心前《むなさき》に至るまで、啼《な》きいさちき。其の泣く状《さま》は、青山を枯山《からやま》如《な》す泣き枯らし、河海《かはうみ》を悉《ことごと》に泣き乾《ほ》しき。是《ここ》をもちて悪《あ》しき神の音《おとなひ》、狭蝿《さばえ》の如く皆満ち、万《よろづ》の物の妖《わざはひ》、悉に発《おこ》りき。

故《かれ》、伊邪那岐大御神、速須佐之男命に、「何《なに》の由《ゆゑ》にか汝《いまし》は事依《こよ》させし国を治《し》らさず、哭《な》きいさちる」と詔《の》りたまひき。爾《ここ》に、「僕《あ》は妣《はは》の国根《ね》の堅州国《かたすくに》に罷《まか》らむと欲《おも》ふ。故、哭く」と答へ白《まを》しき。爾に伊邪那伎大御神、大《いた》く忿怒《いか》りて、「然《しか》らば汝は此の国に住むべからず」と詔りたまひて、乃ち神夜良比《かむやらひ》爾夜良比《にやらひ》賜《たま》ひき。故《かれ》、其の伊邪那伎大神は淡海《あふみ》の多賀に坐《ま》すなり。

【訳解】 長ずるに及び、各神々は伊邪那伎大神の指示に従って治らしたが、速須佐之男命は命じられた国を治めず、長い顎鬚《あごひげ》が胸に届くようになっても、お構いなしで激しく泣きわめいていた。其の泣く様は、青き山が枯山になる程であり、河や海はことごとく干上がる程であった。それ故、悪神の立てる音は、田植え頃の蠅の大群が出す音のように世に満ち、様々な悪霊による禍があちこちに湧き起った。

そこで伊邪那伎大神は、「お前は何故、委任された国を治めないで、泣きわめいているのか」と仰せになると、「私は亡き母が居られる、地底の堅州国に往きたいのに、行けないので泣いているのです」と申し上げた。それを聞いた伊邪那伎大神は大いに怒り、「そうならお前はこの国に住んではならん」と言い、速須佐之男命を追放してしまった。

こうして、天つ神から与えられた役割を終えた伊邪那伎大神は、近江、即ち、滋賀県の多賀神社に鎮座し、隠遁生活をおくるようになった。

【解説】 三柱の神は、しばらくは伊邪那伎大神と暮らしていた。その時、伊邪那伎は、伊邪那美との〝国生み〟や〝神生み〟、伊邪那美が住んでいる黄泉国の話などをしたのではないか。その為、三柱の神は、伊邪那美を自分たちの母と信じたと思われる。

長ずるに及び、天照大御神と月読命は役割を果たすようになったが、須佐之男命は、母と信じた伊邪那美に会いたい思いがつのり、大きくなっても父の許を離れず、母に会いたいと泣き喚《わめ》き、涙の源泉である水が須佐之男により使い果たされ、海や川の水が干上がり、それが禍《わざわい》の基になった。農業、漁業、林業を考えれば、大切な水が干上がることは生業《なりわい》の終わりを意味し、妖《わざわい》の源となる。これが日本の文明観であり、砂漠の民とは異なる点なのだ。

人は、何でも知っていれば良い、というものではない。

伊邪那伎大神は、須佐之男命が母と信じた伊邪那美命は、黄泉国にいることは語っても、妻を迎えに訪ねた時の恐怖や、醜い伊邪那美の姿は語らなかったに違いない。真実を知ったら、須佐之男命がどう反応するかを懸念し、何も語らず怒り、追放したのだ。

大海原を治める神が居なくなったため、時に海は大荒れに荒れ、河は氾濫し、また干ばつも起き、山々も様々な表情を表すことになった。

この話は、この世には須佐之男命のような男もいることを告げている。時には意味もなく泣き騒ぎ、道を踏み外し、我がまま勝手をするのだ。このような場合、親の手から手放す、追放する、好き勝手にさせる、などの方法があるが、これは賭けである。

時が過ぎ、苦労を重ねた須佐之男命は、立派な男神として変貌を遂げていくことになる。

天照大御神と速須佐之男命

一　須佐之男命の昇天

【訓読】　故《かれ》、是に速須佐之男命、「然らば天照大御神に請《まを》して罷《まか》らむ」と言《まを》して、乃ち天《あめ》に参上《まゐのぼ》る時、山川悉《ことごと》に動《とよ》み、国土《くにつち》皆震《ゆ》りき。

爾《ここ》に天照大御神聞きて、「我《あ》が那勢《なせ》の命の上《のぼ》り来る由《ゆゑ》は、必ず善き心ならじ。我が国を奪《うば》はむと欲《おも》ふにこそあれ」と詔りたまひて、即ち御髪《みかみ》を解きて、御美豆羅《みみづら》に纏《ま》きて、乃ち左右《ひだりみぎ》の御美豆羅にも、亦御鬘《みかづら》にも、また左右の御手にも、各《おのおの》八尺《やさか》の勾璁《まがたま》の五百津《いほつ》の美須麻流《みすまる》の珠《たま》を纏《ま》き持ちて、そびらには千《ち》入《のり》りの靫《ゆき》を負《お》ひ、ひらには五百《いほ》入りの靫を附け、亦《また》いつの竹《たか》鞆《とも》を取り佩《お》ばして、弓腹《ゆはら》振り立て、堅庭《かたにわ》は向股《むかもも》に蹈みなづみ、沫雪《あわゆき》如《な》す蹶《く》ゑ散《はら》かし、いつの男建び蹈み建《たけ》びて待ち、「何《なに》の故《ゆゑ》に上り来つる」と問ひたまひき。

爾に速須佐之男命、「僕《あ》は邪《きたな》き心なし。ただ大御神の命《みこと》もちて、僕《あ》が哭きいさちる事を問ひ賜《たま》へり。故《かれ》、白《まを》しつらく、『僕《あ》は妣《はは》の国に往《ゆ》かむと欲《おも》ひて哭くなり』と。爾に大御神、『汝《いまし》はこの国に在るべからず』と詔りたまひて、神やらひやらひ賜《たま》へり。故《かれ》、罷《まか》り往《ゆ》かむ状《さま》を請《まを》さむと以為《おも》ひて参上《まゐのぼ》りつれ。異心《こころ》なし」と答え白《まを》しき。

【訳解】そこで須佐之男命は父に、「そうおっしゃるなら、天照大御神に事の顛末を話してから根の国に参ります」と精一杯の抵抗を示し、高天原へ上って行った。その時、山や川はことごとく鳴動し、大地は揺れ動いた。

この異変を知った天照大御神は、須佐之男がやってくることを聞き、驚き、「弟がやって来るのは、善き心からではあるまい。私が治める国を奪《うば》おうとしているに違いない」と仰せられた。そして直ちに髪を解き、角髪《みずら》（上代男子の髪の結い方。頂の髪を中央から左右に分け、耳の辺りで輪がねて紐《ひも》で結び、耳の前に垂らす）に結い直し、左右に垂らした髪や、残りの髪を束ねた紐や、左右の手首にも、多くの勾玉を通した玉飾りを巻き付けた。

更に、背には千本もの矢が入る靫《ゆき》（携行する矢入れ）を背負い、腰回りには五百本の矢が入る靫を附け、矢を射る時、小手に当たる弦を受け止める鞆《とも》には、高い音を発する竹鞆を着け、弓を振り立て、堅い庭が股まで沈み込むほど強く踏みつけ、土を沫雪のように蹴散らして、その地をしっかり踏んで威勢鋭く叫び、力強く大地を踏みながら待ち、「何の用事で上って来たのか」と問いただした。

須佐之男命は、「私に邪心はありません。ただ父君の大御神が、私が泣きわめいている訳を問いただしたので、『私は、母のいる国に行きたいと思って泣いているのです』と申し上げました。すると父君は、『お前はこの国に住んではならない』と仰せになり、私を追放されたのです。そこで母のいる国に行く経緯《いきさつ》を申し上げようと思い、参上した次第です。謀反を起こす気などありません」と申し開きをした。

【解説】 親の心子知らず、とは良く言ったものだ。須佐之男命《すさのをのみこと》は、父親の命じた、「海を治らす」ことをせず、母親と思い込んだ伊邪那美の居る根の国に行くと宣言し、結果として父の言うことに従わなかった。

天涯孤独となった須佐之男は、根の国に行く前に姉に事情を話し、自分の気持ちを理解して欲しいと思って高天の原へと昇って行った。そこには、父に対する憤りが渦巻いていたことが、上り往く描写から知ることができる。

対する天照大御神は、あの弟がやって来たのは、高天原を奪いにきたのではないか、と警戒した。そうなら、力で阻止するしかないと決断し、男装した上で完全武装し、弟を待った。話し合いでは問題が解決できないから、暴力沙汰や戦争は起こるのであり、それは古今東西、そして今も変わらぬ現実なのだ。

天照大御神は、戦う準備を整えた上で、話を聞くことにした。須佐之男命は事の顛末を姉に伝え、目的は達成できたのだが、天照大御神は弟の本心を信じておらず、「謀反は起こさない」〝証《あかし》〟を求めた。

二　二神による神々の誓約生み

【訓読】 爾《ここ》に天照大御神詔りたまはく、「然らば汝《いまし》の心の清く明《あか》きは何《いか》にして知らしむ」と。是《ここ》に速須佐之男命、「各《おのおの》うけひて子生まむ」と答《こた》へ白《まを》す。

故《かれ》、爾に各天の安河を中に置きて、うけふ時、天照大御神、先づ建速須佐之男命の佩《は》ける十拳剣を乞《こ》ひ度《わた》して、三段《みきだ》に打ち折りて、ぬなとももゆらに天《あま》の真名井に振り滌《すす》きて、さがみにかみて吹き棄《う》つる気吹《いぶき》の狭霧《さぎり》に成れる神の御名《みな》は多紀理毘売《たきりびめ》命、亦の御名は奥津島比売《おきつしまひめ》命と謂ふ。次に市寸島比売《いちきしまひめ》命、亦の御名は狭依毘売《さよりびめ》命。次に多岐都比売《たきつひめ》命。(三柱《みはしら》)。

速須佐之男命、天照大御神の左の御美豆良《みみづら》に纏《ま》かせる八尺《やさか》の勾璁《まがたま》の五百津《いほつ》の美須麻流《みすまる》の珠《たま》を乞《こ》ひ度《わた》して、ぬなとももゆらに、天の真名井に振り滌《すす》きて、さがみにかみて吹き棄《う》つる気吹の狭霧に成れる神の御名は正勝吾勝勝速日天之忍穂耳《まさかつあかつかちはやひあめのおしほみみ》命。亦《また》右の御美豆良に纏かせる珠を乞ひ度して、さがみにかみて吹き棄つる気吹の狭霧に成れる神の御名は天之菩卑能《あめのほひの》命。

亦御鬘《みかづら》に纏《ま》かせる珠を乞ひ度して、さがみにかみて吹き棄つる気吹の狭霧に成れる神の御名は天津日子根《あまつひこね》命。又左の御手に纏かせる珠を乞ひ度して、さがみにかみて吹き棄つる気吹《いぶき》の狭霧に成れる神の御名は活津日子根《いくつひこね》命。亦右の御手に纏かせる珠を乞ひ度して、さがみにかみて吹き棄つる気吹《いぶき》の狭霧に成れる神の御名は熊野久須毘《くまのくすび》命。并《あは》せて五柱《いつはしら》。

是《ここ》に天照大御神、速須佐之男命に、「この後《のち》に生《あ》れし五柱の男子《をのこご》は、物実《ものざね》我《あ》が物に因りて成れり。故《かれ》、自《おのづか》ら吾《あ》が子ぞ。先に生《あ》れし三柱の女子《をみなご》は、物実汝《ものざねいまし》が物に因りて成れり。故《かれ》、乃《すなは》ち汝が子ぞ」と詔《の》り別《わ》けたまひき。

故《かれ》、其の先《さき》に生《あ》れし神、多紀理毘売《たきりびめ》命は、胸形《むなかた》の奥津《おきつ》宮《みや》に坐《いま》す。次に市寸島比売《いちきしまひめ》命は、胸形の中津宮に坐す。次に田寸津比売《たきつひめ》命は、胸形の辺津《へつ》宮に坐す。此の三柱の神は、胸形君等の以《も》ちいつく三前《みまへ》の大神なり。

故《かれ》、此の後に生《あ》れし五柱の子の中に、天菩比《あめのほひ》命の子、建比良鳥《たけひらとり》命、（此は出雲《いづも》国造・无耶志《むぎし》国造・上菟上《かみつうなかみ》国造・下菟上《しもつうなかみ》国造・伊自牟《いじむ》国造・津島県直《つしまのあがたのあたひ》・遠江《とほつあふみ》国造等が祖《おや》なり）。

次に天津日子根《あまつひこね》命、（此は凡川内《おふしかふち》国造・額田部湯坐《ぬかだべのゆゑ》連・木《き》国造・倭田中《やまとのたなか》直・山代《やましろ》国造・馬来田《まくた》国造・道尻岐閇《みちのしりのきへ》国造・周芳《すはう》国造・倭淹知《やまとのあむちの》造・高市《たけち》県主・蒲生稲寸《かまふのいなき》・三枝部《さえぐさべの》造等が祖なり）。

【訳解】 そこで天照大御神は、「では、お前に邪心がないことは、如何にして知ることができるのか」と問われた。須佐之男は、「互いに誓約《うけい》により、子を生むのは如何でしょう」と申し上げた。

天照大御神はこの提案を受け入れ、二神は、高天原を流れる天の安河を中に挟んで対岸に立ち、先ず、天照大御神は速須佐之男命の腰に付けていた十拳剣を求め、従者を介して受け取り、三つに折り、身につけた玉飾りの音を立てながら、清らかな天の真名井で洗い清め、それをカリカリと噛み砕き、フゥーと吹き出す息吹の霧の中から成り出でた神は多岐理毘売《たきりびめ》命、またのお名前を奥津島比売《おきつしまひめ》命と云う。次に成り出でた神は市寸島比売《いちきしまひめ》命、またのお名前は狭依毘売《さよりびめ》命と云う。次に成り出でた神は多岐都比売《たきつひめ》命と云う。

計三柱の女神が成り出《い》でた。

須佐之男命は、姉の左の御角髪《みみずら》に巻いておられた勾玉《まがたま》で飾った玉飾りを求め、従者を介して受け取り、玉飾りの音を立てながら、こちら側の天の真名井で洗い清め、カリカリと噛み砕いてフゥーと吹き出す息吹の霧の中から、正勝吾勝勝速日天之忍穂耳《あめのおしほみみ》命が成り出でた。

次に、右の御角髪に巻いておられる、玉飾りを求め、受け取り、カリカリと噛み砕いて吹き出す息吹の霧の中から成り出でた神の名は、天之菩卑能《あめのほひの》命である。

次に、お髪《ぐし》の飾りとして巻いておられる、玉飾りを求め、受け取り、カリカリと噛み砕いて吹き出す息吹の霧の中から成り出でた神の名は、天津日子根《あまつひこね》命である。

また、左手に巻いておられる玉飾りを求め、受け取り、カリカリと噛み砕いて吹き出す息吹の霧の中から成り出でた神の名は、活津日子根《いくひこね》命である。

次に、右手に巻いておられる玉飾りを求め、受け取り、カリカリと噛み砕いて吹き出す息吹の霧の中から成り出でた神の名は、熊野久須毘《くまのくすび》命である。

計五柱の神が成り出《い》でた。

誓約が終わり、天照大御神は、「後に生れた五柱の男神は、私の玉飾りから成り出た神なので、それらは当然、私の子です。先に生れた三柱の女神は、お前の剣から成り出た神なので、それはお前の子です」と仰せられ、区別された。

最初に生まれた多紀理《たきり》毘売命は、筑紫の宗像《むなかた》の玄界灘の孤島、沖ノ島の沖津《おきつ》宮に鎮座しておられる。次の市寸島《いちきしま》比売命は、同じく宗像の大島にある中津宮に鎮座しておられる。また、田寸津《たきつ》比売命は、宗像郡玄海町の田島にある辺津宮に鎮座しておられる。この三柱の女神は、福岡県宗像郡を本拠地とし、北部九州で活躍する海人《あま》系豪族、宗像君らが崇《あが》め祭る三座の大神である。

後に生まれた五柱の男神の中で、天菩比命の子、建比良鳥《たけひらとり》命は、出雲国造（島根県）・无耶《むぎ》志《し》国造（武蔵の国・東京や埼玉）・上菟上《かみつうなかみ》国造（千葉県中央部）・下菟上《しもつうなかみ》国造（千葉県北部周辺）・伊自牟《いじむ》国造（千葉県夷隅郡）・津島《つしま》県直（長崎県対馬）・遠江《とうとうみ》国造（静岡県西部）等の祖先である。

次に、天津日子根《あまつひこね》命は、凡河内《おおしこうち》国造（大阪府南・中・北河内郡）・額田部湯坐《ぬかだべのゆえ》連（奈良県平群郡と河内国河内郡に額田郷があった。湯坐《ゆえ》は皇族や貴族の産児を入浴させる役目の婦人である）・木国造（紀伊の国）・倭田中《やまとのたなか》直（大和の高市郡辺り）・山城国造（京都府南部）・馬来田《まくた》国造（千葉県君津郡）・道尻岐閇《みちしりのきえ》国造（福島県双葉郡南半部であろう）・周芳《すおう》国造（周防《すおう》・山口県東部）・倭淹知《やまとのあむち》造（奈良県磯城郡）・高市《たけち》県主（奈良県橿原市周辺）・蒲生稲寸《がもうのいなき》（滋賀県蒲生郡）・三枝部《さえぐさべ》造（具体的な地は不明、顕宗天皇の御世に三枝部が造られたという）等の祖先である。

【解説】　この誓約の場面についても様々な見方がある。例えば次田真幸氏は次のように書いていた。

「天照大御神とスサノオノ命とが、姉弟の関係で結ばれている」（『古事記（上）』86）

田中英道氏はより露骨に書いていた。

「さらに姉弟であるアマテラスとスサノオが結ばれて次世代を生むわけであるから、これも近親結婚である」（『高天原は関東にあった』27）

また竹田恒泰氏は次のように書いていた。

「この誓約で生まれた男神と女神にとって、天照大御神と須佐之男命は両親と考えるべきではないでしょうか。自分の物を使って成った子ならば自分の子ですが、相手の物を使って成った子は二人の交わりによって生まれたと考えるのが自然でしょう」（『現代語　古事記』49）

だが、『古事記』には、伊邪那岐と伊邪那美が国生みをしたときは、島に降り、八尋殿を作った。そして「みとのまぐはひせむ」とあり、続けて、「くみどに興して生みし子は……」と書いてある。場所は当然、八尋殿の中である。

二神による誓約《うけい》の争いは昼日中《ひるひなか》、天の安河を挟んで行われた。天照大御神は完全武装しており、一人で来たはずもなく、取り巻きと共に須佐之男命に対峙した。物見高い高天原の神々は、二神の誓約争いを遠巻きに見ていた。

例えば、田中英道氏は、「近親結婚」と言い、竹田恒泰氏が、「二人の交わりによって生まれた」と言うなら、単身の須佐之男命が天の安河を渡り、天照大御神は武装を解き、両者は然るべき姿になり、高天原の神々が見ている昼日中、屋外で交わったことになる。八人も子が成ったのだから、神々の前で八回交わったのか。

日本語とは写生の言語である。言葉から情景を思い浮かべることができる。上記の状況を写生し、その上で二神は交わったと云うのか。そうではあるまい。読んで字の如く〝誓約《うけい》〟により八柱の神々は「成り出た」のである。

何しろ、須佐之男命は〝誓約《うけい》〟で子を生む以外に、櫛名田比売《くしなだひめ》を妻として〝くみどに起《おこ》して〟子を生んでいるが、この場合もその前に宮を建て、その中で交わっている。『古事記』全体を読めば、違いが良く分かるのである。

三　速須佐之男命の乱暴・狼藉

【訓読】爾《ここ》に速須佐之男命、天照大御神に、「我《あ》が心清く明《あか》し。故《かれ》、我《あ》が生みし子は手弱女《たわやめ》を得つ。此れによりて言《まを》さば、自《おのづか》ら我《あれ》勝ちぬ」と云ひて、勝《かち》さびに、天照大御神の営田《つくだ》の阿《あ》を離《はな》ち、其の溝を埋め、亦其の大嘗《おほにへ》聞こし看《め》す殿《との》に屎《くそ》まり散らしき。

汝《かれ》、然《しか》すれども天照大御神はとがめず、「屎なすは、酔《ゑ》ひて吐き散らすとこそ我《あ》が那勢《なせ》の命《みこと》かくしつらめ。又田の阿《あ》を離ち溝を埋むるは、地《ところ》をあたらしとこそ、我《あ》が那勢の命かくしつらめ」と詔り直《なほ》したまへど、なほ其の悪《あ》しき態《わざ》止まずて転《うたて》ありき。

天照大御神、忌服屋《いみはたや》に坐《ま》して、神御衣《かむみそ》織らしめたまひし時、その服屋の頂《むね》を穿《うか》ち、天《あめ》の斑《ふち》馬《こま》を逆剥《さかは》ぎに剝ぎて堕《おと》し入るる時、天の服織女《はたおりめ》、見て驚き、梭《ひ》に陰上《ほと》を衝《つ》きて死にき。

【訳解】この結果を見て、須佐之男命は天照大御神に、「私の心が清く明《あか》るく優しいからこそ、私の物から生まれたのは、心優しい女神でした。この結果を見れば、当然、私が誓約に勝ったのです」と言って、勝《かち》に乗じて大御神の水田の畔《あぜ》を壊し、水を引く溝を埋め、大御神が新《にい》嘗祭《なめさい》を執り行い、新穀を召しあがる神殿に大便をまき散らした。

しかし、大御神は弟の狼藉を咎《とが》めず、「あの汚物のように見えるものは、そこで酒を飲み過ぎて酔い、吐き散らしたのではないか。また田の畔《あぜ》を壊し、用水路を埋めたのは、そこを水田にしようとしたのではないか」と悪行を善意に解釈して庇《かば》ったが、須佐之男の乱暴・狼藉は激しくなる一方だった。

ある時、天照大御神が、神の衣を織る神聖な機屋《はたや》におられ、そこで機織女《はたおりめ》が神に献《たてまつ》る神衣を織っていた時、須佐之男はその機屋の棟《むね》を壊して大きな穴を開け、高天原の斑毛《まだらげ》の馬を逆《さか》剥《は》ぎ（尻尾の方から皮を剥ぐ）に剝ぎ、機屋の中に落とし込んだ。これを見た機織女は、驚き慌て、誤って杼《ひ》（経糸の間に横糸を通す鋭利な道具）で陰部を衝《つ》いて死んでしまった。

【解説】誓約の結果、須佐之男の〝勝〟となったが、現場を目撃した神々も、その勝利を認めた為、乱暴狼藉を止められなかった。今まで須佐之男に溜まっていた〝うっぷん〟が一気に爆発したのだ。

高天原の神々は、神生みの祖神《おやがみ》である伊邪那岐大神から、「高天原を治《し》らせ」と委託された天照大御神が弟を庇《かば》い、見過ごしていたので、如何《いかん》ともしがたかったと思われる。

この場面に水田の話が出てくるが、わが国の水田稲作は、拙著、『日本人の祖先は縄文人だった！いま明かされる日本人ルーツの真実』（122）で詳述したように、大陸や半島の人々が伝えたものではない。それは、日本人の作り出した稲作技法だった。

神話にも水田稲作の話が出てくるのだから、天孫族は、早くから水田稲作の技術を持っていたと思われる。また、日本民族は、縄文時代から布を織っており、機織《はたおり》の技術も持ち合わせていた。

天照大御神は、弟の感情爆発はやがて収まる、と見ていた節《ふし》がある。怒りを放出し尽くせば、やがて自省し、悔悟する時が来るのではないか、と願っていた。だが、弟の乱暴狼藉により死人が出たことから願いは叶えられず、新たな行動を起こすことになる。だがそれは、弟への叱責《しっせき》ではなく、意外なものだった。

四　天の石屋戸

【訓読】　故《かれ》、是《ここ》に天照大御神見畏《みかしこ》み、天《あめ》の石屋戸《いはやど》を開きてさしこもり坐《ま》しき。爾《ここ》に高天原、皆暗く、葦原中国《あしはらのなかつくに》、悉《ことごと》に闇《くら》し。此《こ》れに因《よ》りて常夜《とこよ》往《ゆ》きき。是に万《よろづ》の神の声《おとなひ》は狭蠅《さばへ》なす満ち、万の妖《わざはひ》悉に発《おこ》りき。

是を以ちて八百万《やほよろづ》の神、天安《あめのやす》の河原《かはら》に神集《かむつど》ひ集ひて高御産巣日《たかみむすひ》神の子、思金《おもひかね》神に思はしめ、常世《とこよ》の長鳴鳥《ながなきどり》を集めて鳴かしめ、天安河の河上の天の堅石《かたしは》を取り、天の金山《かなやま》の鉄《まがね》を取りて、鍛人《かぬち》天津麻羅《あめつまら》を求《ま》ぎて、伊斯許理度売《いしこりどめ》命に科《おほ》せて鏡を作らしめ、玉祖《たまのや》命に科せて、八尺《やさか》の勾《まが》璁《たま》の五百津《いほつ》の御須麻流《みすまる》の珠を作らしめ、天児屋《あめのこやね》命、布刀玉《ふとだま》命を召して、天の香山《かぐやま》の真男鹿《まをしか》の肩を内抜《うつぬ》きに抜きて、天の香山の天のははか（木の名）を取り、占合《うらな》ひ麻加那波《まかなは》しめ、天の香山の五百津真賢木《まさかき》を根こじにこじて、上枝《ほつえ》に八尺の勾璁の五百津の御須麻流の玉を取り著《つ》け、中枝《なかつえ》に八尺鏡《やたのかがみ》を取りかけ、下枝《しづえ》に白丹寸手《しらにきて》、青丹寸手《あをにきて》を取り垂《し》でて、此の種種《くさぐさ》の物は、布刀玉命、布刀御幣《ふとみてぐら》と取り持ち、天児屋命、布刀詔戸言《ふとのりとごと》禱《ほ》き白《まを》し、天手力男《あめのたぢからを》神、戸の掖《わき》に隠《かく》り立ち、天宇受売《あめのうずめ》命、天の香山の天の日影《ひかげ》を手次《たすき》にかけ、天の真折《まさき》を縵《かづら》とし、天の香山の小竹葉《ささば》を手草《たぐさ》に結ひて、天の石屋戸にうけ伏せて踏みとどろこし、神懸《かむがか》りして胸乳《むなち》を掛《か》き出《い》で、裳緒《もひも》を番登《ほと》に忍し垂れき。爾《ここ》に高天原動《とよ》みて、八百万の神、共に咲《わら》ひき。

是に天照大御神、怪しとおもほし、天の石屋戸を細めに開き、内より、「吾《わ》が隠《こも》りますに因りて、天《あま》の原自《おのづか》ら闇《くら》く、また葦原中国《なかつくに》も皆闇けむとおもふを、何由以《なにのゆゑに》か、天宇受売《あめのうずめ》は楽《あそび》をし、また八百万の神も諸《もろもろ》咲へる」と告《の》りたまひき。爾に天宇受売白言《まを》す、「汝命《いましみこと》に益《ま》して貴き神坐《いま》す。故《かれ》、歓喜《よろこ》び咲ひ楽《あそ》ぶぞ」と。

かく言《まを》す間に、天児屋命、布刀玉命、其の鏡を指し出《いだ》して天照大御神に示《み》せ奉《たてまつ》る時、天照大御神、いよいよ奇《あや》しと思ほして、やや戸より出でて臨《のぞ》み坐《ま》す時、其の隠《かく》り立てりし天手力男神、其の御手を取りて引き出《いだ》し奉りき。

即ち、布刀玉命、尻《しり》くめ縄を其の御後方《みしりへ》にひき度《わた》し、「此れより内に得還《かへ》り入りましそ」と白言《まを》す。故《かれ》、天照大御神出で坐《ま》しし時、高天原も葦原中国も、自《おのづか》ら照り明りき。

是《ここ》に八百万の神共に議《はか》りて、速須佐之男命に千位《ちくら》の置戸《おきど》を負《おほ》せ、亦鬚《ひげ》を切り、手足の爪も抜かしめ、神夜良比夜良比岐《かむやらひやらひき》。

【訳解】 天照大御神はこの出来事を見て恐れ、天の石屋戸《いはやと》を開いてその中に入り、隠《こも》ってしまわれた。すると高天原《たかあまのはら》は暗黒となり、葦原の中国《なかつくに》も悉《ことごと》く暗黒になった。こうして昼のない、夜ばかりが続き、高天原と葦原の中国は、邪神が発する夏の蠅のような不快な声で満ち溢れ、あらゆる禍《わざわい》が起こるようになった。そこで神々は、天安河の河原に集まり、高御産巣日神の子、思金神《おもひかね》に思慮の限りを尽くさせ、次のような策を決めた。

先ず、常世の国から、邪気を払う長鳴鶏《ながなりどり》を集め、鳴かせ、邪神を畏れさせ、天安河の河上から鉄を鍛える堅い石を取り、山砂から砂鉄を取り、製鉄技術者である鉄人天津麻羅《かぬちあめつまら》を探して依頼し、刀、斧、鉄鐸を作らせ、次に、鏡造りの祖神である伊斯許理度売《いしこりどめ》命には天の香具山の銅《あかがね》を取って八咫《やた》鏡を鋳造させ、次に、玉造りの祖神、玉祖《たまのや》命には多くの勾玉を通した長い玉飾りを作らせた。

次に、天児屋命《あめのこやね》と布刀玉命《ふとだま》を呼んで、天の香山《かぐやま》の雄鹿の肩を抜き取らせ、天の香山の朱《かにわ》桜《ざくら》の皮を用いて骨を焼き、占い、神意を伺い、次なる祭式の準備をさせた。

先ず、天の香山の枝葉の茂った榊《さかき》を、根から掘り起こし、天の石屋戸の前に据え置き、上の枝には多くの勾玉を通した長い玉飾りをかけ、中の枝には八咫《やた》鏡をかけ、下の枝には楮《こうぞ》から採った白帛《しろきぬ》と麻から採った青帛《あおきぬ》の御幣《ごへい》をかけ、これらで飾られた榊を布刀玉命《ふとたま》が神に献《たてまつる》品として捧げ持ち、天児屋命が麗しき声で祝詞《のりと》を上げることで神事は開始された。そして腕力無双の天手力男神《あめのたぢからを》は、大御神がお隠れになった石戸《いわど》の傍《かたわ》らに隠れ、機会をうかがった。

天宇受売命《あめのうずめ》は、天の香山の日陰蔓《かずら》を襷《たすき》にかけ、真拆蔓《まさき》を髪飾りとし、天の香山の笹の葉を束ねて手草と為し、手に鐸着けたる矛を持ち、天の石屋戸の前に、桶を逆さにしたような、中が空洞の舞台に乗って踊り、踏み音を高天原に鳴り轟《とどろ》かせ、程なく神懸りし、胸乳をあらわにし、腰にまとった衣の紐《ひも》を押し下げ、その紐が陰部の辺りまで垂れ下がったのを見た八百万《やおよろず》の神々は、高天原が揺れ動くほど、一斉に大笑いをされた。

この笑い声を、石戸《いわど》越しにお聞きになった大御神は、外の様子を不思議に思われ、石戸を細めに開けて中から、「私がここに隠《こも》っているので、高天原は暗闇になり、また葦原の中国《なかつくに》も皆暗闇になっていると思うのに、なぜ天宇受売《あめのうずめ》は踊り楽しみ、八百万の神も皆楽しそうに笑っているのか」と仰せられた。天宇受売は、「あなた様に勝る貴い神がおられますので、皆が喜び笑い、楽しんでいるのです」と申し上げた。

このような話をしている間に、天児屋命と布刀玉命は、大きな八咫《やた》鏡をさし出して大御神にお見せ奉ると、いよいよ不思議に思い、少しずつ戸より出でて、薄暗闇の中に在る鏡に近づいて行かれた。これを機に、戸の傍に隠《かく》れていた天手力男神は、大御神の御手を取って外にお導きになると、布刀玉命は注連縄《しめなわ》を大御神の後方に引き度《わた》し、「ここより中にお戻りなれません」と申し上げた。

天照大御神がお出ましになると、再び太陽が姿を現し、高天原も葦原の中国《なかつくに》も、自然と明るさを取り戻し、以前のように明るくなった。

この後、八百万の神は皆で協議し、速須佐之男命に多くの贖罪《しょくざい》の品々を課し、胸まであった鬚《ひげ》を切り、手足の爪を抜き、高天原から追放したのだった。

【解説】 天照大御神が天の石屋戸《いわやど》に籠った話には、日本で起きた皆既日食に絡め、様々な謬論がまかり通っていた。そこで筆者は、親切心から、井沢元彦氏、安本美典氏、百田尚樹氏らの、何が、どう間違っているのかを、『最終結論「邪馬台国」はここにある』（45～58）で指摘し、修正して差し上げた。
その後、百田氏は、『日本国紀』を大幅に加筆修正した文庫版（『新版　日本国紀〈上〉』：以下『新版　日本国紀』）を出版し、次のように書いていた。

「卑弥呼は二四七年か二四八年に死んだとされていますが、実はこの年に不思議なことが起きています。九州地方と大和地方でかなり大規模な日蝕《にっしょく》が見られたのです。これは現代の天文学でも明らかになっていて、日時まで特定されています」(29)

傍点部分は、何か科学的で尤もらしいが、誤りである。氏は、『新版』になっても、一次資料で確認することなく、適当に書いていた。また氏は、「神武天皇の一族が大和の銅鐸を破壊させた」なる荒唐無稽な仮説を立て、次のように書いていた。

「そもそも『日本書紀』や『古事記』に銅鐸に関する記述が一切ないのです。畿内でこれほど大量に見つかる銅鐸の記述がないのも不自然です。(中略)私は大和政権は銅鐸文化圏の国家ではなかったと考えています」(35)

この傍点部分だが、大和朝廷下で編纂された、『古語拾遺』(岩波文庫)を読めば、この祭祀に「鉄鐸」が作られ、使われていたことが分かる。【訳解】の傍点部分は『古語拾遺』からの敷衍だが、初期の鐸《さなぎ》は鉄鐸だった。その名残が、諏訪大社の宝物殿にある鉄鐸と思われる(詳細は、『古代日本「謎」の時代を解き明かす』の「第五章　銅鐸と豊葦原の謎を解く」に譲る)。

大和朝廷は、神代の昔から鐸《さなき》を作り、祭祀に使っていたのだ。鉄鐸→銅鐸→鈴へと変遷する祭器のことなど、当たり前すぎて書く必要がなかったのである。

では、なぜ天照大御神は天の石屋戸に籠ったのか。それは、弟の扱いを高天原の神々に委ねた、ということだ。その結果、須佐之男は、直ちに捕らえられたに違いない。何故なら、その後、追放されるまで登場しないからだ。

須佐之男は、自分は、「高天原を治《し》らせ」と父の伊邪那岐に委任された姉に勝ったのだから、誰も手が出せないのだ、と増長していた。だが、実は姉の威光と庇護があった故に、乱暴狼藉が見過ごされていたことを自覚し、己を見つめなおしたはずである。

その後、今までの償《つぐな》いとして、須佐之男は全てを失い、体刑を受け、高天原から追放された。そして天照大御神は、もはや弟を庇うことはなかった。

五　五穀の起源

【訓読】又食物《をしもの》を大気都比売《おほげつひめ》神に乞ひき。爾《ここ》に大気都比売、鼻口及尻《はなくちまたしり》より、種種《くさぐさ》の味物《ためつもの》を取り出《いだ》して、種種作り具《そな》へて進《たてまつ》る時、速須佐之男命、其の態《しわざ》を立ち伺《うかが》ひて、穢汚《けが》して奉進《たてまつ》るとおもひて、乃ち其の大宜津比売神を殺しき。故《かれ》、殺さえし神の身に生《な》れる物は、頭《かしら》に蚕《かひこ》生《な》り、二つの目に稲種《いなだね》生《な》り、二つの耳に粟《あは》生り、鼻に小豆《あづき》生り、陰《ほと》に麦生り、尻に大豆《まめ》生りき。故《かれ》ここに神産巣日《かみむすひ》の御祖《みおや》命、これらを取らしめて種《たね》と成したまひき。

【訳解】 高天原を追放された速須佐之男命は、食べ物を司る女神、大気都比売神を訪れ、食べ物を乞い求めた。すると比売は、鼻、口、尻から、様々なおいしい食材を取り出し、色々な料理を作って奉ったのだが、その様子を垣間見た速須佐之男命は、自分への食べ物を穢《けが》している、と思い、大宜津比売神を殺してしまった。

するとと驚くなかれ、大気都比売から、生きるに必要な多くの物が生まれ出た。頭から蚕が生まれ、二つの目から新種の稲が生まれ、二つの耳から粟《あわ》が生まれ、鼻から小豆《あずき》が生まれ、陰部から大麦が生まれ、尻から大豆《だいず》が生まれた。これを見た神産巣日命の祖神は、これらを取らせて種《たね》となされた。

【解説】 高天原を追放された須佐之男は失意に満ち、その道すがら空腹になり、神々に食を求めたが誰も食べ物を与えてくれなかった。そこで最後の望み、大気都比売《おほげつひめ》の許を訪れた。哀れな須佐之男を「乞ひき」が表している。

だが、荒々しさは残っており、怒りと誤解で、大気都比売を殺してしまう。しかし、空腹だった須佐之男は、大気都比売が作った食べ物を食べたに違いない。ここに至り、自らを省み、反省と悔悟の念が湧いてきたのではないか。根の国に行き、母に会うことの無意味さを悟り、人生にはもっと大切なことがあることを知り、それが行動となって表れてくる。

尚、ここにある〝麦〟とは〝小麦〟ではなく〝大麦〟である。小麦は、敗戦後、米国の政策により、日本人が食べるよう仕向けられた代物であり、残留農薬、除草剤、グルテンを多く含む輸入小麦から作られたパン、パスタ、ピザなどは、日本人の体質に合わない〝有害食品〟と言って良い。それが、花粉症を始め、様々な自己免疫疾患由来の難病、奇病の原因物質であり、輸入小麦を断つことで、それらが改善、治癒したという事例に事欠かない。

子供のころ、学校の昼食は弁当で、皆米を食べていた。その頃は大人も含め、花粉症など聞いたこともなかった。所が学校給食が始まり、輸入小麦を食べるようになることで、様々な病気が顕在化してきたのである。

筆者は五十年以上、家では主に玄米を食べ続けてきた。白米は読んで字の如く〝粕《かす》〟だからだ。縄文以来、この地に住み続ける日本民族は、大気都比売が与えてくれた米を、できれば玄米を食べ、輸入小麦を断つことが健康長寿と民族永続の道であると信じて疑わない。

六　速須佐之男命の大蛇《をろち》退治

【訓読】　故《かれ》、避追《やら》はえて、出雲国の肥《ひ》の河上《かはかみ》、名は鳥髪《とりかみ》といふ地《ところ》に降《くだ》りましき。この時、箸《はし》その河より流れ下りき。ここに速須佐之男命、人その河上に有りと以為《おも》ほして、尋《たづ》ね覓《もと》めて上《のぼ》り往きたまへば、老夫《おきな》と老女《おみな》、二人在りて、童女《おとめ》を中に置きて泣けり。爾《ここ》に「汝等《なれども》は誰ぞ」

と問ひたまひき。故、その老夫答え、「僕《あれ》は国つ神、大山津見神の子ぞ。僕が名は足名椎《あしなづち》と謂ひ、妻《め》の名は手名椎と謂ひ、女《むすめ》の名は櫛名田比売《くしなだひめ》と謂ふ」と言《まを》しき。

また「汝《な》が哭《な》く由《ゆえ》は何ぞ」と問ひたまへば、「我が女は、本より八稚女《やをとめ》在《あ》りしを、この高《こ》志《し》の八俣《やまた》のをろち、年毎《としごと》に来て喫《くら》へり。今、そが来《く》べき時なり。故《かれ》、泣く」と答へ白言《まを》しき。

爾に「其の形は如何《いかに》」と問ひたまへば、「彼《そ》の目は赤加賀智《あかかがち》の如くして、身一つに八頭《やかしら》八尾《お》有り。亦其の身に蘿《こけ》と檜《ひ》、椙《すぎ》を生《お》ひ、其の長《たけ》は谿八谷《たにやたに》、峡八尾《をやを》に度《わた》りて、その腹を見れば、悉に常に血に爛《ただ》れたり」と答え白しき。（此に赤加賀智と謂へるは、今の酸醤《ほほづき》なり）

爾に速須佐之男命、其の老夫に、「この汝《いまし》が女をば吾《あれ》に奉《たてまつ》らむや」と詔りたまふに、「恐《かしこ》けれど御名《みな》を覚《し》らず」と答へ白《まを》しき。爾に、「吾《あ》は天照大御神のいろせなり。故《かれ》、今天《あめ》より降《くだ》り坐《ま》しつ」と答へ詔りたまひき。爾に足名椎、手名椎神、「然坐《しかま》さば恐《かしこ》し。立奉《たてまつ》らむ」と白しき。

爾に速須佐之男命、乃ち湯津爪櫛《ゆつつまぐし》に其の童女《をとめ》を取り成し、御美豆良《みみづら》に刺して、その足名椎、手名椎の神に、「汝等《なれども》は、八塩折《やしほをり》の酒を醸《か》み、亦、垣を作り廻《もとほ》し、その垣に八門《やかど》を作り、門毎に八さずきを結ひ、其のさずき毎に酒船《さかふね》を置き、船毎にその八塩折の酒を盛りて待て」と告《の》りたまひき。

故《かれ》、告《の》りたまひし随《まにま》に、かく設《ま》け備へて待ちし時、その八俣のをろち、信《まこと》に言ひしが如《ごと》く来《き》つ。乃ち船毎に己《おの》が頭《かしら》を垂《た》れて其の酒を飲みき。是《ここ》に飲み酔《ゑ》ひて留《とど》まり伏し寝《い》ねき。

爾に速須佐之男命、その御佩《はか》せる十拳剣《とつかつるぎ》を抜きて、その蛇《おろち》を切り散《はふ》りたまひしかば、肥《ひの》河《かは》、血に変《な》りて流れき。故《かれ》、その中の尾を切りたまひし時、御刀《みはかし》の刃毀《はか》けき。爾に怪し思ほして、御刀の前以《さきも》ちて刺し割《さ》きて見たまへば、都牟刈《つむは》の太刀《たち》ありき。故、此の太刀を取りて異《あや》しき物と思ほして、天照大御神に白《まを》し上げたまひき。是《こ》は草那芸《くさなぎ》の太刀《たち》なり。

【訳解】 須佐之男は、島根県の斐伊《ひい》川の上流、鳥髪《とりかみ》という所にやって来た。この時、箸が流れてきたので、川上に人が住んでいると思い、川を上って行くと、老人と老婆が少女を間においておいて泣いていていた。

そこで、「あなた方は誰なのか」と問うと、老人は、「わしは国つ神、大山津見神の子で名は足名椎《あしなづち》、妻《つま》は手名椎といい、娘は櫛名田比売と申します」と答えた。

また、「あなた方は、なぜ泣いているのか」と問うと、老人は、「私たちの娘はもともと八人いたのですが、あの高志《こし》に棲んでいる八俣《やまた》のオロチが、毎年わが家を襲い、娘を一人ずつ食っていったのです。今、そのオロチが来る時期となり、途方に暮れ、泣いているのです」と答え申し上げた。

須佐之男が、「そのオロチの姿形はどのようなものなのか」と問われると、「その目は赤いホオズキのようであり、胴体は一つなのに八つの頭と八つの尾を持ち、その体にはコケ、檜、杉が生えており、長《たけ》は八つの谷、八つの峰にわたる程で、腹を見れば、ことごとく常に血で爛《ただ》れております」と申し上げた。

それを聞いた速須佐之男が、「あなた方の娘を私の妻に下さらないか」と言うと、老人は、「大変ありがたいお言葉ですが、あなた様のお名前を存じ上げません」と申し上げた。すると、「私は天照大御神の弟で、先ほど高天原から降って来たところだ」と仰せになった。

これを聞いた足名椎と手名椎は、「それは恐れ多いことです。妻として差し上げましょう」と快諾した。

話が決まると須佐之男は、娘を爪型の櫛に変え、自分の角髪《みづら》に刺し、足名椎と手名椎に、「八回蒸留した強い酒を造り、家の周りに垣を作り廻らせ、その垣に八つの門を作り、門毎に動かないよう桟敷《さじき》台を結びつけ、その台の上に酒の容器を置いて、容器毎にその酒を注ぎ満たして待ち受けよ」と仰せになった。

言われる通り準備をして待つと、オロチは老人の言葉通りやって来て、八つの頭をそれぞれの酒の器に垂れ入れて飲みほし、酔って寝てしまった。

これを見た須佐之男は、身に着た十拳剣《とつかつるぎ》を抜き、オロチをズタズタに斬り散らした。その血は、斐伊川を真っ赤に染め、流れ下った。オロチの中ほどの尾を斬った時、剣の刃が毀《こぼ》れたので、おかしい、と思われ、十拳剣の前《さき》を持って尾を斬り割《さ》くと、中から鋭《するど》く立派な太刀《たち》が出てきた。そこでこの太刀を取り出し、不思議な太刀だと思われ、天照大御神に経緯《いきさつ》を申し上げ、献上された。これが草薙《くさなぎ》の剣《つるぎ》である。

【解説】 須佐之男は、人里を求めてさまよっていた。そしてこの場面に出会うのだが、彼には三つの選択肢があった。

先ず、君子危うきに近寄らず、なる格言に従い、この場を立ち去ることだ。

そうなると、ここから毎年、犠牲者が出ることになる。北朝鮮をはばかり、この国による日本人拉致という国家犯罪を、左翼、政治家、ジャーナリスト、マスコミ業者が隠蔽し、時に否定したことにより、犠牲者が続出したことに類似している。

次は、四人でこの地から逃げ去ることだ。両親を説得し、櫛名田比売と二人で逃げることも可能だったかもしれない。それでは、悲劇は止むことはない。

最後は、最も困難な道、オロチを退治し、この一家と地域の人々を救うことだ。そして須佐之男は、この道を選んだ。戦う以上は、敵を知らなくてはならない。そこでオロチの情報を入手し、策を練り、対策を講じ、勝利することができた。

思い返せば、戦前の日本は、昭和天皇の意向に逆らい、コミンテルンとルーズベルトの罠に嵌り、泥沼の〝シナ事変〟に深入りし、「飛んで火に入る夏の虫」とばかり真珠湾に飛び込んだ。だが、日本軍も『記紀』を学んでいれば、別の道を選択できたはずである。詳細は、『謀略の戦争史』、「第三十章　筒抜けだった真珠湾攻撃」に書いておいた。

話を戻す。万一の時、男には、女性や子供、地域や国を守る勇気が必要であり、それを行動に移すことで輝く存在になる。須佐之男命は、それを立派にやってのけた。また、オロチから取り出した草薙《くさなぎ》の剣《つるぎ》を天照大御神に献上したことから、もはや自分を高天原から追放することを黙認した姉に、何の恨みも抱いていないことが分かる。

泣き虫で、わからず屋だった須佐之男命は、様々な試練を経て、立派な男へと脱皮した。人は変われるのである。

七　須佐之男命から大国主命へ

【訓読】故《かれ》、是《ここ》を以ちて其の速須佐之男命、宮造《みやつく》作るべき地《ところ》を出雲《いづも》国に求《ま》ぎたまひき。爾《ここ》に須賀《すが》の地に到り坐《ま》して、「吾《あれ》此地《ここ》に来て、我《あ》が御心須賀須賀し」と詔りたまひて、其地《そこ》に宮を作りて坐《いま》しき。故《かれ》、其地《そこ》を今に須賀と云ふ。この大神、初めて須賀に宮を作りたまひし時、其地《そこ》より雲立ち騰《のぼ》りき。爾《ここ》に御歌を作《よ》みたまひき。其の歌に曰《い》はく、

八雲《やくも》立つ　出雲八重垣《やへがき》　妻籠《つまご》みに　八重垣作る　その八重垣を

是《ここ》に其の足名椎神を喚びて、「汝《な》は我が宮の首任《おびとた》れ」と告言《の》りたまはく、且《また》名を負《おほ》せて、稲田《いなだ》宮主《みやぬし》須賀《すが》之《の》八耳《やつみみ》神と号《なづ》けたまひき。

故《かれ》、其の櫛名田比売を以《も》ちて、久美度《くみど》邇《に》起《おこ》して生みし神の名は、八島士奴美《やしまじぬみ》神と謂ふ。又大山津見神の女《むすめ》、名は神大市比売《かむおおいちひめ》を娶《めと》して生みし子は大年《おほとし》神、次に宇迦之御魂《うかのみたま》神。（二柱）。

兄《あに》八島士奴美神、大山津見神の女、名は木花知流比売《このはなのちるひめ》を娶して生みし子は、布波能母遅《ふはのもぢ》久奴須奴《くぬすぬ》神。

此の神、淤迦美《おかみ》神の女、名は日河比売《ひかはひめ》を娶して生みし子は、深淵之水夜禮花《ふかぶちのみづやれはな》神。

此の神、天之都度閇知泥《あめのつどへちね》神を娶して生みし子は、淤美豆奴《おみづぬ》神。

此の神、布怒豆怒《ふのづの》神の女《むすめ》、名は布帝耳《ふてみみ》神を娶して生みし子は、天之冬衣《あめのふゆきぬ》神。

此の神、刺国大《さしくにおほ》神の女、名は刺国若比売を娶して生みし子は、大国主《おほくにぬし》神。亦の名を大穴牟《おほなむ》遅《ぢ》神と謂ひ、亦の名は葦原色許男《あしはらしこを》神と謂いひ、亦の名は八千矛《やちほこ》神と謂い、亦の名を宇都志国《うつしくに》玉《たま》神と謂ひ、并《あは》せて五つの名有り。

【訳解】　その後、速須佐之男命は新居を出雲国とし、適地を探し求めた。そして須賀《すが》の地にやってきて、「私はこの地に来て、実にすがすがしい気持ちになった」と仰せになり、ここに宮を造って住むことにした。そこで、この地を今に至るまで須賀と呼んでいる。

須佐之男命が、初めて須賀に宮をお造りになった時、そこから雲が立ち昇り、それを見て歌をお詠みになった。

私たちの新居の周りに、八重の雲が湧きおこっている　その雲は大事な妻を守るかのように八重垣を作っている　何と素晴らしい雲の八重垣なのだ

そして足名椎神をお呼びになり、「あなたをこの宮の長官に任じよう」と告《つ》げ、稲田宮主《いなだみやぬし》

須賀之八耳《すがのやつみみ》神という名を与えられた。

その後、速須佐之男命は櫛名田比売と夫婦の交わりをなされ、生まれたのが八島士奴美《やしまじぬみ》神である。また大山津見神の娘、名は神大市比売《かむおほいちひめ》を妻として生んだ子は、大年《おほとし》神と宇迦之御魂《うかのみたま》神の二柱である。

最初に生まれた八島士奴美神が、大山津見神の娘、名は木花知流比売《このはなのちるひめ》と妻として生まれた子が、布波能母穉久奴須奴《ふはのもぢくぬすぬ》神である。

この神が、淤迦美《おかみ》神の娘、日河比売《ひかわひめ》を妻として生んだ子が、深淵之水夜禮花《ふかぶちのみづやれはな》神である。

この神が、天之都度閇知泥《あめのつどへちね》神を妻として生んだ子が、淤美豆奴《おみづぬ》神である。

この神が、布怒豆怒《ふのづの》神の娘、布帝耳《ふてみみ》神を妻として生んだ子が、天之冬衣《あめのふゆきぬ》神である。

この神が、刺国大《さしくにおほ》神の娘、刺国若比売を妻として生んだ子が、大国主《おほくにぬし》命、亦の名を大穴牟《おほなむ》穉《ぢ》神と言い、亦の名を葦原色許男《あしはらしこを》神と言い、亦の名を八千矛《やちほこ》神と言い、また亦の名を宇都志国《うつしくに》玉《たま》神と言う。この神は合わせて五つの名を持っている。

【解説】 その後、櫛名田比売と連れ立って新居を須賀の地に建てた。そして、「櫛名田比売を以《も》ちて、久美度邇起《くみどにおこ》して、生みし神の名は、……」とあるように、須佐之男命は、櫛名田比売と宮の中で夫婦の交わりをし、子を生んだのである。

『古事記』は、誓約《うけい》により子を生むことと、夫婦の交わりにより子を生むことを峻別していた。ここに、「天照大御神と須佐之男命は、姉弟で夫婦の交わりにより子を生んだ」なる理解は誤りであることを再度指摘しておく。

時は過ぎ、やがて須佐之男命の直系、大国主命が主人公として登場することになる。

大国主神

一　稲羽の素莵

【訓読】故《かれ》、此の大国主神の兄弟《あにおと》、八十神《やそかみ》坐《ま》しき。然《しか》れども皆、国は大国主神に避《さ》りまつりき。避りし所以《ゆゑ》は、其の八十神、各《おのおの》稲羽《いなば》の八上比売《やがみひめ》を婚《よば》はむの心有りて、共に稲羽に往きし時、大穴牟穉《おほなむぢ》神に帒《ふくろ》を負《おほ》せ、従者《ともびと》として率《ひき》ゐて往《ゆ》きき。是《ここ》に気多《けた》の前《さき》に到りし時、裸《あかはだ》の莵《うさぎ》伏せりき。爾《ここ》に八十神、その莵に、「汝《なれ》為《せ》むは、此の海《う》塩《しほ》を浴《あ》み、風の吹くに当たりて、高山の尾の上《へ》に伏せれ」と謂《い》ひき。故、其の莵、八十神の教えに従ひて伏しき。爾に其の塩乾《しほかは》く随《まにま》に、其の身の皮悉《ことごと》に風に吹き折《さ》かえき。故《かれ》、痛み苦しみて泣き伏せば、最後《いやはて》に来《き》たりし大穴牟穉神、その莵を見て、「何由《なにゆゑ》、汝《な》は泣き伏せる」と言ひたまひしに、莵答へ言《まを》す。

「僕《あれ》、淤岐《おき》の島に在りて、此の地《ところ》に度《わた》らむと欲《おも》へど、度らむ因《よし》無かりき。故《かれ》、海の和邇《わに》を欺きて言はく、『吾《あ》と汝《な》と競《くら》べて、族《うがら》の多き少なきを計《かぞ》へてむ。故《かれ》、汝《な》は其の族の在りの随《まにま》に、悉に率《ゐ》て来て、此の島より気多の前《さき》まで、皆列《な》み伏し度《わた》れ。爾に吾《あれ》其の上を踏みて、走りつつ読み度《わた》らむ。是に吾《あ》が族といづれか多きを知らむ』と。

かく言ひしかば、欺《あざむ》かえて列《な》み伏せりし時、吾《あれ》其の上を踏みて読み度り来て、今地《つち》に下《お》りむとせし時吾、『汝《な》は我《あれ》に欺《あざむ》かえつ』と言い竟《を》はる即ち、最端《いやはし》に伏せりし和邇《わに》、我《あ》を捕へて悉に我が衣服《きもの》を剥《は》ぎき。此れに因りて泣き患《うれ》ひしかば、先に行きし八十神の命《みこと》以ちて、『海《う》塩《しほ》を浴み、風に当たりて伏せれ』と誨《をし》へ告《の》りき。故、教の如く為《せ》しかば、我が身悉に傷《そこな》えぬ」と。

是《ここ》に大穴牟稗神、其の菟に教え告《の》りたまはく。

「今急《すみや》かに此の水門《みなと》に往き、水を以ちて汝《な》が身を洗ひて、即ちその水門の蒲黄《かまのはな》を取りて、敷き散らし、其の上に輾転《こいまろ》べば、汝が身、本《もと》の膚《はだ》の如《ごと》、必ず差《い》えむ」と。

故、教の如く為《せ》しに、其の身、本の如くなりき。此れ稲羽の素菟《しろうさぎ》なり。今者《いま》に菟神《うさぎがみ》と謂ふ。故《かれ》、其の菟、大穴牟稗神に、「この八十神は、必ず八上比売を得じ。帒《ふくろ》を負へども、汝命《いましみこと》獲《え》たまはむ」と白《まを》しき。

【訳解】 大国主神は、速須佐之男命と櫛名田比売との間に生まれた直系の子孫であるが、他にも、神大市比売《かむおほいちひめ》との間に生まれた子孫もおり、その六世の孫であることから、大国主神には多くの異母兄弟が居られた。彼ら八十神は、自ら統治していた国を大国主神に託した。そのわけは彼らは皆、因幡《いなば》（鳥取県東部）の八上比売《やがみひめ》を妻に迎えたいと願い、連れ立って旅に出たからである。その時、大穴牟遅神《おほなむぢ》（大国主神）に旅の用具を入れた大きな袋を担がせ、従者として連れて行った。

八十神が、因幡の気多岬《けた》（鳥取市には気多岬や白兎《はくと》神社などの伝承地がある）にやって来たところ、毛皮を剝がされた裸《あかはだか》のウサギがうつぶせに倒れていた。

これを見た八十神は、「その体を治すには、海水を浴び、潮風に当たるため、山の頂《いただき》に伏せているのが良い」と教えた。ウサギは、教えに従って伏せていたが、海水が乾くにつれて、皮膚が悉くひび割れ、その痛さで苦しみ、泣き、伏せっていた。

すると後からやって来た大穴牟遅神は、「なぜ、おまえは泣き伏せているのか」と声をかけた。ウサギは次のように申し上げた。

「私は隠岐の島に住んでいました。そしてこの地に度《わた》りたいと思ったのですが手だてが無く、サメに本心を隠し、『私たちとあなた方と、どちらの仲間が多いか比べてみようじゃないか。あなた方は、サメの一族をみんな引き連れて、この島より気多《けた》の岬まで、一列に並んでくれないか。そうすれば、私が其の上を飛び渡って数を数えるので、何れが多いか知ることができる』と言ったのです。サメは、騙されたとも知らずに並んだので、其の上を踏み、数を数えながら渡って行ったのですが、今この地に降りようとする時、思わず、『あんたらは私に騙されたね』と言ってしまったのです。すると、最後のサメが私を捕らえ、丸裸にしてしまったのです。そこで泣き悲しんでいた所、ここを通った八十神が、『海水を浴びて風に当たって伏せておれ』と教えたので、その通りにしたところ、私の身体は、全身がヒビ割れてしまったのです」と。

この話を聞いた大穴牟遅神は、「急いで河口に往き、川の水で身体の塩を洗い流し、そこに生えている蒲の穂の花粉をとって撒き散らし、その上に寝ころべば、お前の体は必ずもとのようになるだろう」と仰せになった。

そこでウサギは教の如くしたところ、体はもとのようになった。これが因幡の白ウサギの話である。今、ウサギ神と云われるのは、次なる予言が当たったからだ。

ウサギは大穴牟遅神に、「先に通った八十神は、決して八上比売の心を掴むことはできないでしょう。袋を負わされ、僕《しもべ》のように見えても、あなた様が彼女の心を掴むことになるでしょう」と申し上げた。

【解説】 八十神《やそかみ》も大穴牟遅神《おおなむち》も、祖先は須佐之男命に行きつく。だが、人も神もその価値は血統で決まるものではない。八十神には知識がなかったのか、或いは人の心の裏側に潜むイジメの心が頭をもたげたのか、このウサギを救うことはなかった。この話は、人にはこのような〝邪《よこしま》〟な一面が顔を出すこともある、ことを教えてくれる。

それに対し、大穴牟遅神は彼らより若く、僕《しもべ》の如く使われていたが、親切心と素直さを併せ持つ若者だった。多くの日本人は、大穴牟遅神のような心根を肯定的に捉えているからこそ、このような話が語り継がれてきたと見るべきである。

日本人は忘れがちだが、世の中は全てが大穴牟遅神のような原理、性善説で動いているのではない。八十神のような心根も存在することを忘れてはならない。それは人間同士のみならず、外国との関係に於いても同様である。

二　八十神の迫害

【訓読】是《ここ》に八上比売《やがみひめ》、八十神《やそがみ》に答へ、「吾《あ》は汝等《いましたち》の言《こと》は聞かじ。大穴牟遅神に嫁《とつ》がむ」といひき。故《かれ》、爾《ここ》に八十神怒りて大穴牟遅神を殺さむと欲《おも》ひ、共に議《はか》りて、伯伎《ははき》国の手間《てま》の山本《やまもと》に到りて、「赤き猪《ゐ》、此の山に在り。故《かれ》、われ共に追い下《おろ》しなば、汝《なれ》待ち取れ。若し待ち取らずば、必ず汝を殺さむ」と云ひて、火を以ちて猪に似たる大石を焼きて、転《まろ》ばし落としき。爾に追い下《くだ》するを取る時、即ち其の石に焼き著《つ》かえて死にたまひき。

爾に其の御祖《みおや》の命《みこと》、哭《な》き患《うれ》ひて、天《あめ》に参上《まゐのぼ》りて、神産巣日之命《かみむすひのみこと》に請《まを》しし時、乃《すなは》ち蚶貝比売《きさがひひめ》と蛤貝比売《うむぎひめ》とを遣《つか》はして、作り、活かさしめたまひき。爾に蚶貝比売、きさげ集めて、蛤貝比売、待ち承《う》けて、母《おも》の乳汁《ちしる》を塗りしかば、麗《うるは》しき壮夫《をとこ》に成りて出で、遊行《あそ》びたまひき。

是《ここ》に八十神見て、且《また》欺きて山に率《ゐ》て入りて、大樹《おほき》を切り伏せ、茹矢《ひめや》を其の木に打ち立て、其の中に入らしむる。即《すなは》ち其の氷目矢《ひめや》を打ち離して拷《う》ち殺しき。

爾に亦その御祖の命、哭きつつ求《ま》げば、見得《みえ》て、即ち其の木を折《さ》きて取り出で活かし、其の子に、「汝此間《いましここ》に有らば、遂《つひ》に八十神の為に滅ぼさえなむ」と告げ言ひて、乃ち木国《き》の大《おお》屋毘古《やびこ》神の御所《みもと》に違《たが》へ遣《や》りたまひき。

爾に八十神、覓《ま》ぎ追ひ臻《いた》りて、矢刺《やざ》し乞《こ》ふ時に、木の俣《また》より漏《く》き逃《の》がし、「須佐能男《すさのを》命の坐《ま》します根《ね》の堅州国《かたすくに》に参向《まゐむか》ふべし。必ず其の大神、議《はか》りたまふなり」と云《の》りたまひき。

【訳解】　大穴牟稺神に救われたウサギは、仲間に頼んで八上比売の許《もと》に駆けつけ、ことの子細を告げたに違いない。その経緯を知った八上比売は、「私は、大穴牟稺神の妻になります」と伝えたのだ。

それを知った八十神は怒り心頭、国に帰る道すがら大穴牟稺神を殺そうと共謀し、伯伎国《ほうき》、即ち鳥取県西部の手間の山の麓《ふもと》にやって来た時、「赤い猪がこの山にいる。退治しようと思うので、我らが共に追い下《おろ》す。お前は下で待ち受け、捕獲しなさい。もし捕獲できなければ、必ずお前を殺すぞ」と脅し、猪に似た大石を真っ赤に焼き、上から転がし、落とした。

下で待ち構えていた大穴牟稺神は、この大石を赤猪と思って捕らえたのだが、石に焼かれて死んでしまった。

ここに母親の刺国若比売《さしくにわかひめ》は歎き悲しみ、高天原に上って神産巣日之命《かみむすひの》に救いを求めた。すると、蚶貝比売《きさがひひめ》と蛤貝《うむぎ》比売を遣わした。蚶貝比売は、蚶貝（赤貝）を削り落とした粉を集め、蛤貝比売はその粉を受け取り、母の乳のような蛤《はまぐり》の汁で溶いて火傷《やけど》に塗ることで癒やし、死んだはずの大穴牟遅神は、立派な男としてよみがえった。

これを見た八十神は、再び大穴牟遅神を欺いて山に連れて行き、大木を切倒し、楔《くさび》を打ち込んで裂き、大きな割れ目を作り、そこに誘い込み、大穴牟遅神がその中に入ったとたん、その楔を打ち外して挟み殺した。

刺国若比売は、姿が見えなくなった我が子を泣きながら探し求め、大穴牟遅を見つけ、直ぐに木を裂いて救い出し、蘇生させ、「お前はここに居たら、やがて八十神によって殺されてしまうだろう」と諭し、紀伊の国（和歌山県）に居る伊邪那美の子、大屋毘古《おほやびこ》神の所へと逃したのだった。

だが八十神は、大穴牟遅を探し求め、居場所をつき止め、弓に矢をつがえ、大屋毘古神の家の前で、「大穴牟遅神を引き渡せ」と迫った。この時、大屋毘古神は、「須佐能男命がおられる根《ね》の堅州国《かたすくに》に行きなさい。大神は、あなた様のために、必ず良い策を授けて下さるでしょう」と仰せになり、大木の祠《ほこら》をくぐりぬけて逃がしたのである。

【解説】 八十神の身なりは、従者の大穴牟遅神とは、比べ物にならない程、立派であっただろう。だが彼らは、ウサギを虐《しいた》げたことで、自らの心根を表してしまった。

人の本質、人の心根、人となりは、身なりや、何を書くか、言うか、ではなく、「何を行うか」で判断される、ということだ。八上比売はこの賢さを身につけていたことになる。

だが、八十神は、「あいつさえいなければ……」と思い、大穴牟遅神の殺害を企てた。

彼らは、なぜ自分たちが八上比売に選ばれなかったか、が分からなかった。優しい心が無くては、女性は男性に魅力を感じないのは、当たり前のことだ。かといって八十神は、八上比売を力ずくで奪うことが出来なかった。それは、そのような秩序を保つ社会規範が確立していたからだろう。

また、母親というものは、わが子のことを生涯案じているのだ。昨今、様々な事件が起きているが、子は親の願いに思いを廻らし、自《みずから》の身の振り方を省《かえり》みる必要がある。

若者は、イジメや些細なことで悩み、最悪、自殺なども仄聞《そくぶん》するが、大屋毘古《おおやびこ》神の登場は、苦しいときは親以外に、祖父母、友人、多くの人が助けてくれることを教えてくれる。

人生は長い。苦しい場合、その場から逃れれば、新たな世界が開《ひら》けることもある。大穴牟遅神にとって、そこが、須佐能男命がおられる根《ね》の堅州国《かたすくに》だった。

三　根の国を訪ねる

【訓読】　故《かれ》、詔《の》りたまひし命《みこと》の随《まにま》に、須佐之男命の御所《みもと》に参到《まゐいた》れば、その女《むすめ》、須勢理毘売《すせりびめ》い出で見て、目合《まぐはひ》して、相婚《あひあ》ひたまひて還《かへ》り入りて、その父に、「いと麗《うるは》しき神来《き》ましつ」と白《まを》しき。爾《ここ》に其の大神出で見て、「此《こ》は葦原色許男《あしはらしこを》と謂《の》ふぞ」と告りたまひて、即ち喚《よ》び入れて、その蛇《へみ》の室《むろや》に寝しめたまひき。

是《ここ》に其の妻須勢理毘売命、蛇のひれを其の夫《せ》に授けて云《い》はく、「其の蛇咋《へみく》はむとせば、此のひれを三たび挙《ふ》りて打ち撥《はら》ひたまへ」と。故《かれ》、教の如《ごと》くせしかば、蛇自《おのずか》ら静まりき。故、平《たいら》けく寝《いね》て出《い》でたまひき。亦来る日の夜は、呉公《むかで》と蜂との室に入れたまひしを、且《また》、呉公と蜂のひれを授け、先の如《ごと》く教へたまひき。故《かれ》、平けく出でたまひき。

亦、鳴鏑《なりかぶら》を大野《おほの》に射入《いい》れて、其の矢を採らしめたまひき。故、其の野に入りし時、即ち火を以《も》ちて其の野を廻《めぐ》らし焼きき。

是《ここ》に出でむ所を知らざる間に、鼠《ねずみ》来て、「内はほらほら、外《と》はすぶすぶ」といひき。かく言へる故に、そこを踏みしかば、落ち隠《かく》り入りし間に火は焼け過ぎき。是に其の鼠、其の鳴鏑を咋《く》ひ持ちて、出で来て奉りき。その矢の羽は、其の鼠の子等《こども》皆喫《く》ひつ。

是《ここ》に其の妻、須勢理毘売は喪具《はふりもの》を持ちて哭《な》き来《き》て、其の父の大神は、已《すで》に死ぬると思ほして其の野に出で立ちたまひき。

爾に其の矢を持ちて奉りし時、家に率《ゐ》て入りて、八田間《やたま》の大室《おほむろや》に喚《よ》び入れて、其の頭《かしら》の虱《しらみ》を取らしめたまひき。故爾《かれここ》に其の頭を見れば、呉公《むかで》多《さは》に在り。是《ここ》に其の妻、牟久《むく》の木の実と赤土《はに》とを取りて、其の夫《せ》に授けつ。故《かれ》、其の木の実を咋ひ破り、赤土を含《ふふ》みて唾《つば》を出《いだ》したまへば、その大神、呉公を咋ひ破りて唾き出すと以為《おも》ほして、心に愛《は》しく思ひて寝ましき。

爾《ここ》に其の神の髪を握《と》りて、其の室《むろ》の椽毎《たりきごと》に結《ゆ》ひ著《つ》けて、五百引《いほびき》の石《いは》を其の室の戸に取り塞《さ》へて、其の妻、須勢理毘売を負ひて、即ち其の大神の生太刀《いくたち》と生弓矢《いくゆみや》と及《また》其の天《あめ》の詔琴《のりごと》を取り持ちて、逃げ出でます時、其の天の詔琴樹《き》にふれて地動《つちとよ》み鳴りき。

故《かれ》、其の寝ませる大神、聞き驚きて其の室を引き仆《たふ》したまひき。然れども椽《たりき》に結ひし髪を解かす間に遠く逃げたまひき。故《かれ》、爾《ここ》に黄泉比良坂《よもつひらさか》に追ひ到りて遥《はろばろ》に望《みさ》け、呼びて、大穴牟穉神に謂《の》りて曰《い》ひき。

「其の汝《いまし》が持てる生太刀・生弓矢を以《も》ちて、汝が庶兄弟《ままあにおと》をば、坂の御尾《おみ》に追い伏せ、亦河の瀬に追い撥《はら》ひて、おれ大国主神と為《な》り、亦、宇都志《うつし》国玉《くにたま》神と為りて、その我《あ》が女《むすめ》須勢理毘売を嫡妻《むかひめ》と為《し》て、宇迦能《うかの》山の山本に、底津岩根《そこついはね》に宮柱ふとしり、高天原に氷椽《きぎ》たかしりて居れ。是《こ》の奴《やつこ》」と。

故、其の太刀・弓を持ちて其の八十神を追い避《さ》くる時、坂の御尾毎に追い伏せ、河の瀬毎に追い撥《ばら》ひて、国を作り始めたまひき。

故《かれ》、其の八上比売《やがみひめ》は、先の期《ちぎり》の如く御所《みと》与《あ》たはしつ。故、其の八上比売をば、率《ゐ》て来ましつれども、其の嫡妻《むかひめ》、須勢理毘売を畏《かしこ》み、其の生みし子をば木の俣《また》に刺し挟みて返りき。故、其の子を名づけて木俣《きまた》神と云い、亦の名を御井《みゐ》神と謂ふ。

【訳解】 大屋毘古《おほやびこ》神の言葉に従い、須佐之男命の所にやって来ると、娘の須勢理毘売《すせりびめ》が出てきて、互いに目と目を見合わせることで心が通いあい、互いに夫婦になるとの想いを抱くようになった。その後、須勢理毘売は家に戻って父に、「たいそう立派な神様がおいでになりました」と申し上げた。

そこで須佐之男命は家から出て、一目《ひとめ》見て、「これは葦原色許男《あしはらしこを》という神だ」と仰せになり、直ぐに家に呼び入れ、夜になると、何と蛇のいる部屋を寝所として与えた。

このことを知った須勢理毘売は、大穴牟穉を案内するとき、蛇を追い払う呪力を持つ領《ひ》巾《れ》、即ち、上古の女性が首にかけ、左右に垂らしたマフラーのようなものを与え、「部屋の中の蛇が食いつこうとしたら、この領巾を三度振って払い除《の》け下さいませ」と申し上げた。

そこで教《おしえ》の通りにすると、蛇は自然と静まり、安らかに寝ることができ、翌朝、その部屋から無事に出ることができた。

次の夜は、ムカデと蜂のいる部屋を寝所として与えられた。すると須勢理毘売は同じように、ムカデと蜂を追い払う領巾を渡し、先のように教えた。その為、翌朝、何事もなく寝所から出ることができた。

また須佐之男命は、鳴鏑《なりかぶら》を広い野原に射ち込み、その矢を取ってくるよう命じた。大穴牟遅神が野原に入って行くと、須佐之男命は火を放ち、周囲から焼き払った。

逃げ場を探すも分からず、危機が迫った時、ネズミがやってきて、「内は広い、外は狭い」と言った。それを聞いた大穴牟遅神は、そこをエイとばかりに踏んでみると、洞穴《ほらあな》に落ち込んだので、そこに隠れている間に火は野を焼き尽くして通り過ぎた。するとそのネズミは、須佐之男命が射込んだ鏑矢をくわえて現れ、大穴牟遅神に奉ったのだが、見るとその羽は、子ネズミによりすっかり食べられていた。

須勢理毘売は、葬儀道具を持って泣きながらやって来た。父の大神も焼け死んだと思い、野に出で立っていた。処が大穴牟遅神は焼け野原から現れ、その矢を持って須佐之男命に奉った。その後、彼らは家に戻り、須佐之男命は大穴牟遅を広々とした家に導き入れ、頭の虱《しらみ》を取るよう仰せになった。処が、その頭には多くのムカデが蠢《うごめ》いていた。

すると須勢理毘売は、椋《むく》の実と赤土を大穴牟遅神に与えた。大穴牟遅は、椋の実をカリカリと噛み砕き、赤土を口に含んで赤い唾《つば》を吐き出していると、須佐之男命はムカデを噛み砕いて唾き出していると思い、大した男になった、と安堵して寝てしまった。

これを見た大穴牟遅は、長く伸びた須佐之男命の髪を、部屋のあちこちの垂木に結びつけ、大きな岩で部屋の出入り口を塞ぎ、須勢理毘売を背負い、須佐之男命の生《いく》太刀、生弓矢、天の詔琴《のりごと》を持って逃げ出した時、天の詔琴が木に触れて大きな音が鳴り響いた。

その鳴動で、須佐之男命は驚き、目を覚まし、その室を引き倒してしまった。しかし二人は、須佐之男命が髪を解いている間に、遠くに逃げて行った。須佐之男命は、二人を黄泉比良坂《よもつひらさか》まで追かけ、遠くに見える大穴牟遅神に向って大声で叫んだ。

「お前か持っている生太刀と生弓矢を使って、お前の異母兄弟を坂のすそに追いつめ、降参させ、あるいは川の瀬に追い払い、お前は大国主神となり、また、天の詔琴《のりごと》で呪的、宗教的な宇都志国玉神《うつしくにたま》となり、我が娘の須勢理毘売を正妻とし、宇迦能山《うかの》（出雲大社の東北にある御埼山ではないか）の麓《ふもと》に、地底の岩の上に届くような太い宮柱を立て、高天原に届くほど空高く、千木をそびやかした壮大な宮殿を造り、そこに住め。この愛すべき盗人《ぬすっと》やろう〜」と。

勇気を得た大穴牟遅神は、その太刀と弓を使って八十神と戦い、彼らを坂のすそに追い詰め、川の瀬に追い払い、国作りを始められた。

その後、大穴牟遅神が因幡へと赴くと、八上比売《やがみひめ》は約束通り夫婦の契りを結ばれた。そして八上比売を出雲へと連れてこられたのだが、正妻の須勢理毘売を恐れ、二人の間に生まれた子を木の俣で作った輿に乗せ、従者とともに因幡に帰ってしまった。

そこで、その子を木俣《きまた》神と云い、またの名を井戸や泉の神、御井《みい》神と呼ぶのである。

【解説】 大穴牟遅神は、須佐之男命を訪ねて根の国へとやって来たが、そこは木国（和歌山）から遥か遠くにあり、長い苦難の旅は、彼を立派な男へと成長させていった。須勢理毘売はそれを見抜き、目と目を合わせただけで夫と決め、大穴牟穉神もそれに応え、妻と決めたと思われる。

本文には書いてないが、須佐之男命は、「なぜ自分を頼ってやって来たのか」を大穴牟穉神に問い、彼はその訳を話したに違いない。そして娘の変化を感じ取った須佐之男命は、その絆を試すべく、大穴牟穉神に試練を与えたのである。

その一つが、蛇のいる部屋を寝所とすることであり、次がムカデと蜂のいる部屋を寝所とすることだった。須勢理毘売が助けなければ、大穴牟穉神は逃げだしたかもしれない。あるいは、無事に朝を迎えられなかったかもしれない。だが、父が娘の行為を黙認したのは、娘の気持ちを確認するためでもあった。

次に須佐之男命が鏑矢《かぶらや》を野に射ち込み、大穴牟穉神にその矢を取ってくるよう命じ、その後に火を放ったのは、知恵と勇気、運と体力を試すためだった。燃え尽きた後の須勢理毘売の行動から、以前、このようにして焼け死んだ神がいたことを彷彿とさせる。

様々な苦難を乗り越えた大穴牟穉神を、須佐之男命は一人前の男と認め、娘との結婚を許すことになる。そうとは知らぬ二人は駆け落ちを決断する。須佐之男命は二人を黄泉比良坂《よもつひらさか》まで追かけたが、それは彼らを根の国に引き戻すためではなく、別離の言葉を与えるためだった。彼は、大穴牟穉神の行為を追認、祝福し、大屋毘古神の予見通り、生きていく指針を与えたのである。

そこで大穴牟遅は、その太刀と弓を使って八十神を降参させ、詔琴《のりごと》を用いた祭祀の力も得て、国作りを始められた。この話は、国を造るには平和が第一であり、その基となるのが軍事力と祭祀・政治であることを教えてくれる。

その後、大穴牟遅神は八上比売《やがみひめ》を迎えに行かれた。彼女は約束通り待っており、夫婦の契りを結ばれ、子も生まれた。そして出雲へとやって来たのだが、八上比売親子は苦しかったのではないか。それは、正妻の須勢理毘売の嫉妬の対象となったからだ。それ故、国に戻るのだが、それは賢い選択だった。

四　八千矛神の沼河比売への求婚

【訓読】此の八千矛《やちほこ》神、高志《こし》国の沼河比売《ぬまかはひめ》を婚《よば》はむとして、幸行《い》でましし時、其の沼河比売の家に到りて、歌ひたまはく、

八千矛の神の命《みこと》は八島国《やしまくに》に　妻枕《つまま》きかねて遠遠《とほとほ》し　高志の国に賢《さか》し女《め》を
有りと聞かして麗《くは》し女《め》を　有りと聞こしてさ婚《よば》ひに　あり立たしてさ婚ひに
あり通《かよ》はせ太刀《たち》が緒《を》も　いまだ解かずて襲《おすひ》をも　いまだ解かねば嬢子《をとめ》の
寝《な》すや板戸《いたど》を押《を》そぶらひ　我《わ》が立たせれば引《ひ》こづらひ
我が立たせれば青山《あをやま》に　鵺《ぬえ》は鳴きぬ　さ野《の》つ鳥《とり》　雉《きぎし》はとよむ庭《には》つ鳥

鶏《かけ》は鳴くや心痛《うれた》くも　鳴くなる鳥かこの鳥も　打ち止めこせね　いしたふや
天馳使《あまはせづかひ》　事の語言《かたりごと》も是《こ》をば

とうたひたまひき。ここに其の沼河比売、未だ戸を開《ひら》かずて、内より歌ひて曰く、

八千矛の神の命《みこと》よぬえ草の　女《め》にしあれば我が心　浦渚《うらす》の鳥ぞ今こそは
我鳥《わどり》にあらめ後《のち》は　汝鳥《などり》にあらむを命《いのち》は　な殺《し》せたまひそ　いしたふや
天馳使《あまはせづかひ》　事の語言《かたりごと》も　是《こ》をば
青山に日《ひ》が隠《かく》るらば　ぬばたまの　夜《よ》は出でなむ朝日《あさつひ》の　笑《ゑ》み栄《さか》へ来て栲綱《たくづの》の
白き腕《ただむき》　淡雪の　若やる胸をそだたき　たたきまながり眞玉手《またまで》
玉手さし枕《ま》き百長《ももなが》に　寝《い》は寝《な》さむを　あやにな恋《こ》ひ聞《き》こし　八千矛の神の命
事の語言も是をば

とうたひき。故《かれ》、其の夜は合はずして、明日《くるひ》の夜、御合《みあひ》したまひき。

【訳解】八上比売《やがみひめ》が去った後、八千矛神《やちほこ》（大国主神）は、高志の国（北陸地方の総称）に住む沼《ぬな》河比売《かはひめ》を妻に迎えようと旅立たれた。新潟県糸魚川市田伏の奴奈川《ぬなかわ》神社の御祭神は奴奈川姫命であり、その辺りに在ったであろう沼河比売の家に着き、自分の気持ちを第三者に託して次の様に歌われた。

八千矛の神という者が　この広い日本で妻とすべき女性に巡り合えないでいたところ、

出雲から遠く離れた高志の国に　聡明で麗しき女性が住んでいる　とお聞きになり
妻になって欲しいと出立し　通い続け　太刀の緒《お》を解く間もなく
旅の上着も脱ぐ間もなく　少女《おとめ》の寝ている板戸を強く押している
それを見ながら私が立っていると　今度は何度も引いている
それを見ながら私が立っていると　緑深き山では鵺《ぬえ》が哀調をおびた声で鳴き
野の鳥　雉《きじ》も鳴き騒ぎ　庭《にわ》の鳥　鶏《にわとり》も夜明けを告げている
腹立たしいことよ　この鳥たちを何とか静かにさせたいものだ
離れていても言葉を伝える天馳鳥《あまはせとり》よ　伝えたいのはこのような話なのだ。
それを聞いた沼河比売は、未だ戸を開けぬまま家の中から歌われた。
八千矛の神の命よ　私は柔らかな草のような女《おとめ》ですから　私の心は浅い水辺にいる
水鳥のようなもの　今は自由に振舞っていても　やがてあなたの鳥《とり》になるでしょう
ですから腹立たしくとも　その鳴く鳥を決して殺さないでください
離れていても言葉を伝える天馳鳥よ　私が伝えたいのはこのような話なのです。
緑深き山に日《ひ》が沈んだら　ぬばたまの夜に来てください　そして朝日のような
笑顔《えみ》をたたえ　私の白い腕や淡雪のような胸を愛撫し　抱《いだ》き合いながら
本物の玉のような私の手を手枕に　脚も伸び伸びと延ばし　お休みくださるでしょう
あまりに恋い焦がれなさいますな　八千矛の神の命《みこと》よ

伝えたいのは、このような話なのです。

その夜、二人は会うことはなく、翌日の夜にお会いになられた。

【解説】　わが国は古くから一夫多妻だった。『魏志倭人伝』に次なる記述が残されている。「その俗、国の大人は皆四、五婦、下戸もあるいは二、三婦。婦人淫せず、妬忌《とき》せず、盗窃せず、諍訟《そうしょう》すくなし」（石原道博編訳『新訂　魏志倭人伝』岩波書店　48）

男性と女性の本質的な違いは、動物を見れば分かるとおり、強く、有能なオスがメスを獲得するというより、そのようなオスにメスは惹きつけられるということだ。これは、動物の生存本能、強く、有能な子孫を残したい、から来ているのかもしれない。

八千矛神の妻問の歌は、極めて純粋な恋愛感情の表現となっている。そして、互いに合意したから、「御合《みあい》したまひき」となる。日本国憲法第二十四条には、「婚姻は、両性の合意のみに基づいて成立し、夫婦が同等の権利を有することを基本として、相互の協力により、維持されなければならない」とある。即ち、同性及び合意なき婚姻は違憲である。

これは、グロテスクな同性婚を禁止すると同時に、権力者が多くの女性を囲ってきた弊害を打破するために考え出された方策である。〝婚姻届〟は一人の異性しか認められないが、婚姻届を出さなければ、何人の異性と夫婦関係になり、何人子をもうけても違法性はない。するると、八千矛神が何人もの女性を妻とし、子をもうけても、両性の同意に基づくものなら何の問題もない。実際、歴代天皇には、多くの后妃との間に、多くの御子をもうけた事例が数多くあり、それは非難される行為ではなかった。だが、そこには〝嫉妬〟という問題があり、それが初めて登場する。

五　須勢理毘売の嫉妬と和解

【訓読】又其の神の嫡后《おほきさき》須勢理毘売命、甚《いた》く嫉妬《うはなりねたみ》したまひき。故《かれ》、其の日子遅《ひこぢ》の神わびて、出雲より倭国《やまとのくに》に上り坐《ま》さむとて、束装《よそおひ》立たす時に、片御手《かたみて》は御馬《みま》の鞍《くら》にかけ、片御足は其の御鐙《あぶみ》に踏み入れて、歌ひたまはく、

ぬばたまの黒き御衣《みけし》をまつぶさに　取り装《よそは》ひて沖つ鳥　胸《むな》見る時にはたたぎも
これは適《ふさ》はずと辺《へ》つ波に　そに脱《ぬ》き棄《う》てて鴗鳥《そにどり》の　青き御衣をまつぶさに
取り装《よそは》ひて沖つ鳥　胸《むな》見る時にはたたぎも　此《こ》も適《ふさ》はずと辺《へ》つ波に
そに脱《ぬ》き棄《う》てて山県《やまがた》に　蒔《ま》きしあたね舂《つ》き　染木《そめき》が汁《し》に染め衣《ころも》
まつぶさに取り装ひ沖つ鳥　胸見る時にはたたぎも　此《こ》し宜《よろ》しいとこやの
妹《いも》の命群鳥《みことむらとり》の　我が群れ往《い》なば引け鳥の　我《わ》が引け往《い》なば泣《な》かじとは
汝《な》は言ふとも山処《やまと》の　一本薄《ひともとすすき》項傾《うなかぶ》し　汝《な》が泣かさまく朝雨《あさあめ》の
霧に立たむぞ若草の　妻の命《みこと》よ　事の語言《かたりごと》も是《こ》をば

爾《ここ》に其の后《きさき》、大御酒杯《おおみさかずき》を取り　立ち依《よ》りささげて歌ひたまはく
八千矛の神の命や吾《あ》が大国主　汝《な》こそは男に坐《ま》せば　打ち廻《み》る島の埼埼《さきざき》に
かき廻《み》る磯の埼《さき》落ちず　若草の妻持たせらめ　吾《あ》はもよ女《め》にしあれば
汝《な》を除《き》て男《お》は無し　汝を除て夫《つま》無し綾垣《あやかき》の　ふはやが下《した》にむし衾《ぶすま》
柔《にこ》やが下《した》にたく衾　さやぐが下に沫雪の　若やる胸をたく綱《づの》の　白き腕《ただむき》そだたたき
たたきまながり真玉手《またまて》　玉手さし枕き百長《ももなが》に　寝《い》をし寝《な》せ　豊御酒《とよみき》奉《たてまつ》らせ
かく歌ひて、即ちうきゆひ為《し》て、うながけりて、今に至るまで静まり坐《ま》す。
此れを神語《かむがたり》と謂《い》ふなり。

【訳解】　八千矛《やちほこ》神の正妻・須勢理毘売は、深く嫉妬するに至った。夫は困り果て、妻の怒りが収まるまで出雲から大和の国に行こうと、身支度を整え、出立しようと片手を馬の鞍《くら》にかけ、片足は鐙《あぶみ》に踏み入れ、次の様に歌われた。

ぬばたまの黒い衣装を　落ち度なく着込み　水鳥が首を曲げて胸見るように
衣装の袖を繰り上げて　我が姿を見ると　これは似合わない気がする
そこで岸辺に打ち寄せる波のように　ふわりと後ろに脱ぎ捨て
今度はカワセミのような青い衣装を　着込み装い　再び袖を繰り上げて見ると
これも似合わない気がする　そこで同じように　ふわりと後ろに脱ぎ捨て

今度は茜《あかね》で染めた衣を着込んで装い　同じように見てみると　これは似合う
いとしい妻よ　多くの鳥が飛び立つように　大勢の従者と大和に行ってしまうと
或いは、一羽が飛び立つと大勢の鳥が飛び立つように
私が多くの供と大和へ行ってしまうと　決して泣くまいと強がっても
山のススキのように　うなだれ泣くだろう
その吐息は朝の雨が霧のように　立ち込めるだろう
若草のような愛しい妻よ　私が伝えたいのは　このような話なのです。
そこで須勢理毘売命は、大御杯《さかずき》を手に取り、夫の傍《かたわら》にやってきて、杯を捧《ささ》げて次のように歌われた。
八千矛の神の命よ　私の夫の大国主命よ　あなたは男ですから
お出かけになる島のさきざきに　若草のような妻をお持ちでしょう
しかし私は女ですから　あなたの他に男はいません　あなたの他に夫はおりません
綾織の帳《とばり》がふわりと垂れたその中で　苧《からむし》で作ったふわふわの布団の下で
或いは　楮《こうぞ》で作った柔らかな布団の下で　沫雪のような白く柔らかな胸と
楮のような白き腕とで　よりそい抱《いだ》きあい　珠のような私の手を手枕に
脚《あし》を長々と伸ばしてお休み下さいませ　どうぞ御酒を召し上がりください
このように歌った後、互いに杯を酌み交わし、夫婦の契りを固め、互いに手を首にかけ合

い、今に至るまで仲睦まじく鎮座しておられる。これらの歌を神語《かむがたり》という。

【解説】 八千矛神にとって、各地で女性と夫婦の関係を持ち、結果として子を持つことは、自然な成り行きだった。

男は〝鉄〟であり、鍛えれば光り輝く存在になるが、自堕落な生活を続けると、錆びてボロボロになってしまう。これは、今も昔も同じであり、光り輝く男性が、多くの女性を引き付けるのは当然だった。この神の正妻となったのが須勢理毘売であり、八千矛神は変わらず妻をも愛していた。

須勢理毘売は嫉妬深い、とあるが、同じ出雲にあって、自分の愛する夫が、この地で自分以外の女性と関係を持つことが耐え難かったのだ。それに、子宝に恵まれなかったことだ。子が生まれていれば状況は変わっていただろう。

この歌の中で須勢理毘売は、八千矛神が各地で妻を持つことを容認していた。同時に、出雲での妻は、自分一人にして欲しいという気持ちを表した。それを知った八千矛神は安堵し、出雲の地で、二人は仲睦まじく過ごすことになった。

八上比売、沼河比売、須勢理毘売と八千矛神との話は、この時代の夫婦関係と男女関係の規範を示した。男とは如何なるものなのか、賢い女性は男をどのように操縦するのか、賢い女性の生き方とはどのようなものなのか、を例示した。それ故、沼河比売と須勢理毘売と八千矛神の歌を〝神語〟（神事を語り伝えた歌）として、歌い継がれてきたのだろう。

六　大国主神の子孫

【訓読】故《かれ》、此の大国主神、胸形《むなかた》の奥津宮に坐《いま》す神、多紀理毘売《たきりびめ》命を娶《めと》して生みし子は、阿《あ》遅鉏高日子根《ぢすきたかひこね》神、次に妹高比売《いもたかひめ》命、亦《また》の名は下光比売《したてるひめ》命。この阿遅鉏高日子根神は、今、迦《か》毛《も》大御神と謂ふ者也。

大国主神、亦神屋楯比売《かむやたてひめ》命を娶して生みし子は、事代主《ことしろぬし》神。亦八島牟遅能《やしまむぢの》神の女《むすめ》、鳥取《ととり》神を娶して生みし子、鳥鳴海《とりなるみ》神。

此の神、日名照額田毘道男伊許知邇《ひなてりぬかたびちをいこちに》神を娶して生みし子は、国忍富《くにおしとみ》神。

此の神、葦那陀迦《あしなだか》神、亦の名は八河江比売《やがはえひめ》を娶して生みし子は、速甕之《はやみかの》たけさはやぢぬみ神。此の神、天之甕主《あめのみかぬし》神の女、前玉比売《さきたまひめ》を娶して生みし子は、甕主日子《みかぬしひこ》神。

此の神、淤加美《おかみ》神の女、比那良志毘売《ひならしびめ》を娶して生みし子は、多比理岐志麻流美《たひりきしまるみ》神。

此の神、比比羅木之其花麻豆美《ひひらぎのそのはなまづみ》神の女、活玉前玉比売《いくたまさきたまひめ》神を娶して生みし子は、美呂波《みろなみ》神。

此の神、敷山主《しきやまぬし》神の女、青沼馬沼押比売《あをぬうまぬおしひめ》を娶して生みし子は、布忍富鳥鳴海《ぬのおしとみとりなるみ》神。

此の神、若盡女《わかつくしめ》神を娶して生みし子は、天日腹大科度美《あめのひばらおほしなどみ》神。

此の神、天狭霧《あめのさぎり》神の女、遠津待根《とほつまちね》神を娶して生みし子は、遠津山岬多良斯《とほつやまさきたらし》神。

右の件《くだり》の八島士奴美《やじまじぬみ》神以下《よりしも》、遠津山岬帯神以前《よりさき》を、十七世《とをまりななよ》の神と称《まを》す。

【訳解】 大国主神が宗像の沖つ宮にいます神、多紀理毘売《たきりびめ》命を妻として生んだ子は、農耕の神であり鉏《すき》をご神体とする雷神、阿遅鉏高日子根《あぢすきたかひこね》神である。次に生んだのは妹の妹高比売《いもたかひめ》命、またの名は下光比売《したてるひめ》命である。この阿遅鉏高日子根神は、今でいう迦毛《かも》大御神と云う奈良県御所市にある高鴨神社の御祭神である。

また大国主神が神屋楯比売《かむやたてひめ》命を妻として生んだ子は、事代主《ことしろぬし》神である。この神は〝言を知る主〟即ち、神のお告げを司る神である。

また八島牟遅能《やしまむぢの》神の娘である鳥取《ととり》神を妻として生んだ子は、鳥鳴海《とりなるみ》神である。

この神が日名照額《ひなてりぬか》たびちをいこちに神を妻として生みし子は、国忍富《くにおしとみ》神である。

この神、葦那陀迦《あしなだか》神、またの名は八河江比売《やがはえひめ》を妻として生んだ子は、速甕之《はやみかの》たけさはやぢぬみ神である。

この神、天之甕主《あめのみかぬし》神の女《むすめ》、前玉比売《さきたまひめ》を妻として生んだ子は、甕を司る甕主日子《みかぬしひこ》神である。

この神、水神である淤加美《おかみ》神の女、比那良志毘売《ひならしびめ》を妻として生んだ子は、多比理岐志麻流《たひりきしまる》美《み》神である。

この神、邪気をはらう柊《ひいらぎ》の神、比比羅木之其花麻豆美《ひひらごのそのはなまづみ》神の女、活玉前玉比売神を妻として生んだ子は、美呂波《みろなみ》神である。

この神、敷山主《しきやまぬし》神の女、青沼馬沼押比売《あをぬうまぬおしひめ》を妻として生んだ子は、布忍富鳥鳴海《ぬのおしとみとりなるみ》神である。

この神、若盡《わかつくし》女《め》神を妻として生んだ子は、天日腹大科度美《あめのひばらおほしなどみ》神である。

この神、霧を司る神、天狭霧《あめのさきり》神の女、遠津待根《とほつまちね》神を妻として生んだ子は、遠津山岬多良斯《とおつやまさきたらし》神である。

出雲で、速須佐之男命と櫛名田比売の間に生まれた八島士奴美《やじまじぬみ》神から、遠津山岬多良斯神までの神々を十七世の神と呼んでいる。


【解説】『古事記』は、何故このような系譜を書き連ねたのか。それは自分の命は祖先から与えられたものだ、従って自分の命は自分だけのものではなく、命はバトンタッチのようであり、死ねばお終いではなく、子孫に繋ぐことで永遠になる、子を生み育てる大切さを伝えたかったからではないか。

旧約聖書にも似たようなことが書いてある。創世記9の「それで、神はノアと、その息子たちを祝福して、彼らに仰《おお》せられた。生めよ。ふえよ。地に満ちよ」がそれである。そしてノアの系譜が長々と書かれている。

勉強家だった徳川家康はそのことを知っていた。彼は多くの側室を持ち、子沢山だった。後家好みとも言われているが、それは、確実に子を生める女性を選んだから、でもあり、戦国の世を平定し、長い平和な時代の礎を築いた。だが、家康の前に権力を握った秀吉は、見苦しい女性遍歴を繰り返し、精力を使い果たし、気付いた時には跡継ぎが一人しかおらず、みじめな最後を迎え、豊臣家も滅んでしまったことは多くの人の知る所である。

最後の一文であるが、速須佐之男命の六世の孫が大国主神、その九世の孫が遠津山岬多良斯神で、計十五世となる。二世不足するが、十七世とあるのは、大国主神が異なる女神を妻として生んだ、阿遅鉏高日子根神と事代主神を含めたからではないだろうか。

七　少名毘古那神と御諸山神の国作り

【訓読】 故《かれ》、大国主神、出雲の御大《みほ》の御前《みさき》に坐《いま》す時、波の穂《ほ》より天《あめ》の羅摩船《かがみふね》に乗りて鵝《ひむし》の皮を内剥《うつはぎ》に剥《は》ぎて衣服《きもの》にして、帰《よ》り来る神有りき。

爾《ここ》に其の名を問ひたまへど答へず、また所従《みとも》の諸《もろもろ》の神に問ひたまへど、皆「知らず」と白《まを》す。爾に多邇具久《たにぐく》、「此は久延毘古《くえびこ》ぞ必ず知りつらむ」と白言《まを》せば、即ち久延毘古を召して問はす時、「此は神産巣日《かむすひ》神の御子、少名毘古那《すくなびこな》神ぞ」と答へ白しき。故、爾に神産巣日の御祖《みおや》命に白し上げたまへば、「此は実《まこと》に我が子ぞ。子の中に、我が手俣《たなまた》より久岐斯《くきし》子ぞ。故、汝《いまし》、葦原色許男命の兄弟《あにおと》と為りて、其の国を作り堅《かた》めよ」と答へ告《の》りたまひき。

故、それより大穴牟遅《おほなむぢ》と少名毘古那と二柱の神相並ばして、此の国を作り堅めたまひき。

然る後、少名毘古那神は常世国《とこよのくに》に度《わた》りましき。故、その少名毘古那神を顕《あら》はし白せし、謂はゆる久延毘古《くえびこ》は、今者《いま》に山田の曾富騰《そほど》といふ。此の神、足は行かねど、儘《ことごと》に天の下の事、知れる神なり。

是《ここ》に大国主神、愁《うれ》ひて、「吾独《あれひとり》して何《いか》にか能《よ》く此の国を得作らむ。いづれの神と吾《あれ》と、能《よ》く此の国を相作らむや」と告《の》りたまひき。

是《こ》の時、海を光《てら》して依《よ》り来《く》る神ありき。其の神、「能く我《あ》が前を治めば、吾《あれ》能く共与《とも》に相作り成さむ。若《も》し然らずば、国成り難《がた》けむ」と答へ言《の》りたまひき。

爾に大国主神、「然らば治め奉《まつ》る状《さま》は奈何《いか》に」とまをしたまへば、「吾《あれ》を倭《やまと》の青垣の東《ひむがし》の山の上に伊都岐奉《いつきまつ》れ」と答へ言《の》りたまひき。此《こ》の者は御諸山《みもろやま》の上に坐《ま》す神なり。

【訳解】　所で、大国主神が島根半島の東端、美保岬におられた時、白く高き波頭から、ガガ芋を半割りしたような羅摩船《かがみふね》に乗り、蚕の蛾の皮で作ったような衣服《きもの》を着て、やって来る神があった。そこで名をお尋ねになったが答えず、またお供の神々に尋ねたが、皆「知りません」と答えた。するとヒキガエルが、「久延毘古《くえびこ》なら知っているでしょう」と言うので、直ぐに呼んで問うたところ、「この神は神産巣日《かみむすひ》神の御子、少名毘古那《すくなびこな》神です」と申しあげた。そこで神産巣日神に伺ったところ、次のように仰せになった。

「これは本当に私の子で、多くの子の中で、いつの間にか何処かへ行ってしまった子である。所で少名毘古那よ、帰ってきたのだから、お前は葦原色許男命と兄弟となり、この国を立派に作り上げよ」と。

それ以後、大穴牟遅と少名毘古那は協力し、葦原の中国《なかつくに》を立派な国に作り上げていった。処が少名毘古那は、志《こころざし》半《なか》ばで、海のかなたの常世国《とこよのくに》に行ってしまった。所で、少名毘古那神の氏素性を明かした久延毘古《くえびこ》は、今は山田の案山子《かかし》と呼ばれている。この神は、歩くことはできないが、天下の事を悉《ことごと》く知っている神である。

ここに到り、大国主神は、「私一人で、この国を立派に作り上げることができるだろうか。どの神と力を合わせたら、この国を作り上げることができるだろうか」と愁《うれ》い、仰せになった。

この時、海を照らしながら近づいて来る神がおられた。その神は、「私の御魂《みたま》を恭《うやうや》しく祭れば、私はあなたと共に国づくりを成し遂げよう。そうでなければ、国づくりは難しいのではないか」と仰せられた。

そこで大国主神は、「では、あなたの御魂をどのように祭ればよいのでしょう」と申し上げると、「私の御魂は、大和を青々とした垣のように囲っている山々の東にある山の上に斎《いつ》き祭りなさい」と仰せられた。この神こそ御諸山の上に鎮座しておられる神である。

【解説】神産巣日神《かみむすひ》は、最初に高天原に現れた独神《ひとりがみ》であった。先に指摘したように、竹田恒泰氏は、「独神《ひとりがみ》とは男女の区別が無い神」と書いていたが、そうではなく、「純粋な男性」が正しく、その根拠がここに書いてある。

男神故、神産巣日神は多くの女神を妻とし、多くの子を残してきた。その一人が少名毘古那神だった。この神は国づくりに励んだが、やがて常世に渡ってしまう。次に大国主神と共に葦原の中国《なかつくに》を作った神が大神神社《おおみわじんじゃ》の御祭神だった。その意味で、天孫系の神々も大国主神と共に国を作ったことになる。

筆者は、大神神社を参拝したことがある。立派な社殿は拝殿であり、ご神体は三輪山自体である。山中は撮影禁止であるものの登拝は許されていた。

大神神社から左方向の道を通って、社務所で登拝の許可を頂き、注連縄《しめなわ》の張られた入り口から鬱蒼と茂る森の中に入ると、そこには切り開かれた急峻な九十九折《つづらおり》の山道があった。そこを登って行くと、やがて稜線に出て森も開け、山頂には大きな岩が露出していた。

実は、この山は中央構造線上にある砂鉄の取れる山であり、周囲には製鉄や鍛冶にまつわる地名が、今も残っている。

八　大年神の神裔

【訓読】故《かれ》、其の大年神《おほとし》、神活須毘《かむいくすび》神の女《むすめ》、伊怒比売《いのひめ》を娶《めと》して生みし子は、大国御魂神、次に韓《から》神、次に曾富理《そほり》神、次に白日《しらひ》神、次に聖《ひじり》神。（五神《いつはしら》）。

又、香用比売《かよひめ》を娶して生みし子は、大香山戸臣神《おほかがやまとおみ》、次に御年神《みとし》。(二柱)。

又、天知迦流美豆比売《あめちかるみづひめ》を娶して生みし子は、奥津日子神《おきつひこ》、次に奥津比売命《おきつひめ》、亦の名は大戸《おほべ》比売神《ひめ》。此《こ》は諸人《もろひと》の以《も》ち拝《いつ》く竈神《かまど》ぞ。

次に大山咋神《おほやまくひ》、亦の名は山末之大主神《やますゑのおほぬし》。此の神は近淡海国《ちかつあふみ》の日枝《ひえ》の山に坐《ま》し、亦葛野《かづの》の松《まつの》尾《を》に坐《いま》して、鳴鏑《なりかぶら》を用《も》つ神なり。

次に庭津日神《にはつひ》、次に阿須波神《あすは》、次に波比岐神《はひき》、次に香山戸臣神《かがやまとおみ》、次に羽山戸神《はやまと》、次に庭高《にはたか》津日神《つひ》、次に大土神《おほつち》、亦の名は土之御祖神《つちのみおや》。九神《ここのはしら》。

上《かみ》の件《くだり》の大年神の子、大国御魂神より下《しも》、大土神より前《さき》は、并《あは》せて十六神《とをまりむはしら》。

羽山戸神、大気都比売神《おほけつひめ》を娶して生みし子は、若山咋神《わかやまくひ》、次に若年神《わかとし》、次に妹若沙那売神《いもわかさなめ》、次に弥豆麻岐神《みづまき》、次に夏高津日神《なつたかつひ》、亦の名は夏之売神《なつのめ》、次に秋毘売神《あきびめ》、次に久久年神《くくとし》、次に久久紀若室葛根神《くくきわかむろつなね》。上の件の羽山の子より下《しも》、若室葛根より前《さき》は、并《あは》せて八神《やはしら》。

【訳解】 須佐之男命が大山津見神の女《むすめ》、名は神大市比売《かむおほいちひめ》を妻として生んだ子が大年神であり、稲の実りを司る神である。この神が神活須毘神《かむいくすび》の女《むすめ》、伊怒比売《いのひめ》を妻として生んだ子は、国土の神霊を司る大国御魂神である。次に朝鮮半島の神、韓神《から》である。次に曾富理神《そほり》である。次に筑紫国の神である白日神《しらひ》である。次に暦の神である聖神《ひじり》である。五神。

また、香用比売《かよひめ》を妻として生んだ子は、大香山戸臣神《おほかがやまとおみ》である。次に穀物を司る神の御年神《みとし》である。二神。

また、天知迦流美豆比売神《あめちかるみづひめ》を妻《つま》として生んだ子は、奥津日子神《おきつひこ》、次に奥津比売命《おきつひめ》、またの名は大戸《おほべ》比売神である。この二神は誰もが大事に祭る竈《かまど》の神である。

次に生んだ子は大山咋神《おほやまくひ》、またの名は山の頂を支配する山末之大主神《やますゑのおおぬし》である。この神は近江国の比叡山に鎮座し、日吉《ひえ》神社とあるが、後に山王と呼ばれ、同時に山城国（京都）葛野《かづの》郡の松尾《まつのを》神社に鎮座する鳴鏑《なりかぶら》の矢を持つ神でもある。

次に庭に降り注ぐ日の神、庭津日神《にはつひ》を生んだ。次に家屋敷の神、阿須波神《あすは》を生み、次に同じく家屋敷の神、波比岐神《はひき》を生み、次に木々が茂った美しい山の神、香山戸臣神《かがやまとおみ》を生み、次に山の入り口を司る神、羽山戸神《はやまと》を生み、次に高き所から庭を照らす日の神、庭高津日神《にはたかつひ》を生み、次に大地の神、大土神《おほつち》、又の名は土之御祖神《つちのみおや》を生んだ。九神。

上に挙げた大年神の子は、大国御魂神から大土神まで計十六神。

羽山戸神が、食物を司る大気都比売神《おほけつひめ》を妻として生んだ子は、稲作に関する一連の神々である。先ず、水の源である山を司る若山咋神《わかやまくひ》である。次に穀物生産を司る若年神《わかとし》、次に田植えを司る妹若沙那売神《いもわかさなめ》、次に灌漑を司る弥豆麻岐神《みづまき》、次に夏を司る夏高津日神《なつたかつひ》、またの名は夏之売神《なつのめ》、次に秋を司る秋毘売神《あきびめ》、次に稲の生長を司る久久年神《くくとし》、次に稲を保管する倉庫を司る久久紀若室葛根神《くくきわかむろつなね》である。

上に挙げた羽山戸神の子は、若山咋神から久久紀若室葛根神まで計八神。

渡って行った。

【解説】 前半は国づくりを表している。そして、韓神や曾富理神《そほりのかみ》は日本で生まれ、半島へと

韓国考古学会や韓国人歴史学者によると、旧石器時代の後、朝鮮半島は紀元前一万年から紀元前五〇〇〇年までの五千年間は無人地帯であった。その後、人々は日本から半島に移り住み、彼の地に初めて文化を伝えた。即ち、半島文化の基本を作り上げていった神々は、須佐之男命の末流であった。

ある日、筆者は国際縄文学協会の前理事長・西垣内堅佑《にしがいと》氏から手紙を頂戴した。その手紙によると、半島を調査すると多くの縄文土器が出土するが、「なぜ、半島から斯くも多くの縄文土器が出土するのか」と不思議に思っていたという。

その後、拙著『日本人ルーツの謎を解く』を読まれ、縄文時代に人々が日本から半島へと移り住み、その地で三五〇〇年ほど縄文時代が続いたことを知り、その理由が分かった、と手紙の中で書いておられた。だが、日本の学者はこの事実を隠し、公教育でも教えられず、結果として殆《ほとん》どの日本人は歴史の真実を知ることはない。

時代が下り、紀元前一五〇〇年ころ、北方から朝鮮民族の祖先が流れ込み、半島の先住民たる縄文人と混合することで韓民族が誕生し、やがて新羅が統一を果たすのだが、彼らの正史（『三国史記』）には、新羅の王族は日本にルーツを持つ人々だった、と書いてある。韓国史を詳しく知りたい方は、『新版　韓国人は何処から来たか』を参照願いたい。

所で、暦の神である聖《ひじり》神が生まれたということは、この頃に日本独特の暦が確立したのではないか。それが後述する〝春秋年〟であろう。

また、竈《かまど》の神である奥津日子《おきつひこ》神と奥津比売《おきつひめ》命が生まれた、ということは、この時代に既に竈で調理をする文化が始まっていたことを意味する。更に、大山咋《おほやまくひ》神が生まれたということは、山の主の神の誕生を意味し、土地に関する何らかの所有関係が確立していったことを表している。それが、各家屋敷に関する神々の誕生へと繋がっているのだろう。

次の代に、羽山戸神が大気都比売《おほけつひめ》神（伊邪那岐命に殺された神と同名）を妻として生んだ子は、水田稲作に関する一連の神々であった。事実、紀元前10世紀には、わが国では畦畔や灌漑を伴った水田稲作が確立していたことが、菜畑遺跡の発掘調査で確認されている。従って、それ以前に、より初歩的な水田稲作が行われていたことは容易に想像できる。

筆者は、「水田稲作は日本人が発明した稲作方法だった」ことを『日本人の祖先は縄文人だった！』で明らかにしたが、日本神話も、「水田稲作とは、日本の神々が作り上げた技術である」ことを書き遺していたのである。

葦原の中国《なかつくに》の平定

一　天菩比神の派遣と失敗

【訓読】　天照大御神の命《みこと》以《も》ちて、「豊葦原之千秋長五百秋之水穂《とよあしはらのちあきのながいほあきのみづほ》国は、我が御子《みこ》、正勝吾勝《まさかつあかつ》勝速日《かちはやひ》天忍穂耳《あめのおしほみみ》命の知らす国ぞ」と言因《ことよ》さし賜ひて、天降《あまくだ》りしたまひき。

爾《ここ》に天忍穂耳命、天の浮橋にたたれて、「豊葦原之千秋長五百秋之水穂国は、いたくさやぎて有《あり》なり」と告《の》りたまひて、更に還《かへ》り上《のぼ》りて、天照大御神に請《まを》したまひき。

爾に高御産巣日《たかみむすひ》神、天照大御神の命以ちて、天安河《あめのやすかは》の河原に、八百万《やほよろづ》の神を神集《かむつど》へに集へて、思金《おもひかね》神に思はしめて詔りたまはく。

「此の葦原中国《なかつくに》は、我が御子の知らす国と言依《ことよ》さし賜へし国なり。故《かれ》、此の国に道速振《ちはやぶ》る荒振《あらぶ》る国つ神等《ども》、多《さは》に在《あ》りとおもほす。是れ何《いづ》れの神を使はして言趣《ことむけ》けむ」と。

爾に思金神及《また》八百万の神、議《はか》り白《まお》す、「天菩比《あめのほひ》神、是れ遣はすべし」と。

故、天菩比神を遣はしつれば、大国主神に媚《こ》び附きて、三年《みとせ》に到るも復奏《かへりごとまを》さざりき。

【訳解】　天照大御神は次のように仰せられた。「稲の実り豊かな葦原の中つ国は、幾千年も続く国であり、わが子、正勝吾勝勝速日天忍穂耳命が治めるべき国である」と委任され、高天原からお降しになられた。その途中、天忍穂耳命は天の浮橋に立って葦原の中つ国をご覧になり、「豊葦原の水穂の国は、大いに騒がしいようである」と仰せになり、高天原へ上り帰って、天照御大神に申し上げた。

そこで高御産巣日神《たかみむすひ》と天照大御神のご意向で、天の安河の河原に、八百万の神が集まり、思金神に、「この葦原の中国《なかつくに》は、わが子、天忍穂耳命の治める国だと委任した国である。処が、この国には荒々しい乱暴な国つ神が大勢いるとのことである。どの神を使わして説得、平定したら良いだろうか」と仰せられた。

すると思金神と八百万の神は相談し、「ご次男の天菩比神を遣わすべきです」と申し上げた。

そこで、天菩比神を遣わしたのだが、この神は大国主神に媚びへつらい、三年過ぎても、経過や結果報告に戻ってこなかった。

【解説】 葦原の中つ国は、大国主神が作り始めたものだったが、彼の力だけで作り上げたのではない。それは高天原の神である神産巣日神の御子の少名毘古那《すくなびこな》神であり、その後は三輪山の上に鎮座する神の力を得て成し遂げられたものだった。

だが、中つ国は、荒々しい乱暴な神が大勢いる乱れた国になってしまった。大国主命と八十神との確執を見れば分かる通り、そのような土壌は存在していたのである。

このことを知った天照大御神は、弟の末裔、大国主神では治められない、やはり我が子でなければ国の安寧は保てないと思われた。そこで長男の天忍穂耳命を送り出したのだが、乱れた国の様子を見聞するに及び、引き返してしまった。

次に選任されたのが次男の天菩比神《あめのほひ》だった。この神は大国主命の許へ降って行ったが、大国主神に媚びへつらい、三年過ぎても復命することはなかった。

天照大御神には五柱の子、男神がいたが、天忍穂耳命と天菩比神の行動は決して褒められたものではなかった。どんなに立派な親の子であっても、親の期待に添えない息子が生まれることもあると云うことだ。親は、自分の子は自分と同じように生きていく、と思いがちだが、昔からその保証はなかったのである。

時代は、縄文時代が終焉を迎え、弥生時代へと移行する時期だった。弥生時代になると、様々な戦いも起き、だからこそ北部九州で見られる環濠集落が出現したのである。それは葦原の中つ国は「いたくさやぎて有りなり」なる状況を表している。だが弥生時代の騒乱は、縄文人が暮らしている日本列島にシナ人や半島人がやって来て、日本人と争っているのではなく、日本民族同士の争いだった。このことは、〔図―4〕を見れば一目瞭然である。

従来、歴史学者は、シナや朝鮮から北部九州にやって来た人々によって弥生時代が始まった、と喧伝してきた。その根拠とされた顔の細長い〝渡来系弥生人〟ですら（例えば、安徳台）、中国人や韓国人の範疇ではなく、今の日本人の範疇にあることが明らかになった。

即ち、骨格が変わったのは主に食物が原因であり、彼らは、中国や韓国から来たのではなく、縄文時代から日本に住んでいた現代日本人の祖先だったことが証明されたのだ。

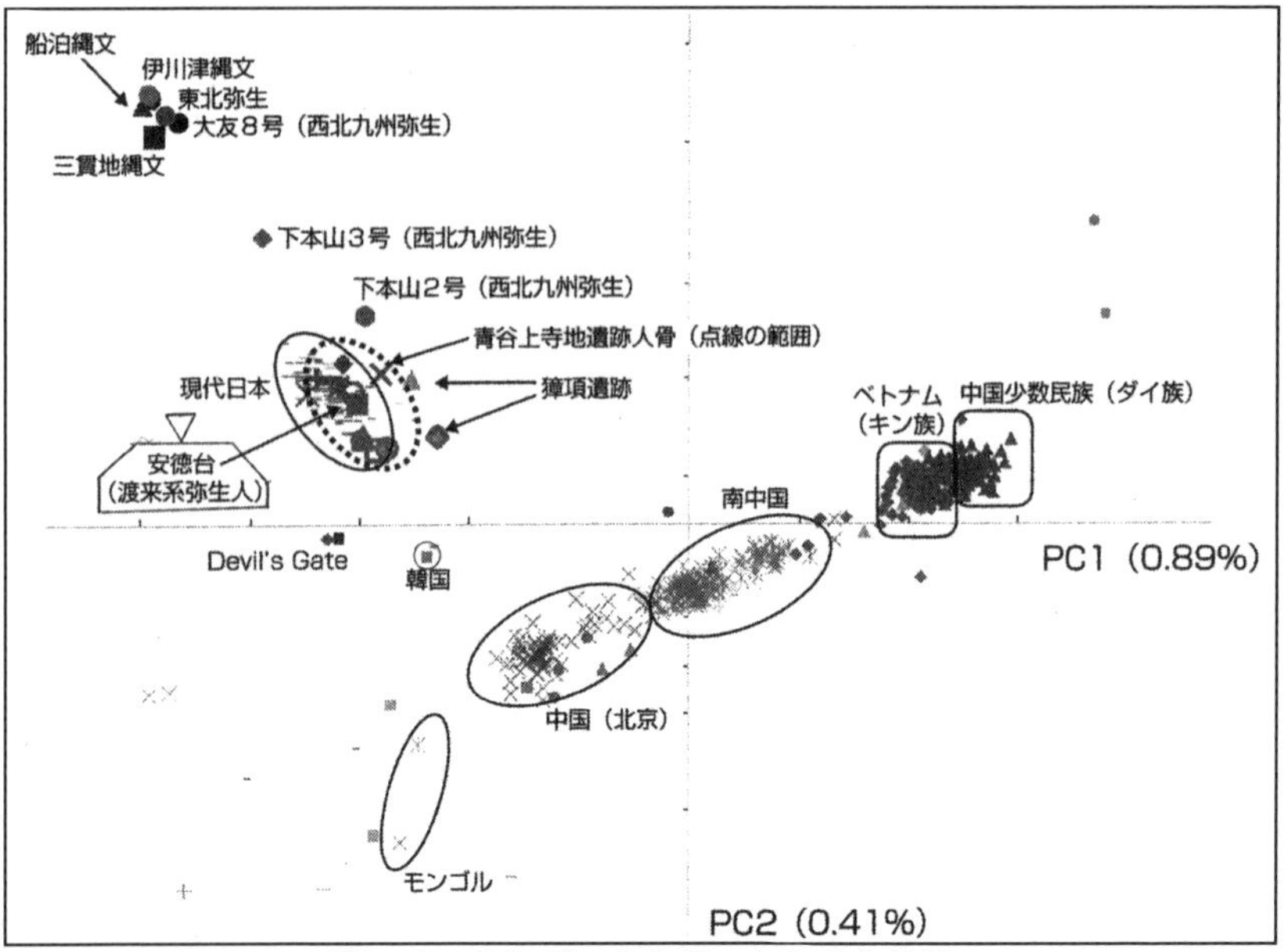

図―４　SNP データを用いた主成分分析
（「特集　続・倭人の真実」鳥取県 P19 に加筆）

序ながら、昔から、「日本にユダヤ人がやって来た」なる珍論があり、滑稽なことに分子人類学が進歩した今もこの話を信じている人々がいる。だが、全くのデタラメである。

何故なら、分子人類学の解析結果から、「両民族のY染色体は全く異なる」ことが明らかになっているからだ。即ち、ユダヤ人男性は、従って女性も、日本にやって来なかったと云うことだ。だが、悲しいことに彼らは、この科学的事実が何を意味するのか、全く理解できないようである。

二　天若日子の野心と死

【訓読】 是《ここ》を以ちて高御産巣日《たかみむすひ》神、天照大御神、亦諸《またもろもろ》の神たちに、「葦原中国に遣《つか》はせる天菩比《あめのほひ》神、久しく復奏《かへりごとまを》さず。亦何《いづ》れの神を使はさば吉《よ》けむ」と問ひたまひき。爾《ここ》に思金神、「天津国玉《あまつくにたま》神の子、天若日子《あめのわかひこ》を遣はすべし」と答へ白《まを》す。

故《かれ》、爾に天之麻迦古弓《あめのまかこゆみ》、天之波波矢《あめのははや》を天若日子に賜ひて遣はしき。是に天若日子、其の国に降《くだ》り到りて、即ち、大国主神の女《むすめ》、下照比売《したてるひめ》を娶《めと》し、亦其の国を獲《え》むと慮《おもひはか》りて、八年《やとせ》に到るも復奏《かへりごとまを》さざりき。

故《かれ》、爾に高御産巣日神、天照大御神、また諸の神たちに、「天若日子久しく復奏さず。又曷《いづ》れの神を遣はしてか、天若日子が淹留《ひさしくとど》まる所由《ゆゑ》を問はむ」と問ひたまひき。是に諸の神及《また》思金神、「雉《きぎし》、名は鳴女《なきめ》を遣はすべし」と答へ白《まを》す時に詔りたまひき。「汝《なれ》行きて天若日子に問はむ状《さま》は、『汝《いまし》を葦原中国に使はせる所以《ゆゑ》は、其の国の荒振る神等《かみども》を、言趣《ことむ》け和《やは》せとなり。何《いか》にか八年に至るまで復奏さざる』と問へ」と。

故《かれ》、爾《ここ》に鳴女、天より降《くだ》り到りて、天若日子の門《かど》なる湯津楓《ゆつかつら》の上に居《ゐ》て、委曲《まつぶさ》に天つ神の詔りたまひし命《みこと》の如言《ごとい》ひき。

爾に天佐具売《あめのさぐめ》、此の鳥の言ふことを聞きて、天若日子に語りて言はく、「此の鳥は、其の鳴く声甚悪《こゑいとあ》し。故《かれ》、射殺《いころ》すべし」と云い進めき。即ち天若日子、天つ神の賜へりし天之波士弓、天之加久矢を持ちてその雉《きぎし》を射殺しき。爾に其の矢、雉の胸より通りて、逆《さかしま》に射上《いあ》げられ、天安河の河原に坐《いま》す天照大御神、高木神の御所《みもと》に逮《いた》りき。是の高木神は、高御産巣日神の別名なり。
故《かれ》、高木神、其の矢を取りて見たまへば、血、其の矢の羽《は》に著《つ》けり。是《ここ》に高木神、「此の矢は、天若日子に賜へりし矢ぞ」と告りたまひて、即ち諸の神等《たち》に示《み》せ、「或《も》し天若日子、命《みこと》を誤《あやま》たず、悪しき神を射つる矢の至《きた》りしならば、天若日子に中《あた》らざれ。或し邪《きたな》き心有らば、天若日子此の矢にまがれ」と云ひて、其の矢を取りて、其の矢の穴より衝《つ》き返し下《くだ》したまへば、天若日子が朝床《あさとこ》に寝《いね》し高胸坂《たかむなさか》に中りて死にき。（此れ還矢《かへしや》の本《もと》なり）。亦其の雉還《きぎし》らざりき。故《かれ》今の諺《ことわざ》に「雉の遁使《ひたつかひ》」と曰《い》ふ本是《もとこれ》なり。

【訳解】 そこで、高御産巣日神と天照大御神は再び諸《もろもろ》の神に、「葦原の中つ国に遣《つか》わした天《あめの》菩比《ほひ》神は、長い間、音沙汰がない。今度はどの神を使わしたら良いだろうか」とお尋ねになった。すると思金神は、「天津国玉《あまつくにたま》神の子、天若日子《あめのわかひこ》を遣わしたら如何でしょうか」と申し上げた。

そこで天の麻迦古《まかこ》弓と天の波波《はは》矢を授けて遣わされた。処が天若日子は、降《くだ》り到ると、大国主神の娘である下照比売《したてるひめ》を娶《めと》り、この国を自分のものにしようと企み、八年過ぎても経過報告に戻ってこなかった。

そこで高御産巣日神と天照大御神は、再び諸《もろもろ》の神たちに、「天若日子は長い間、音沙汰がない。今度はどの神を遣わして、天若日子が久しく葦原の中つ国に留っている理由を問いただしたら良いだろうか」とお尋ねになった。諸《もろもろ》の神と思金神は、「雉の鳴女《なきめ》を遣わすのがよいでしょう」と答へ申し上げた。

そこで高御産巣日神と天照大御神は、「お前は中つ国に行って天若日子に、『お前を葦原の中つ国に使わした訳は、その国の荒振る神を説得し、平定することである。なぜ、八年過ぎても結果報告にこないのか』と問へ」と仰せになった。

そこで鳴女は高天原から中つ国に到り、天若日子の家の門の所にある楓《かえで》の上にとまって、天つ神から命じられたことを伝えた。すると、吉凶を判断する天佐具売《あめのさぐめ》はこの鳥の話を聞いて凶と断じ、天若日子に、「この鳥は、その鳴く声が甚だ不吉なので、射殺《いころ》しなさいませ」と進言した。すると天若日子は、天つ神から授けられた弓と矢で、鳴女を射殺したのだが、その矢は鳴女の胸を貫き、射上《いあ》げられ、天安河の河原におられる天照大御神と高木神の所まで飛んできた。高木神とは高御産巣日神の別名である。

高木神がその矢をご覧になると、血がその羽に付いていた。これを見て、「この矢は、天若日子に与えた矢である」と仰せになった。

そして諸《もろもろ》の神に見せ、「もし、天若日子が命令に背いておらず、この矢が、悪しき神を射た矢であり、それが飛んで来たのなら中《あた》るな。もし邪心が有るなら、天若日子よ、禍《わざわい》を受けよ」と仰せられ、その矢を、飛んできた穴から投げ返されると、矢は、朝の寝所で寝ていた天若日子の胸に中《あた》り、死んでしまった。（これが、先方が射た矢をその軌道で射返すと相手に命中する、という還矢《かへしや》の由来である）。

また、雉《きじ》は帰らなかった。「雉の遁使《ひたつかひ》」なる諺の由来がこれである。

【解説】天照大御神の次男、天菩比神の次に派遣されたのが天若日子だった。今回、弓と矢を持たせて天下ったということは、ことと次第によっては武力を使え、ということだ。処が、天若日子は、何と大国主神の娘婿になってしまった。それは天照大御神の御心、「葦原の中つ国はわが子孫が知らす国である」に背くことであり、天若日子は「邪《きたな》き心」を持つに至ったことになる。

天照大御神が、大国主神の治めている国を、自分の子孫に治めさせようとしていたのだから、大国主神側も警戒するのは当然だった。そして大国主神の後継者を夢見た天若日子は、諜報を担う天佐具売を配下としていた。

それとは知らぬ鳴女は、天若日子の家の前に出てきた天佐具売を従者と思い、自分が託された言葉を伝えたので、それを天若日子に伝えてくれるものと思った処、何と天佐具売の讒《ざん》言《げん》により、天若日子は鳴女を射殺してしまった。

この神が、高木神が投げ返した矢に当たって死んだのは、「邪き心」があったからだ。ここに流れる思想は、「裏切り者には死を」であり、同情の余地はなかったのである。

三　阿遅志貴高日子根神

【訓読】 故《かれ》、天若日子の妻、下照比売《したてるひめ》の哭《な》く声、風の与響《むたひび》きて天《あめ》に到りき。是《ここ》に天在《あめな》る天若日子の父、天津国玉神また其の妻子《めこ》聞きて、降《くだ》り来て哭き悲しみて、乃《すなは》ち其処《そこ》に喪屋《もや》を作りて、河雁《かはがり》を岐《き》さりもちとし、鷺《さぎ》を掃持《ははきもち》とし、翠鳥《そにどり》を御食人《みけびと》とし、雀《すずめ》を碓女《うすめ》とし、雉《きぎし》を哭女《なきめ》とし、かく行ひ定めて、日八日夜八夜《ひやかよやよ》を遊びき。

此の時、阿遅志貴高日子根神《あじしきたかひこね》到《いた》りて、天若日子の喪《も》を弔《とぶら》ひたまふ時、天より降り到《き》つる天若日子の父、またその妻、皆哭きて云はく。「我が子は死なずて有りけり。我が君は死なずて坐《ま》しけり」と手足に取り懸《かか》りて哭き悲しみき。

其の過《あやま》ちし所以《ゆゑ》は、此の二柱の神の容姿《かたち》、甚能《いとよ》く相似たり。故《かれ》、是を以ちて過《あやま》てり。

是に阿遅志貴高日子根神、大く怒《いた》り、「我《あ》は愛《うるは》しき友なればこそ弔ひ来つれ。何《なに》とかも吾《あ》を穢《きたな》き死人《しにびと》に比《なぞ》ふる」と云ひて、御佩《はか》せる十掬剣《とつかつるぎ》を抜きて、其の喪屋《もや》を切り伏せ、足を以ちて蹶《く》ゑ離《はな》ち遣《や》りき。此《こ》は美濃《みの》国の藍見河《あいみかわ》の河上の喪山《もやま》なり。其の持ちて切れる太刀の名は、大量《おほはかり》と謂ひ、亦の名は神度剣《かむどのつるぎ》と謂ふ。故、阿遅志貴高日子根神、忿《いか》り飛び去りし時、其の伊《い》呂妹《ろも》、高比売命、其の御名《みな》を顕《あらは》さむと思ひき。故、歌ひて曰はく。

天《あめ》なるや　弟棚機《おとたなばた》の　項《うな》がせる　玉の御統《みすまる》　御統に　穴玉はや
み谷　二《ふた》渡らす　阿治志貴高日子根の神ぞ

此の歌は夷振《ひなぶり》なり。

【訳解】 この不幸に遭遇した天若日子の妻、下照比売の歎き悲しむ声は、風の流れに乗って高天原まで届いた。するとこの声を聞いた天若日子の父、天津国玉神とその妻は、高天原から降ってきて歎き悲しみ、そこに喪屋《もや》を作り、川雁《かわかり》を死者の食事を運ぶ係りとし、鷺《さぎ》を掃持《ほうき》とし、カワセミを食事係とし、雀《すずめ》を米つき女とし、雉《きじ》を泣き女《め》とし、こう役割を定め、八日八夜、葬送の儀式を行った。

この最中、下照比売《したてるひめ》の兄で大国主神の子、阿遅志貴高日子根神が弔問に訪れたとき、天若日子の父とその妻は、「わが子は死んでいなかった」、「私の大切な子は死んでおらず、ここにいらっしゃった」と言って、この神の手足に取りすがって嬉し泣きをした。この二柱の神は、容姿がよく似ており、それ故、間違えたのだ。

するとこの神は、「私は親しい友だったので弔問に来たのだ。どうして私を穢《けが》れた死人と思うのか」と大いに怒り、十拳剣を抜いて、その喪屋《もや》を切り倒し蹴とばすと、喪屋は美濃《みの》国まで飛んで行き、藍見河《あいみかわ》の喪山《もやま》となった。今、その地に喪山天神社があり、天若日子命が主祭神である。喪屋を斬った太刀の名は大量、またの名を神度剣と云う。そして名も名乗らずこの神が飛び去った時、妹の高比売命（下照比売）は、兄の名を知らせようと歌を詠んだ。

　天上界の　若き機織《はたおり》娘が首にかけている玉飾　その玉穴の輝きのように
　あの神は　暗い谷をも二つに渡って輝き照らす雷神　阿遅志貴高日子根神であられる

これは田舎《いなか》風の歌とされている。

【解説】 天若日子の妻、下照比売は、夫の突然の死に直面し歎き悲しんだ。その声は高天原まで届き、それを知った天若日子の両親は降って来たが、他の神々は弔問に訪れなかった。それは高木神が、諸の神に、雉を殺した矢を見せ、天若日子が「邪き心《きたな》」を持っていたことを知らしめたからだろう。

例え、「邪き心《きたな》」を持っていても、自分の子が亡くなった時、親が歎き悲しむのは自然な感情だった。だからこそ、両親が中つ国に降って立派な葬儀を行うことを、高木神らは妨げなかった。これが、日本文明の寛容さであった。何故なら、シナや朝鮮では、「罪九族に及ぶ」であり、このような場合、妻子や親類縁者も殺害されてきたからだ。

天若日子は、大国主神の娘と結婚したが、余り暖かく迎えられなかった。何しろ下照比売の親である大国主神はじめ、他の神々が弔問に訪れた、と書いていないからだ。また弔問に訪れた兄の阿遅志貴高日子根神は、自分を死者と勘違いされたことに怒り、喪屋と天若日子もろとも美濃まで蹴とばし、葬儀をぶち壊して飛び去ったからである。

『古事記』が、この神の無礼な行動を非難していないのは、天若日子の生き方を是とせず、同時に、このような死者をいつまでも歎き悲しむのもいい加減にしなさい、その後の生活が大事なのだ、ということを気付かせるためではないだろうか。この話は、人の生き方と、今も起こる様々な理不尽な死に、どう対処し、どう克服するかのヒントを与えてくれる。

四　建御雷神の選任

【訓読】 是に天照大御神、「亦《また》いづれの神を遣はさば吉《よ》けむ」と詔《の》りたまひき。爾《ここ》に思金神また諸《もろもろ》の神白《まを》しき。

「天安河の河上の天の石屋《いはや》に坐《いま》す、名は伊都之尾羽張《いつのおはばり》神、是れ遣はすべし。若《も》し亦此の神に非ずば、其の神の子、建御雷之男《たけみかづちのを》神、此れ遣はすべし。且《また》、其の天《あめの》尾羽張神は、逆《さかしま》に天安河の水を塞《せ》き上げて、道を塞きて居る故に、他神《あたし》は得《え》行かじ。故《かれ》、別《こと》に天迦久《あめのかく》神を遣はして問ふべし」と。

故、爾に天迦久神を遣はして天尾羽張神に問ひたまひし時、「恐《かしこ》し。仕《つか》へ奉《まつ》らむ。然れども此の道には、僕《わ》が子、建御雷神を遣はすべし」と白《まを》をして貢進《たてまつ》りき。

爾に天鳥船神を建御雷神に副《そ》へて遣はしたまひき。

【訳解】 事の顛末《てんまつ》を知った天照大御神は、「今度はどの神を遣わした良《よ》いか」と仰せられた。

そこで思金神や多くの神は次の様に申し上げた。

「天安河の河上の天の岩屋にいる、名は伊都之尾羽張神が良いでしょう。若《も》し、この神がむりなら、その子、建御雷之男神が良いでしょう。また、天尾羽張神（伊都之尾羽張神）は今、堰《せき》を作って天安河の水の流れを止め、道を塞《ふさ》いでおり、他の神は行けないので、鹿の神、天迦久神を遣わし、意向を尋ねるのが宜しいでしょう」と。

そこで天迦久神を遣わし、意向を問うと、「その役目を与えてくださるとは恐れ多いことです。引き受けさせていただきます。しかしこの役目は、わが子、建御雷神を遣わすのが良いと思います」と申し上げ、建御雷神を天照大御神のもとに送った。

そこで天照大御神は、天鳥船神を建御雷神に副《そ》え、葦原の中つ国に遣わされた。

【解説】 大国主神の戦略は巧みであり、最初に送られた天照大御神の次男、天菩比《あめのひ》神を媚《こび》へつらわせ、次の天若日子《あめのわかひこ》は自分の娘と結婚させ、身内にしてしまった。そして、鳴女と天若日子は同士討ちのような形で亡くなってしまった。ここに至り、思金神等は、諭すだけでは天照大御神の望みは叶えられないことを知り、今度は、力で屈服させる道を選んだ。伊都之尾羽張神とは、伊邪那岐が迦具土神を斬った刀の神であり、建御雷神はその子であった。

今の政治家は、外国によるわが国への人権侵害や主権侵害に対し、「遺憾に思う」「厳重に抗議する」で済ましているが、これでは解決に向かわない。

例えば、犯罪国家、北朝鮮による日本人の拉致に対抗し、日本在住の北朝鮮国籍者全員の国外追放、朝鮮人学校の閉鎖、戦後、日本が彼の地に残してきた約8兆円の民間資産の賠償の取り立て、叶わなければ、国内の彼らの全資産の没収等を実行しなければならない。

中国（中共）による、不当な日本人の逮捕・拘留、尖閣諸島での嫌がらせには、渡航禁止、投資の禁止、進出企業の国内回帰政策、重要工業製品の禁輸を行わなければならない。北方領土を返還しないロシアには、工業製品の輸出禁止、鉱物及び漁業資源の輸入禁止、ウクライナへの経済・軍事援助強化などの対抗措置をとるべきなのだ。

そうしないと問題は解決に向かわない上、彼らに嘲笑される存在であり続けることを、この話は教えてくれる。

平和的権力移行を願った、高天原の神々も、遂に、堪忍袋の緒《お》が切れたのである。

五　言代主神の服従

【訓読】 是《ここ》を以ちて此の二神、出雲国の伊那佐《いなさ》の小浜《おばま》に降《くだ》り到りて、十掬剣《とつかつるぎ》を抜きて、逆《さかしま》に波の穂に刺し立て、其の剣の前《さき》に趺《あぐ》み坐《ま》して、其の大国主神に問ひて言《の》りたまひき。

「天照大御神、高木神の命《みこと》以ちて、問ひに使はせり。汝《いまし》がうしはける葦原中国《あしはらのなかつくに》は、我が御子の知らす国ぞと言依《ことよ》さし賜ひき。故《かれ》、汝が心は奈何《いか》に」と。

爾《ここ》に答へ、「僕《あ》は得白《えまを》さじ。我が子、八《や》重《へ》言代主《ことしろぬし》神、是れ白すべし。然るに鳥の遊《あそび》為《し》、魚《な》取《と》りに、御大《みほ》の前《さき》に往きて、未だ還り来ず」と白《まを》しき。故、爾に天鳥船神を遣はして、八重事代主神を徴《め》し来て、問ひ賜ひし時に、其の父の大神に語り、「恐《かしこ》し。此の国は、天つ神の御子に立《たち》奉《まつ》らむ」とて言ひて、即ち其の船を踏み傾《かたぶ》けて、天の逆手《さかて》を青柴垣《あをふしがき》に打ち成して、隠《かく》りき。

【訳解】 このような訳で、二神は出雲国の伊那佐の小浜にやって来て、十拳剣を抜き、波頭に柄を刺し立て、その剣の先に胡坐《あぐら》をかき、大国主神に尋ねた。「天照大御神と高木神の使いとして、意向を伺うために使はされた者である。葦原の中つ国は、わが御子が治めるべき国、と天照大御神は御子に委任された。お前の心はどうか」と。すると大国主は、「私はお答えいたしかねます。わが子、八重言代主神がお答えするでしょう。しかしわが子は、鳥を射たり、魚を獲ったりすると言って、美保の岬に行ったまま帰っておりません」と申し上げた。

そこで天鳥船神を遣わして事代主を呼び寄せ、建御雷神が問うと、大国主命に向って、「畏《かしこ》まりました。この国は天つ神の御子にお任せしましょう」と言って、乗ってきた船を踏み、傾け、天の逆手《さかて》を打って、船を青葉の茂る垣に変え、その中に入って隠れ籠った。

【解説】 建御雷神《たけみかづち》は、天照大御神の意向を伝えたのだが、大国主神は自分の子供、事代主神に委ねた。すると、事代主神は、天照大御神の意向に従うことを明言したのだが、背景に、建御雷神と天鳥船神の力があったことは明白である。言葉で説得できないなら、力がなければ、何事も成し遂げられないと云うことだ。

六　建御名方神の敗北と服従

【訓読】　爾《ここ》に其の大国主神に、「今汝《いまし》が子、事代主神、如此《かく》白《まを》しぬ。亦白《またまを》すべき子有りや」と問ひたまひき。是《ここ》に亦、「亦、我が子、建御名方《たけみなかた》神有り。是れを除《を》きては無し」と白《まを》しき。如此《かく》白す間に、其の建御名方神、千引《ちびき》の石《いは》を手末《たなすゑ》に撃《ささ》げて来て言ひき。「誰ぞ我が国に来て、忍《しの》び忍びに如此《かく》物言ふ。然らば力競《ちからくら》べ為《せ》む。故《かれ》、我先《われさき》に其の御手を取らむ」と。故、其の御手を取らしむれば、即ち立氷《たちひ》に取り成し、亦剣刃《つるぎは》に取り成しつ。故、爾に懼《おそ》れて退《しりぞ》き居《を》りき。爾に其の建御名方神の手を取らむと、乞ひ帰《かへ》して取りたまへば、若《わか》葦《あし》を取るが如《ごと》く、搤《つか》み、批《ひし》ぎて投げ離ちたまへば、即ち逃げ去りぬ。

故、追ひ往きて、科野国《しなののくに》の州羽《すは》の海に迫《せ》め到りて、殺さむとしたまふ時、建御名方神、「恐《かしこ》し。我《あ》をな殺したまひそ。此の地《ところ》を除《お》きては他処《あだしところ》に行かじ。亦我が父、大国主神の命に違《たが》はじ。八重事代主神の言《こと》に違はじ。此の葦原中国《なかつくに》は、天つ神の命の随《まにま》に献《たてまつ》らむ」と白《まを》しき。

【訳解】　そこで建御雷神は、「今、事代主神はこのように言われた。他に意見を訊《き》くべき子はおるか」と問われた。すると、「わが子、建御名方神がおります。これを除《のぞ》いてはおりません」と申し上げた。

そうしている間に、建御名方神は、千人もの人でないと引けないような大きな岩を、手先に下げてやって来て、「誰だ、わが国に来て、こそこそと話をしているのは。国を譲れというなら、力比べで決着をつけようではないか。小手調べに、ワシが先に其方《そなた》の手をつかんでみよう」といった。そこで、建御雷神が御手をつかませると、その手は氷柱《つらら》に変化し、また剣刃《つるぎは》にも変化した。そこで建御名方神は恐れをなして退《しりぞ》いた。

今度は、建御雷神が建御名方神の手を摑むと、あたかも若葦でも摑むかのように握りつぶし、投げ飛ばしたので、建御名方神は慌てて逃げて行った。

それを見た建御雷神は追いかけ、信濃国の諏訪湖の畔まで追い詰め、殺そうとした時、建御名方神は、「恐れ入りました。どうか殺さないで欲しい。この地から、決して他の所へ行きません。また、わが父、大国主神や八重事代主神の言葉にも背きません。この葦原の中つ国は、天つ神の御子に献《たてまつ》ります」と申し上げた。

【解説】 建御名方神は、大国主神の武力の象徴と言って良いだろう。

自信満々の建御名方神は、力比べで決着をつけようと建御雷神の手を摑むと、それが氷柱になり、また剣刃に変化した。この話は、スターウォーズの一場面を連想させるが、この作者も、日本神話を読んでいたのではないか。

建御雷神は、建御名方神を信濃国の諏訪湖まで追い詰め、命乞いをしたので許した、とある。これはわが国の伝統であるが、必ずしも世界共通の価値観ではない。

かつて筆者は、諏訪大社の上社元宮と上社前宮を訪れたことがある。元宮の御祭神は建御名方神であり、前宮の御祭神は八坂刀売《やさかとめ》神である。この神の名は、『古事記』には登場せず、地元の女神であり、建御名方神の妃《きさき》になられたと伝えられている。

また、元宮と前宮の周囲には御柱《おんばしら》という太い木の柱が四本立っており、元宮や前宮を取り囲んでいた。御柱が、何を意味するのかについて諸説あるが、これは建御名方神が各宮に出向いた時、これより外に行かない、という境界を表しているのではないだろうか。

七　大国主神の国譲り

【訓読】故《かれ》、更にまた還《かへ》り来て、其の大国主神に問ひたまひき。

「汝《いまし》が子等《こども》、事代主神、建御名方神の二《ふた》はしらの神は、天つ神の御子の命《みこと》の随《まにま》に違《たが》はじと白し訖《をは》りぬ。故、汝が心は奈何《いか》に」と。爾《ここ》に答へて白す。

「僕《あ》が子等、二神《ふたはしらのかみ》の白《まを》す随《まにま》に、僕は違《たが》はじ。此の葦原中国は、命の随に既に献《たてまつ》らむ。唯《ただ》僕が住所《すみか》をば、天つ神の御子の天津日継《あまつひつぎ》知らしめす、とだる天のみすなして、底津石根《そこついはね》に宮柱ふとしり、高天の原に氷木《ひぎ》たかしりて治め賜はば、僕は百足《ももた》らず八十坰手《やそくまで》に隠《かく》りて待《さもら》ひなむ。また僕が子等、百八十神《ももやそがみ》は、即ち八重事代主神、神の御尾前《みおさき》と為りて仕へ奉らば、違《たが》ふ神は非じ」と。

かく白して、出雲国の多芸志《たぎし》の小浜《おばま》に、天《あめ》の御舎《みあらか》を造りて、水戸神の孫《ひこ》、櫛八玉《くしやたま》神、膳夫《かしはで》と為《な》りて、天の御饗《みあへ》を献りし時、禱《ほ》き白《まを》して、櫛八玉神、鵜《う》に化《な》りて、海の底に入り、底のはにを咋《く》ひ出《い》でて、天の八十《やそ》びらかを作りて、海布《め》の柄《から》を鎌《か》りて、燧臼《ひきりうす》に作り、海蓴《こも》の柄《から》を以《も》ちて燧杵《ひきりぎね》に作りて、火を鑚《き》り出でて云はく、

是の我が燧《き》れる火は　高天原には　神産巣日御祖命《かみむすひのみおや》の登陀流《とだる》天《あめ》の新巣《にひす》の凝烟《すす》の
八拳垂《やつかたる》るまで焼き挙《た》げ　地《つち》の下は底津石根《そこついはね》に焼き凝らして　たく縄《なは》の
千尋縄《ちひろなは》打ち延《は》へ　釣為《つりせ》し海人《あま》の　口大《くちおほ》の尾翼鱸《おはたすずき》　さわさわに　控《ひ》き依《よ》せ騰《あ》げて
打竹《さきたけ》の　とををとををに　天《あめ》の真魚咋《まなぐひ》献る

故《かれ》、建御雷神返り参上《まゐのぼ》りて、葦原中国を言向《ことむ》け和平《やは》しつる状《さま》を復奉《かへりごとまを》したまひき。

【訳解】　建御雷神は、建御名方神の申し出を認め、命を助け、信濃から出雲に戻り、大国主神に向って、「お前の子、事代主神と建御名方神は、天つ神の御子の命のご意向に背かない、と申した。処で、お前の考えはどうなのか」と質すと次のように申し上げた。

「私は、二神の言うことに従い、背きますまい。葦原の中つ国は、仰せに従い献上いたしましょう。但し、私の住まいを、天つ神の御子が皇位を継がれる光り輝くお住まいのように、地底の岩に届くほど太い宮柱《みやばしら》を立て、高天原に届くほど千木を高くし、そのようにお造り下さるなら、私は遠くの幽界に隠れ住むことにしましょう。私の子孫や多くの神々も、八重事

代主神が先頭に立ち、時には殿《しんがり》になってお仕えするので、背く神はいないでしょう」。

そこで高天原の神々は降り来て、多芸志《たぎし》の小浜に荘厳な神殿を造った。また、伊邪那美の子である水戸神の子孫の櫛八玉《くしやたま》神は、大国主命へ食事を奉るにあたり、鵜《う》に姿を変えて海に潜り、底の粘土をくわえ、上がってきて、それを使って多くの皿を作り、海藻の茎を採って火鑽《ひき》り臼《うす》を作り、〝こも〟という海藻の茎を使って火鑽《ひき》り杵《きね》を作り、神聖な火を起こして次の様な祝いの言葉を唱えた。

私が鑽《き》りだした火は　高天原に向っては　神産巣日の御祖神のおられる
光輝く新たな神殿に　煤《すす》が長々と垂れ下がるほど焼き上げ　地下に向っては
地底を焼き固め　楮《こうぞ》の皮で編んだ縄を長々と延ばした延縄《はえなわ》を操る漁師が
口が大きく尾鰭《おひれ》の立派な鱸《すずき》を　さわさわと引き寄せ　釣りあげ　竹で作った
神饌《しんせん》を載せる台が　たわむほど　沢山の立派な魚料理を献《たてまつ》りましょう

その後、建御雷神は高天原に上り帰り、葦原の中つ国を平定した様子を報告された。

【解説】　大国主神は、二人の子が天照大御神の意向に従う、と聞き、子に従うことを明らかにした。但し、自分の住む立派な御殿を造るよう、建御雷神に要望した。

これは少しく奇異である。仮にこれが異民族同士の争いだったら、この時代、敗北した民族の王は殺され、男は殺されるか奴隷となることは必定だった。それはシナ、朝鮮の歴史や

図―5　季刊大林 No.27「出雲」
（「古代・出雲大社本殿の復元」より）

旧約聖書の世界を少しかじれば、誰にでも分かる。

だが、建御雷神は大国主神の要求を受け入れ、高天原の神々は、立派な社《やしろ》を築造し、山のような神饌《しんせん》を奉った。それは、天照大御神の弟、須佐之男命の末裔である大国主神を敬っていたからだ。この神がお隠れになったのが出雲大社である。

この社は、最初はその高さが32丈（約96ｍ）あったが倒壊したため、平安時代には半分の16丈（約45ｍ）に再建され、それも倒壊したため、後に現在の姿になったという。再建されたということは、大国主命への畏敬の念を表している。

平安時代に源為憲により作られた『口《くち》遊《づさみ》』にある数え歌によると、「雲太《うんた》、和《わ》仁《に》、京三」とあり、雲太とは出雲大社を指し、和仁とは奈良の大仏殿を指し、京三とは京都の大極殿を指しているが、その頃は出雲大社は最も高い建物だった。

この話は、単なる神話、夢物語と思われていたが、平成12~13年にかけ、何と1・4mの杉材3本を鉄輪で束ねた柱が3か所から発掘された。

最終的な構造は明らかでないが、この柱の最上部に神殿があったと想像され、代々出雲大社の宮司を務める国造《こくそう》家《け》に伝わる図面との整合性が得られたのである。それらを基に、大林組の技術者が復元したのが〔図―5〕である。

この事実は、日本神話とは単なる空想上の創作ではなく、事実としての核があり、それを基に書き残されたことを実感させてくれる。

天孫・邇邇芸命の誕生

一　天孫の誕生

【訓読】　爾《ここ》に天照大御神、高木神の命《みこと》以《も》ちて、太子《ひつぎのみこ》正勝《まさかつ》吾《あ》勝勝速日《かつかちはやひ》天忍穂耳《あめのおしほみみ》命に、「今、葦原中国を平《ことむ》け訖《を》へぬと白《まを》せり。故《かれ》、言依《ことよ》さし賜ひし随《まにま》に、降《くだ》り坐《ま》して知らしめせ」と詔《の》りたまひき。

爾に其の太子正勝吾勝勝速日天忍穂耳命、「僕《あ》は降らむと装束《よそひ》しつる間《あひだ》に、子生《あ》れ出でぬ。名は、天《あめ》にぎしくににぎし天津《あまつ》日高《ひだか》日子《ひこ》番能《ほの》邇邇芸《ににぎ》命ぞ。此の子を降すべし」と答え白したまひき。此の御子は、高木神の女《むすめ》、万幡豊秋津師比売《よろづはたとよあきつしひめ》命に御合《みあい》して生みませる子、天火明《あめのほあかり》命、次に日子番能邇邇芸命二柱なり。

是を以ちて白したまひし随《まにま》に、日子番能邇邇芸命に、「此の豊葦原水穂《とよあしはらのみずほ》国は、汝《いまし》知らさむ国ぞと言依《ことよ》さし賜ふ。故《かれ》、命《みこと》の随《まにま》に天降《あまくだ》るべし」と詔《みことのり》を科《おほ》せたまひき。

【訳解】 そこで天照大御神と高木神は、正勝吾勝勝速日天忍穂耳命に、「今、葦原の中つ国を平定し終えたと建御雷神が報告してきた。前に言ったように降《くだ》り、統治しなさい」と仰せになった。

すると、「私が降る支度をしている間に、子が生まれました。名は、天《あめ》にぎしくににぎし天津日高日子番能邇邇芸命と申します。この子を降すのが良いでしょう」と申し上げた。この御子は、高木神の娘、万幡豊秋津師比売命を妻としてお生みになった子で、二人の間には、先ず、天火明命が生まれ、次に生まれたのが邇邇芸命だった。

このような訳で、天照大御神と高木神は、天忍穂耳命が申された通り、邇邇芸命に、「この豊葦原水穂国は、おまえが治める国として委任する。従って、命《みこと》に従って天降《あまくだ》りなさい」と神勅を下された。

【解説】 天照大御神の長男、天忍穂耳命に、「葦原の中つ国に降《くだ》り、統治しなさい」と仰せになったが、仮にこの神が妻子を連れて天降ると、その子孫が統治者となって行く。単身で天下ると妻子と別れなければならない。そこで、孫を天降らせることにした、と思われる。そうすれば、やがて降った中つ国の娘と結婚することになり、このような婚姻により、新たに統治する国との関係はより深まるからである。このような婚姻形態が、後の皇統の結婚に受け継がれていく。

シナや朝鮮に比べ、遥かに長い歴史を持つ日本民族には、「高貴な天孫の純粋性を保ち、その血を外に流失させないため、近親婚を行う」なる思想はなかった。わが国は、古くから「近親婚による遺伝的弊害を防ぎ、婚姻関係を通じて地元と良好な関係を深め、影響力を拡大していく」という知恵を持っていたのである。

二　猿田毘古神

【訓読】 爾《ここ》に日子番能邇邇芸命《ひこほのににぎ》、天降りまさむとする時、天《あめ》の八衢《やちまた》に居《ゐ》て、上《かみ》は高天原を光《てら》し、下は葦原中国を光す神、是《ここ》に有り。

故、爾に天照大御神、高木神の命《みこと》以《も》ちて、天宇受売《あめのうずめ》神に、「汝《いまし》は手弱女人《たわやめ》なれど、いむかふ神と面勝《おもか》つ神なり。故《かれ》、専《もは》ら汝《いまし》往きて、『吾《あ》が御子の天降りする道に、誰《たれ》ぞかくて居る』ととへ」と詔りたまひき。

故、問ひ賜ふ時、「僕《あ》は国つ神、名は猿田毘古《さるたびこ》神なり。出で居《を》る所以《ゆゑ》は、天つ神の御子天降り坐《ま》すと聞きつる故、御前《みさき》に仕へ奉《まつ》らむとて参向《まゐむか》へ侍《さもら》ふ」と答へ白《まを》しき。


【訳解】 邇邇芸命が降《くだ》ろうとする時、幾筋も分かれる道に居《ゐ》て、上は高天原を照らし、下は葦原の中つ国を照らす神がいた。

そこで、天照大御神と高木神は、天宇受売神に、「あなたは嫋《たお》やかな女神であるが、相手に対峙して気後れしない神である。だから一人で行き、『天つ神の御子が天降る道に、そのようにして其処に居るのは誰か』と問へ」と仰せになった。

そこで行って問うと、「私は国つ神で、名は猿田毘古神と申します。天つ神の御子が天降りなさると聞いたので、先導させて頂きたく、お迎えに参上した次第です」と申し上げた。

【解説】 葦原の中つ国という、新たな国を統治に行く場合、期待と不安が交錯するのは当然である。何人もの神々が果たし得なかった国譲りを、建御雷神が力によって服属させたのだから、その意向に従わない神も居るかも知れない、と警戒したのだ。
そこにただ一人、天宇受売神を送り出したのも、何者なのか分からぬ相手との交渉に当たっては、対峙して気後れしないことが大切であり、男女に関係なく、そのような胆力のある者が適任だからだ。その背後に、建御雷《たけみかづち》神に象徴される、強大な力があり、大国主命と事代主神は約束を違えることはなかった。

三　天孫の降臨

【訓読】　爾《ここ》に天児屋根《あめのこやね》命、布刀玉《ふとだま》命、天宇受売命、伊斯許理度売《いしこりどめ》命、玉祖《たまのおや》命、幷《あは》せて五件《いつとも》の緒《を》を支《わか》ち加へ天降《あまくだ》りたまひき。

是《ここ》に其のをきし八尺《やさか》の勾璁《まがたま》、鏡及《また》草那芸剣《くさなぎのつるぎ》、亦常世思金《とこよのおもひかね》神、手力男《たぢからを》神、天石門別《あめのいはとわけ》神を副《そ》へたまひて、「此の鏡は、専《もは》ら我《わ》が御魂《みたま》として、吾《あ》が前《まへ》を拝《いつ》くが如《ごと》いつき奉《まつ》れ。次に思金神は、前の事を取り持ちて政《まつりごと》せよ」と詔りたまひき。此《こ》の二柱の神は、さくくしろ、いすずの宮に拝《いつ》き祭る。次に登由宇気《とゆうけ》神、此《こ》は外宮《とつみや》の度相《わたらひ》に坐《いま》す神なり。

次に天石戸別《あめのいはとわけ》神、亦《また》の名は櫛石窓《くしいはまど》神と謂ひ、亦の名は豊石窓《とよいはまど》神と謂ふ。此の神は御門《みかど》の神なり。次に手力男《たぢからを》神は佐那那県《さなながた》に坐す。故《かれ》、其の天児屋命は、(中臣《なかとみ》連等の祖《おや》)。布刀玉命は、(忌部首《いむべのおびと》等の祖)。天宇受売命は、(猿女《さるめ》君等の祖)。伊斯許理度売《いしこりどめ》命は、(作鏡《かがみつくり》連等の祖)。玉祖《たまのおや》命は、（玉祖《たまのおや》連等の祖）。

故、爾に天津日子番能邇邇芸命に詔りたまひて、天《あめ》の石位《いはくら》を離れ、天の八重《やへ》たな雲を押し分けて、いつのちわきちわきて、天の浮橋にうきじまり、そりたたして、竺紫《つくし》の日向《ひむか》の高千穂のくじふる多気《たけ》に天降《あまくだ》りましき。故、爾に天忍日《あめのおしひ》命、天津久米《あまつくめ》命の二人、天《あめ》の石靫《いはゆき》を取り負ひ、頭椎《くぶつち》の太刀を取り佩《は》き、天の波士弓《はじゆみ》を取り持ち、天の真鹿児矢《まかこや》を手挟《たばさ》み、御前《みさき》に立ちて仕《つか》へ奉《まつ》りき。故、其の天忍日命、（此《こ》は大伴《おほとも》連等の祖）。天津久米命、（此《こ》は久米《くめの》直等の祖なり）。

是に、「此地《ここ》は韓国《からくに》に向ひ、笠沙の御前《みさき》に真来通《まきとほ》りて、朝日の直《ただ》刺す国、夕日の日照る国なり。故、此地は甚吉《いとよき》き地《ところ》」と詔りたまひて、底つ石根に宮柱ふとしり、高天原に氷椽《ひぎ》たかしりて坐《いま》しき。

【訳解】 その後、天児屋根命、布刀玉命、天宇受売命、伊斯許理度売命、玉祖命、合わせて五つの専門集団の長《おさ》を加へ、瓊瓊杵命は天降《あまくだ》りなされた。この時、天照大御神を天の石屋戸《いわやど》から招き出《いだ》した八尺の勾璁、鏡、草那芸剣、それに常世思金神、手力男命、天石門別《あめのいはとわけ》神を加え、天照大御神は次のように仰せになられた。

「この鏡は、ひたすら私の御魂《みたま》として、清め敬い祭りなさい。そして思金神は、私の行う祭を引き受け、執り行って政《まつりごと》をしなさい」と。此の二柱の神（鏡と思金神）は、伊勢の〈さ・・・・くくしろ〉五十鈴《いすず》川の畔《ほとり》にある皇大神宮に崇め祭られている。

次に登由宇気神は、外宮のある度相《わたらい》（三重県度会郡の豊受大神宮）に鎮座なさる神である。次に天石戸別《あめのいはとわけ》神は、亦《また》の名は櫛石窓《くしいはまど》神、亦の名を豊石窓《とよいはまど》神と云う。此の神は宮廷の御門を守護する神である。次に手力男《たぢからを》神は、伊勢国多気郡、佐那神社に鎮座しておられる。

所で、天児屋命は中臣《なかとみ》連らの祖先である。布刀玉命は忌部《いむべ》首らの祖先である。天宇受売命は猿女《さるめ》君らの祖先である。伊斯許理度売命は作鏡《かがみつくり》連らの祖先である。玉祖命は玉祖《たまのおや》連らの祖先である。

ここに、天津日子番能邇邇芸《あまつひこほのににぎ》命は天の岩の神座を離れ、天空に幾重にもたなびく雲を押し分け、威風堂々道をかき分けて、途中、天の浮橋から浮島に立ち寄られ、竺紫の日向の高千穂の峰に天降りなされた。天忍日命と天津久米命の二人は、立派は靫《ゆき》を背負ひ、頭椎《くぶつち》の太刀を腰に下げ、天の波士弓を取り持ち、天の真鹿児矢を手挟《たばさ》み、天孫の御前《みさき》に立って先導された。処で、天忍日命は、大伴連らの祖先であり、天津久米命、は久米直らの祖先である。

邇邇芸命は、「ここは韓国《からくに》に向い、笠沙の岬へ道は通じ、朝日がまともにさし、夕日の照り輝く国である。ここは真《まこと》に良い所だ」と仰せになり、地底の岩盤に届くような太い宮柱を立て、高天原に届くような高い千木《ちぎ》の宮殿を造ってお住まいになった。

【解説】 先ず、傍点部の〈さくくしろ〉とは五十鈴《いすず》の枕詞であり、「口の裂けた鈴のついた腕飾り」を意味している。

所で、以前から、邇邇芸命は何処に天降ったのか、について論じられてきた。それを解くカギは、先ず、「竺紫の日向の高千穂のくじふるたけに天降りましき」にある。

〝竺紫《つくし》〟は九州を指すが、〝日向《ひむか》〟とは今の宮崎県ではない。この時代は、鹿児島県と大隅半島を含む南九州エリアが〝日向〟だった。だから〝日向〟とは、大隅半島方向から朝日の直《ただ》刺す国であり、薩摩半島方向から夕日の照る国だった。

〝くじふる〟とは、「神秘な、霊力のある」なる意味であり、〝たけ〟とは、〝岳〟であるが、何処の高千穂なのか特定できない。

『日本書紀（一）』には、「日向《ひむか》の襲《そ》の高千穂峯に天降ります」（122）とある。〝襲〟とは鹿児島県を指し、宮崎県との県境の高千穂峰にやって来たことが分かる。

次に問題なのが、「此地《ここ》は韓国《からくに》に向ひ、笠沙の御前に真来通《まきとほ》りて（後略）」であった。嘗《かつ》て、古田武彦氏は、「韓国《からくに》に向かい」を「朝鮮半島に向き合っている」と解し、「邇邇芸命は北部九州に天降った」なる珍説を述べていたが、竹田恒泰氏も次のように書いていた。

「ここは韓国《からくに》（古代朝鮮）に向かい、笠沙之岬《かささのみさき》（鹿児島県南さつま市笠沙町の野間岬）に道が通じていて（後略）」（『現代語　古事記』105）

だが、日向《ひむか》は朝鮮に向かいあっておらず、〝韓国《からくに》〟は古代朝鮮を指しているのではない。

『日本書紀（二）』には、「膂宍《そしし》の空国《むなくに》を、頓丘《ひたを》から国覓《くにまぎ》ぎ行去《とほ》りて、吾田の長屋の笠沙岬に至ります」（122）とある。即ち、「痩せた不毛の地（空国《むなくに》）を丘続きに歩き、良い国を求めて吾田の長屋の笠沙岬についた」と書いてある。即ち、〝韓国《からくに》〟本来の意味は〝空国《むなくに》〟であり、それが〝空国《からくに》〟になり、『古事記』を書く頃には〝韓国《からくに》〟になっていた。

或いは、「韓国《からくに》に向かい」を、高千穂峯の先にある韓国岳を指している、としても意味は通じなくはない。この場合も、〝空国岳〟が〝韓国岳〟に変わったと解さざるを得ない。多くの漢字が書き換えられてきたが、曖昧な部分は『日本書紀』と『古事記』を読み比べる必要があるのだ。

所で、『記紀』には記述はないが、邇邇芸命はどこに住まわれたか。行けば分かるが、高千穂峰は脆い岩山であり、野間半島も小高い岩山の連なりで、大きな宮は造れない。

薩摩川内《せんだい》市の新田神社の伝承には、「川内の地に立派な高殿《うてな》（千台）を造り、住まわれた」とある。〝川内〟は、以前は〝千台〟と書き、７０１～７０４年の大宝年間に薩摩国府が置かれ、国分寺も造られた。だが、１７２０年、薩摩藩主島津吉貴の命により〝川内〟に改められたという（『旧版　世界百科事典』平凡社）。

邇邇芸命は、この地で川内川から水を引き、新たに水田稲作を始められた。新田神社の〝新田〟には、この意味が込められている。では、天孫降臨はいつ頃の話なのか。

わが国では、焼畑や陸稲は、プラントオパール解析から、約1万年前から行われていたことが分かっている。そして、灌漑施設を伴う水田稲作は、前10世紀の菜畑遺跡が最古であり、この地層からは縄文土器しか出土していないので、シナや半島の人々ではなく、縄文時代の日本人が始めたことが分かる（神話にもこのことが書いてある）。

その後、水田稲作は日本各地へ広がって行ったが、天照大御神は、葦原の中つ国を「水穂の国」と語ったように、この頃の日本では水田稲作が広く行われるようになっていた。

それに、神武天皇の即位年を考慮すると、邇邇芸命が天降ったのは、西暦で前3世紀前後と思われる。

四　天宇受売命と猿田毘古神

【訓読】　故《かれ》、爾《ここ》に天宇受売《あめのうずめ》命に詔りたまはく、「此の御前《みさき》に立ちて仕《つか》へ奉《まつ》りし猿田毘古《さるたびこ》大神は、専《もは》ら顕《あら》はし申せし汝《いまし》送り奉れ。亦其の神の御名《みな》は、汝負ひて仕へ奉れ」と。是《ここ》を以《も》ちて猿女《さるめの》君等《きみども》、其の猿田毘古の男神《おがみ》の名を負ひて、女《をみな》を猿女君と呼ぶ事是れなり。

故、其の猿田毘古神、あざかに坐《いま》す時、漁《すなどり》為《し》て、ひらぶ貝に其の手を咋《く》ひ合《あは》さえて、海《う》塩《しほ》に沈み溺れましき。故、其の底に沈み居ます時の名を、底《そこ》どく御魂《みたま》と謂ひ、其の海水《うしほ》の都《つ》夫多都《ぶたつ》時の名を、つぶたつ御魂の謂ひ、其の阿和佐久《あわさく》時の名を、あわさく御魂と謂ふ。

是に猿田毘古神を送り、還り到りて、乃ち悉《ことごと》に鰭《はた》の広物《ひろもの》、鰭の狭物《さもの》を追ひ聚《あつ》め、「汝《な》は天つ神の御子に仕へ奉らむや」と問言《とひ》し時、諸《もろもろ》の魚《うを》皆「仕へ奉らむ」と白《まほ》す中に、海鼠《なまこ》白さざりき。爾に天宇受売命、海鼠に、「此の口や答へぬ口」と云ひて、紐小刀《ひもかたなも》以ちて其の口を折《さ》きき。故、今に海鼠の口折くる也《なり》。是を以ちて御世《みよみよ》、島の速贄《はやにへ》献《たてまつ》る時、猿女君等に給ふ也。

【訳解】　邇邇芸命は天宇受売命に、「私たちの先導役として働いてくれた猿田毘古大神は、その正体を明らかにした貴女《あなた》がお送りしなさい。またその神の名は、貴女が継ぎ、これからも妻として仕えなさい」と仰せになった。このような訳で、天宇受売命が猿田毘古という男神の名を受け継ぎ、その女《おみな》の子孫を猿女君と呼ぶようになった。

その猿田毘古神が、伊勢国壱志郡（三重県松坂市の阿坂《あざか》辺り）に居た時、漁をしていて、ひらぶ貝に手を挟まれ、海に沈み、溺れたことがあった。そこで、海の底に沈んでいた時の名を、底着く御魂といい、息が泡となって上がっていく時の名を、つぶたつ御魂といい、その泡が海面で割れる時の名を、あわさく御魂という。

所で、天宇受売は猿田毘古神を送り、伊勢に帰って来ると、直ちに大小の魚を集め、「お前たちは天つ神の御子に御膳料《みけしろ》（食材）としてお仕え申すか」と問うた時、諸《もろもろ》の魚は、「仕へ申し上げます」と申す中に、海鼠《なまこ》だけが何も言わなかった。そこで海鼠に、「この口は答へぬ口だ」と言って小刀で口を裂いたので、今も海鼠の口は裂けている。このような次第で、初物の海産物が志摩から朝廷に献上される時、必ず猿女君らにも分かち下さるのである。

【解説】　シナ人は、四つ足動物は何でも食べてきた。その中に、人間も含まれていたことは云うまでもない。有史以来、文化大革命頃までは、公然と人肉が食べられていた。

現存する食人種、それがシナ人、華人、中国人である。これが中華文明の一翼を担っていたのだから、日本文明とは全く異質な代物だった。

今は、肉屋に人肉は吊るされていないが、その代わり、中国の養殖ウナギが死んだ中国人の人肉を食べているとＳＮＳで拡散されている。人肉に加え、発ガン性のあるホルモン剤、殺菌剤等が添加され、その輸出先は日本となる。この事実を知る筆者などは、中国産のウナギは食べないよう注意している。

旧約聖書の世界では、神に捧げる犠牲の主役は羊だった。ある時、神はアブラハムに、「一人息子のイサク捧げよ」と信仰を試されたが、イサクが生贄になったとは書いていない。

わが国では、神前に供えるものに獣肉は含まれない。それらは、米、塩、酒、野菜、果物、魚であり、日本民族は古来よりこの様なものを食べてきた。従って、除草剤や農薬で汚染された輸入小麦や輸入肉などは、日本人の体質に合わないため、体に良いはずがない。

五　木花之佐久夜毘売と石長比売

【訓読】　是《ここ》に天津日高日子番能邇邇芸命、笠沙の御前に、麗《うるは》しき美人《をとめ》に遇《あ》ひたまひき。

爾《ここ》に「誰《た》が女《むすめ》ぞ」と問ひたまへば、「大山津見神の女、名は神阿多都比売《かむあたつひめ》、亦の名は木花《このはなの》佐久夜毘売《さくやびめ》と謂ふ」と答え白《まを》しき。又「汝《いまし》の兄弟《はらから》有りや」と問ひたまへば、「我《わ》が姉、石長《いはなが》比売《ひめ》在《あ》り」と答へ白しき。

爾に、「吾《あれ》、汝《いまし》に目合《まぐあひ》せむと欲《おも》ふは奈何《いか》に」と詔りたまへば、「僕《あ》は得《え》白《まを》さじ。僕が父大山津見神ぞ白さむ」と答え白しき。故《かれ》、其の父大山津見神に、乞ひに遣《つか》はしたまひし時、大《いた》く歓喜《よろこ》びて、其の姉石長比売を副《そ》へ、百取《ももとり》の机代《つくゑしろ》の物を持たしめて奉《たてまつ》り出《いだ》しき。

故、爾に其の姉は甚凶醜《いとみにく》きに因《よ》りて、見畏《みかしこ》みて返し送りて、唯其の弟《おと》木花佐久夜毘売を留めて、一宿婚為《ひとよまぐはひし》たまひき。爾に大山津見神、石長比売を返したまひしに因りて大《いた》く恥ぢ、白《まを》し送りて言はく。

「我が女《むすめ》二たり並べて立奉《たてまつ》りし由《ゆゑ》は、石長比売を使はさば、天つ神の御子の命《いのち》は、雪零《ゆきふ》り風吹くとも、恒《つね》に石《いは》の如く、常石《ときは》に堅石《かきは》に動かず坐《ま》さむ。また木花佐久夜毘売を使はすは、木の花の栄ゆるが如《ごと》栄え坐《ま》せ、とうけひて貢進《たてまつ》りき。此《か》くて石長比売を返さしめ、独《ひとり》木花佐久夜毘売を留めたまひき。故、天つ神の御子の御寿《みいのち》、木の花のあまひのみ坐《ま》さむ」と。

故《かれ》、是を以ちて今に至るまで、天皇命等《すめらみことたち》の御命《みいのち》長からざるなり。

故、後に木花佐久夜毘売、参出《まゐで》て、「妾《あ》は妊身《はら》めるを、今産む時に臨《な》りぬ。是《こ》の天つ神の御子は、私《わたくし》に産むべからず。故、請《まを》す」と白しき。

爾に、「佐久夜毘売、一宿《ひとよ》にや妊《はら》める。是れ我が子に非《あら》じ。必ず国つ神の子ならむ」と詔《の》りたまひき。

爾に、「吾《あ》が妊《はら》みし子、若《も》し国つ神の子ならば、産むこと幸《さき》からじ。若し天つ神の御子ならば、幸からむ」と答へ白《まを》して、即ち戸無き八尋殿《やひろどの》を作りて、其の殿の内に入り、土を以《も》ちて塗り塞《ふた》ぎて、産む時に方《あた》りて、火を其の殿に著《つ》けて産みき。

故、其の火の盛《さか》りに焼《もゆ》る時に生みし子の名は、火照命《ほてり》。此《こ》は隼人阿多君《はやとあた》の祖《おや》なり。次に生みし子の名は、火須勢理命《ほすせり》。次に生みし子の御名は、火遠理命《ほおり》、亦の名は天津日高日子穂穂手見命《あまつひこひこほほでみ》。（三柱）

【訳解】 ある時、邇邇芸命は、笠沙の岬で美しい乙女《おとめ》に出会った。そこで「あなたは誰の娘か」と問われると、「大山津見神の娘、名は神阿多都比売、またの名は木花佐久夜毘売と申します」と答え申し上げた。続けて「あなたには兄弟はおるか」と問われると、「姉の、石長比売がおります」と申し上げた。

そこで邇邇芸命が、「私はあなたと結婚したいのだが、どうだろうか」と仰せになると、「私は、お返事いたしかねます。私の父、大山津見神が答え、申し上げるでしょう」と申し上げた。そこで、大山津見神の家に使者を遣わし、娘と結婚したい旨を伝えると、大いに喜び、姉の石長比売と共に、多くの結納品を従者に持たせ、二人の娘を嫁がせた。

処が邇邇芸命は、姉の容姿を醜いと思われ、親元に返し、木花佐久夜毘売を留めて一夜の契りを結ばれた。このことを知った大山津見神は大いに恥じ、次のように申し送った。

「私の娘、二人と結婚して頂きたかったのは、石長比売をお側《そば》で使われれば、天つ神の御子のお命《いのち》は、雪が降り、風が吹いても、常に岩のように、永遠に動くことなく、いつまでも変わらずにおられることを願ったからです。また、木花佐久夜毘売をお側で使われれば、木の花の如く栄えられるように、と誓約《うけい》をして差し上げたのです。処が、あなた様は、石長比売を返され、木花佐久夜毘売だけをお留めになられた。ですから、天つ神の御子のお命は、木の花のようにはかないものになるでしょう」と。

このような訳で、邇邇芸命の子孫である歴代天皇のお命は、長くはないのである。

その後のある日、木花佐久夜毘売は、従者と共に邇邇芸命の所に参り、次のように申し上げた。

「私は身重になっており、今、生む時になりました。天つ神であるあなた様の御子は、こっそり産むべきではありません。ですから、お知らせに上がりました」と。

すると邇邇芸命は、「佐久夜毘売《さくやびめ》よ、一夜の契りで身重になったというのか。そのお腹の子は私の子ではあるまい。きっと国つ神の子であろう」と仰せになった。

それを聞いた木花佐久夜毘売は、「私のお腹の子が、もしも国つ神の子なら、無事に生まれないでしょう。天つ神の御子ならば、必ず無事に生まれるでしょう」と誓約《うけい》の言葉を残し、直ちに従者と共に、出入り口のない大きな産屋《うぶや》を造り、その中に入り、土を使って隙間を塗り塞いで火をつけ、子を生んだのだった。

火が盛んに燃えている時に生まれた子の名を、火照命という。これは隼人の阿多君の祖先である。次に生まれた子の名を、火須勢理命という。次に生まれた子の名を、火遠理命、またの名は、天津日高日子穂穂手見命。この三柱である。

【解説】 ある日、邇邇芸命は笠沙の岬で木花佐久夜毘売にめぐり会い、プロポーズした。だが、結婚には親の承諾が必要だった。男の氏素性が分からないからである。この話を聞いた大山津見神は、大変喜び、石長比売と共に送り出したのだが、邇邇芸命は、姉の石長比売を実家に送り返し、木花佐久夜毘売と一夜の契りを交わしたことになる。

邇邇芸命は、親の教育を受けなかったためか、ある意味愚かだった。女性を美醜だけで選んだからである。大山津見神は大いに怒り、絶縁状を送り、木花佐久夜毘売も実家に戻ってしまった。

それから9か月程過ぎたある日、木花佐久夜毘売は従者と共にやってきて、臨月であることを告げた。喜んでもらえる、という期待があったのだろう。

だが、邇邇芸命が発した言葉は、侮辱的で冷酷なものだった。この言葉への怒りと悲しみが、木花佐久夜毘売と従者が造った異様な産屋と生み方に在った。

結果として、木花佐久夜毘売は誓約に勝ち、三人の御子は無事に生まれたのだが、その後、二人はどうなったのか、について何も書かれていない。おそらく三人の子を生み残し、実家に戻ったのではないか。あのような冷酷な男と暮らしたい、と思う女性はいないからだ。

やがて邇邇芸命《ににぎのみこと》は亡くなるが、『古事記』は何も書かれていてない。『日本書紀』には、「久しくして瓊瓊杵尊は崩《かむあが》りましぬ。因りて日向《ひむか》の可愛《え》の山の陵《みささぎ》に葬《はふ》りまつる」とある。

その日、筆者は邇邇芸命の墓所を訪れるため、雨のそぼ降る中、鹿児島空港から川内市に向かって車を走らせていた。漸く辿り着いた新田神社の小高い山の中腹にある駐車場に車を止め、見上げた長い石段の先に神社はあった。参拝の後、細い道を右から迂回すると、目指す陵《みささぎ》はあった。そこには誰もおらず、鳥居の奥は森閑とし、周囲には寂しさが漂っていた。

火遠理命

一　海佐知毘古と山佐知毘古

【訓読】故《かれ》、火照《ほてり》命は海佐知毘古《うみさちびこ》と為《し》て、鰭《はた》の広物《ひろもの》、鰭の狭物《さもの》を取り、火遠理《ほおり》命は山佐知毘《やまさちび》古《こ》と為《し》て、毛《け》の麁物《あらもの》、毛の柔物《にこもの》を取りたまひき。爾《ここ》に火遠理命、其の兄《いろえ》火照命に、「各佐知《おのおのさち》を相易《あひか》へて用ゐむ」と謂ひて三度《みたび》乞ひたまへども、許さざりき。然れども遂に纔《わづ》かに相易《あひか》ふることを得たまひき。

爾に火遠理命、海さちを以ちて魚釣《うおつ》らすに、都《かつ》て一つの魚も得たまはず、亦其《またそ》の鉤《つりばり》を海に失ひたまひき。

是に其の兄《いろえ》火照命、其の鉤を乞ひて、「山さちも、己がさちさち、海さちも、己がさちさち。今は各さち返さむ」と謂ひし時に、其の弟《いろど》火遠理命、「汝《いまし》の鉤は、魚釣《うをつ》りしに一つの魚も得ずして、遂に海に失ひつ」と答へ曰《の》りたまひき。然れども其の兄強《あなが》ちに乞ひ徴《はた》りき。故《かれ》、其の弟《いろど》、御佩《みはかし》の十拳剣《とつかつるぎ》を破りて、五百鉤《いほち》を作りて償《つくの》ひたまへど取らず。亦一千鉤《ちはり》を作りて償ひたまへど受けず、「なほ其の正本《もと》の鉤を得む」と云ひき。

【訳解】 時は過ぎ、火照命は漁師となり、大小の魚を取り、火遠理命は狩人となり、様々な獣を取っておられた。あるとき火遠理命は兄の火照命に、「お互い漁具と狩猟用具を交換してみたいのだが」と三度お願いしたものの、断られていた。しかし漸《ようや》く、互いの持ち物を交換する了解が得られた。

そこで火遠理命は、釣針を使って魚釣りをしたものの、一匹の魚も釣り上げることができなかった。そればかりか、その釣針を魚に取られ、失《うしな》ってしまった。

程なく兄が貸した釣針を求め、「弓矢も釣針も各自の持ち物なのだから、互いに道具を返し合おう」と言った時、火遠理命は、「兄さんから借りた釣針を使って釣りをしたのだが、魚一匹も釣れなかったばかりか、海でなくしてしまったのです」と仰せになった。

しかし兄は、貸した釣針を返せ、と責め立てた。そこで弟は、身に帯びていた十拳剣《とつかつるぎ》を使って五百個の釣針を作り、償おうとされたが受け取らなかった。また千個の釣針を作って償われても受け取らず、「貸した釣針、其のものを返せ」と責め立てた。

【解説】 二人は天照大御神の曽孫《ひまご》だった。だがこの時代、彼らは貴族や統治者として安逸な生活をしていた訳ではなく、兄の火照命は漁師になり、末弟の火遠理命は猟師になっていた。次男の火須勢理命《ほすせりのみこと》についての記述はないが、『日本書紀』によると、「尾張連らの始祖である」とあるから、彼の地へと移り住んでいったのだろう。

儒教的価値観で見れば、漁師や猟師は褒められるべき職業ではない。だが、『古事記』には、そのような見方は微塵もなかった。この地で、大山津見神にも知られた天孫族の子孫といえども、このような仕事をしていたのだ。

まだこの地は、強力な指導者に導かれた中央集権的な段階に至っておらず、縄文的な平和で平等な社会だったから、このような話が記憶に残ったのだろう。だが、そこには争いの萌芽があった。

「兄弟は他人の始まり」なる諺があるが、長ずるに及んで仲の良い兄弟もいれば、相戦う兄弟もいる。歴史を紐解けば、枚挙にいとまがないが、この話もその一例であり、遊び半分で仕事はするな、火照命のような非寛容な人もいるから注意せよ、ということなのだ。

二　火遠理命・海神の宮訪問

【訓読】　是《ここ》に其の弟《いろど》、泣き患《うれ》ひて海辺《うみへ》に居まし時に、塩椎神《しほつち》来て、「何《いか》にぞ虚空津日高《そらつひこ》の泣き患ひたまふ所由《ゆゑ》は」と問ひて曰《い》へば、

「我《あれ》、兄《いろえ》と鉤《つりばり》を易へて、其の鉤を失ひつ。是に其の鉤を乞ふ故に、多くの鉤を償《つくの》へども受けずて、『猶其の本《もと》の鉤を得む』と云ひき。故、泣き患ふぞ」と答へ言《の》りたまひき。

爾《ここ》に塩椎神、「我《あれ》、汝命《いまし》の為に善き議《ことはかり》を作《な》さむ」と云ひて、即ち无間勝間《まなしかつま》の小船《をぶね》を造り、其の船に載せ、教へて曰《い》はく、

「我、其の船を押し流さば、差暫《ややしま》し往《い》でませ。味《うま》し御路《みち》有らむ。乃ち其の道に乗りて往でまさば、魚鱗《いろこ》の如《ごと》く造れる宮室《みや》、其れ綿津見《わたつみ》神の宮なり。其の神の御門《みかど》に到りましなば、傍《かたはら》の井の上《へ》に湯津香木《ゆつかつら》有らむ。故《かれ》、其の木の上に坐《いま》さば、其の海神《わたつみ》の女《むすめ》、見て相議《あいはか》らむ」と。

故、教《をしへ》の随《まにま》に少し行でますに、備《つぶ》さに其の言《こと》の如くなりしかば、即ち其の香木《かつら》に登りて坐《いま》しき。爾に海神の女《むすめ》、豊玉毘売《とよたまびめ》の従婢《まかたち》、玉器《たまもひ》を持ちて水を酌《く》まむとする時、井に光《かげ》有りき。

仰ぎ見れば麗《うるは》しき壮夫《をとこ》有り、いと異奇《あや》しと以為《おも》ひき。爾に火遠理命、其の婢《まかたち》を見て、水を得まく、「欲《ほ》し」と乞ひたまひき。婢、乃ち水を酌みて、玉器《たまもひ》に入れて貢進《たてまつ》りき。

爾に水を飲まず、御頸《みくび》の璵《たま》を解きて口に含《ふふ》みて、その玉器に唾《つば》き入れたまひき。是《ここ》にその璵《たま》、器《もひ》に著《つ》きて、婢、璵を得離《えはな》たず。故、璵著ける任《まにま》に豊玉毘売命に進《たてまつ》りき。爾に其の璵を見て、婢に、「若し人、門《かど》の外《と》に有りや」と問ひて曰《い》へば、

「人有りて、我が井の上《へ》の香木《かつら》の上に坐《ま》す。甚《いと》麗しき壮夫ぞ。我が王《きみ》に益《ま》して甚貴《いとたふと》し。故、其の人水を乞はす故、水を奉れば、水を飲まさずて、此の璵《たま》を唾き入れたまひき。是れ得離《えはな》たず。故《かれ》、入れし任《まにま》に将《も》ち来て献りぬ」と答へ曰《まを》しき。

爾に豊玉毘売命、奇《あや》しと思ひて、出で見て、乃ち見感《みめ》でて目合《まぐはひ》し、其の父に白《まを》して曰《い》はく、

「吾《わ》が門《かど》に麗しき人有り」と。

爾に海神、自ら出で見て、「此の人は、天津日高《あまつひこ》の御子《みこ》、虚空津日高《そらつひこ》ぞ」と云ひて、即ち内に率《ゐ》て入りて、美智《みち》の皮の畳八重《やえ》を敷き、亦絁畳《きぬだたみ》八重を其の上に敷き、其の上に坐《いま》せて、百取《ももとり》の机代《つくゑしろ》の物を具へ、御饗《みあへ》為《し》て、即ち其の女《むすめ》、豊玉毘売を婚《あは》せまつりき。

故《かれ》、三年《みとせ》に至るまで其の国に住みたまひき。

【訳解】 途方に暮れた火遠理《ほおり》命は、泣き、患いて海辺におられると、塩椎《しほつち》神がやって来て、「なぜ、あなた様は泣いておられるのですか」と問うた。

そこで次のようにお答えになった。

「私は兄と、弓矢と釣針を交換して使ったのですが、私は兄から借りた釣針を魚に飲み込まれ、なくしてしまったのです。私は、兄から弓矢を受け取ったのですが、返す釣針はなく、代わりに多くの釣針を作って渡そうとしたのですが兄は受け取らず、『頑強《かたくな》に元の釣針を返せ』と言うのです。ですから、どうしてよいか分からず、泣き、患いているのです」と。

この話を聞いた塩椎神は、「では私が、あなた様のために良い策を考えて差し上げましょう」と言って、直ぐに目の堅くつまった竹の小船を造り、火遠理命をその船に乗せ、次のように教え、語った。

「私がこの船を押し、海に流したら、しばらくそのままお行きなさい。良い潮路があるでしょうから、その潮路に乗って行けば、魚の鱗のように家々が重なって見える御殿が見えてきます。それが綿津見《わたつみ》神の宮殿です。その御殿の門にお着きになったら、傍《かたはら》の泉の畔《ほとり》に桂《かつら》の木があるので、その木に登り、座っていれば、その海神《わたつみ》の娘はあなた様の姿を見て、相談相手になってくれるでしょう」と。

そこで、教えられた通りお進みになると、何から何までその通りだったので、その桂の木に登っていると、海神の娘、豊玉毘売《とよたまびめ》の待女が美しい器《うつわ》を持って水を酌《く》もうとしたのだが、泉に人影が映っていた。不思議に思い見上げると、立派な男子がいたので、どうしたことかと思っていると、「水を頂けないか」と所望《しょもう》された。

そこで、その器に酌んで差し上げると、水を飲まず、首飾りの緒を解き、珠を口に含み、その器に落とし入れた。するとその珠は器についてしまい、取り外すことが出来なかった。そこで、その珠をつけたまま、豊玉毘売命にその器を差し上げたのだった。

その珠を見た豊玉毘売命は、「もしや、門の外に誰かいるのか」と尋ねると、次のように答え申し上げた。

「人が来ており、わが家の泉の畔《ほとり》の桂の木の上におります。大変麗しく立派な男性で、我が君の海神にも劣らない、貴いお方の様に見受けられます。その方が水を所望されたので、水を差し上げたところ、水を飲まず、この珠を口からお入れになりました。するとその珠は器から離れなかったので、そのまま持ってきた次第です」と。

話を聞いた豊玉毘売命は不思議に思い、門の外に出で見ると、そこにいた火遠理命に一目惚れし、互いに目を合わせ、心が通い合い、父に、「わが家の門の傍《そば》に麗しき人が来ています」と申し上げた。

すると海神は門を出て、「この方は、天津日高の御子の虚空津日高《そらつひこ》であられるぞ」と言って、直ぐに案内し、宮の中に入り、アシカの皮の敷物を八重《やえ》に敷き、その上に絹の敷物を八重に敷き、その上に座り申し上げ、沢山の結納品を取り揃え、御馳走し、火遠理命は豊玉毘売と結婚することになった。こうして三年になるまで豊玉毘売とその国でお過ごしになられた。

【解説】火遠理命は、この地では知られた存在だった。理不尽とも云える兄の要求をまともに受け、泣き、憂いていることから、彼は素朴で生真面目な男だったことが分かる。

火遠理命のまたの名は〝天津《あまつ》日高《ひこ》日子《ひこ》穂穂手見《ほほでみ》命〟とあるが、先ず、〝天津日高〟とは〝天つ神〟を意味し、〝日子〟とは〝御子〟である。

塩椎神は〝虚空《そら》津《つ》日高《ひこ》〟と呼んでいたが、天と地の間に〝空《そら》（虚空《そら》）〟があり、火遠理命は猟師だったが、見上げるような存在、と認識されていた。また、〝穂穂手見命〟の〝穂穂《ほほ》〟とは稲穂を意味し、それを手に取って見ることができる御子、即ち、邇邇芸命の水田稲作技術の継承者でもあった。

三　火照命の服従

【訓読】是《ここ》に火遠理《ほをり》命、其《そ》の初めの事を思ほして、大きなる一歎《なげき》したまひき。故《かれ》、豊玉毘売《とよたまびめ》命、其の歎を聞かして、其の父に、「三年《みとせ》住みたまへど、恒《つね》は歎かすことも無かりしに、今《こ》夜《よひ》大きなる一歎為《し》たまひつ。若しや何の由《ゆゑ》有りや」と白《まを》しき。

故《かれ》、其の父の大神、其の聟夫《むこ》に、「今旦《けさ》我が女《むすめ》の語るを聞けば、『三年坐《いま》せども、恒《つね》は歎かすことも無かりしに、今夜大きなる歎《なげき》為《し》たまひつ』と云ひき。若《も》し由《ゆゑ》有りや。また、ここに到《き》ませる由は奈何《いか》に」と問ひて曰《い》ひき。爾《ここ》に其の大神に、備《つぶさ》に其の兄《いろえ》の失《う》せにし鉤《つりばり》を罰《はた》りし状《さま》の如く語りたまひき。

是《ここ》を以ちて海神《わたつみのかみ》、悉《ことごと》に海の大小魚《はたひろものさもの》を召《よ》び集め、「若《も》し此の鉤を取れる魚有りや」と問ひて曰《い》ひき。故、諸《もろもろ》の魚ども、「頃者《このごろ》、赤海鯽魚《たひ》、喉《のみど》に鯁《のぎ》ありて、物得食《えく》はずと愁《うれ》ひ言へり。故、必ず是れ取りつらむ」と白《まを》しき。是に赤海鯽魚《たひ》の喉を探れば、鉤有りき。即ち取り出でて、洗い清《す》まして、火遠理命に奉りし時に、其の綿津見大神、誨《をし》へて曰《い》はく。

「此の鉤を、其の兄《いろえ》に給はむ時に、言《の》りたまはむ状《さま》は、『此の鉤《ち》は、おぼ鉤、すす鉤、貧《まぢ》鉤《ち》、うる鉤』と云ひて、後手《しりへで》に賜へ。然《しか》して其の兄、高田《あげた》を作らば汝命《いましみこと》は下田《くぼた》を営《つく》りたまへ。其の兄、下田を作らば汝命は高田を営りたまへ。然《しか》したまはば、吾《あれ》水を掌《し》れる故、三年の間に必ず兄貧窮《まづ》しくなりなむ。若し其れ然為《しかし》たまふ事を恨怨《うら》み、攻め戦はば、塩盈珠《しほみつたま》を出して溺らし、若し其れ愁《うれ》ひ請《まを》さば、塩乾珠《しほふるたま》を出して活かし、かく惚《なや》まし苦しめたまへ」と。

斯く云ひて、塩盈珠、塩乾珠幷《あは》せて両箇《ふたつ》を授けて、即ち悉《ことごと》に和邇魚《わに》を召び集め、「今、天津日高の御子、虚空津日高《そらつひこ》、上《うは》つ国に出幸《いでまさ》むと為《し》たまふ。誰か幾日《いくか》に送り奉《まつ》りて、覆奏《かへりごとまを》さむ」と問ひて曰《い》ひき。

故、各己《おのおのおの》が身の尋長《ひろたけ》の随《まにま》に、日を限りて白《まを》す中に、一尋和邇《ひとひろわに》、「僕《あ》は一日《ひとひ》に送りて、即ち還《かへ》り来む」と白す。故、爾《ここ》に其の一尋和邇に、「然らば汝《なれ》送り奉れ。若し海中《わたなか》を渡る時、な惶《か》畏《しこ》ませまつりそ」と告《の》りて、即ち其の和邇の頸《くび》に載せて送り出しき。故、期《ちぎ》りしが如《ごと》く、一日の内に送り奉りき。

其の和邇返らむとせし時、佩《は》かせる紐小刀《ひもかたな》を解きて、其の首に著けて返したまひき。故、其の一尋和邇は今に佐比持《さひもち》神と謂ふ。

是を以ちて備《つぶさ》に海神の教へし言《こと》の如くして、其の鉤《つりばり》を与えたまひき。故、爾《それ》より以後《のち》は、稍愈《やや》に貧しくなりて、更に荒き心を起して迫め来ぬ。攻めむとする時は塩盈珠を出して溺らし、其れ愁ひ請《こ》へば塩乾珠を出して救ひ、如此《かく》惚《なや》まし苦しめたまひし時、「僕《あ》は今より以後《のち》は、汝命《いましみこと》の昼夜《ひるよる》の守護人《まもりびと》と為りて仕へ奉らむ」と稽首白《のみまを》しき。

故、今に至るまで、其の溺れし時の種種《くさぐさ》の態《わざ》を絶えず仕へ奉るなり。

【訳解】 ある日、火遠理《ほをり》命は自分がここにやって来た所以《ゆえん》を思いだし、大きなため息をつき、嘆かれた。それを聞いた豊玉毘売《とよたまびめ》は父に、「我が夫は、ここに三年《みとせ》お住みになっていますが、いつもは嘆いたりしないのに、昨夜は深いため息をつき、嘆いておいででした。もしかして、何か訳があるのではないでしょうか」と話した。

そこで大神は、「今朝、娘が語るには、『あなた様は三年ここで暮らし、いつもは歎くこともないのに、昨夜は深いため息をついてお嘆きになった』と言っていました。何か訳でもお有りになるのですか。また何故ここにやって来たのですか」と尋ねた。

そこで、「兄が、海で失った釣針を返せ」と責め立てた事情をありのままに語られた。

この話を聞いた海神《わたつみのかみ》は、海の大小の魚を悉《ことごと》く呼び集め、「もしや、お前たちの中で釣針を呑み込んでいる者はいないか」と問われた。

するとと多くの魚たちは、「この頃、真鯛が言うには、喉に何かが刺さっており、物を食べることができない、と憂えています。きっと、この真鯛が釣針を呑み込んだのでしょう」と申し上げた。そこで、その喉を探すと釣針が見つかり、さっそく取り出して洗い清め、火遠理命に奉った。その時、海神は次のように語り、教えた。

「この釣針を兄に返す時、『この釣針は、心が憂鬱になる釣針、心がたけり狂う釣針、貧乏になる釣針、愚かになる釣針』と唱え、後ろ向きにお渡しなさい。

そして兄が高い所に田を作ったなら、あなた様は低い所に田をお作りなさい。兄が低い所に田を作ったなら、あなた様は高い所に田をお作りなさい。そのようになされば、私は水を司《つかさど》る故、三年の間に、必ずあなたの兄を貧しくさせて御覧に入れます。もし、そのことであなた様を恨み、攻め、戦おうとしたら、塩盈珠《しほみつたま》を出し、その呪力で溺れさせ、もし困って許しを請うなら、塩乾珠《しほふるたま》を使って活かし、このように悩ませ、苦しめなさい」と。

こう言って塩盈珠、塩乾珠を授け、多くのサメを召び集め、「今、天津日高《あまつひこ》の御子、虚空《そら》津日高《つひこ》が故国に帰るため、出立なさろうとしている。お前たちの中で、誰がより早く送り申し上げ、その様を報告できるのか、答えるように」と募った。

サメは自分の身の丈を考え、何日で帰って来られるか申し上げている中で、一尋和邇《ひとひろわに》が、「私は一日で送り、その日に帰って来られます」と申し上げた。

そこで、「そうならお前がお送り申せ。但し、海の中を渡っていく時、決して恐ろしい思いをさせてはならぬぞ」と告げ、火遠理命をそのサメの首に乗せて送り出した。

サメは約束通り、一日で送り申し上げ、そのサメが帰ろうとする時、火遠理命は身につけた紐小刀《ひもかたな》を解いて首に掛けて返された。それ故、その一尋和邇を今では佐比持神《さひもち》、即ち、小さな刃を持った神と呼ぶのである。

こうして火遠理命は、海神《わたつみのかみ》に教へられた通りの作法で、その釣針を兄に返された。

その後、兄は次第に貧しくなり、更に荒々しい心を起して攻めてきた。兄が攻めようとすると、塩盈珠を出して洪水を起こし、溺らせ、それ故、許しを請えば塩乾珠を出して救い、このように悩ませ、苦しめなさると、火照命は、「私は、これから後は、あなた様の昼夜の守護人《まもりびと》となってお仕えいたします」と頭を下げて申し上げるに至った。

このような訳で、火照命の子孫である隼人は、今に至るまで、その溺れた時の様々なしぐさを舞に取り入れ、宮廷に仕えているのである。

【解説】 この話から分かるとおり、日本神話には海の要素が色濃く残り、大陸的要素は見当たらない。即ち、日本民族は沖縄方面からやってきたのだ。日本神話の中に、東南アジアの神話と類似点がある、と云うのも頷ける話である。
火遠理命が故郷に戻った時、大きな驚きがあったに違いない。海の彼方へと消え、三年間も行方知れずの男が突然現れただけではなく、兄の求める釣針を探し続け、見つけて帰って来たからだ。この話は広まり、その誠実さ故、尊敬を集めたと思われる。

兄と弟が、当然の如く水田稲作を行っていた、というから、この時代、南九州では、水田稲作は広く行われるようになっていた。そして、二人の水田を廻《めぐ》る争いは、それが弥生時代の争いの原因であることを暗示している。

火遠理命は、邇邇芸命の水田稲作技術を継承した御子だったから、その技術は他を抜きんでており、それ故、豊かになり、争いに勝利したのではないか。純朴で真面目な性格に加え、知恵も身に着けた火遠理命は、やがて兄である火照命を従えるようになるのだが、注目すべきは、この争いには血の匂いがしない点である。争いはあったが殺戮は伴わなかった。

所で、旧約聖書を開くと、「汝、殺すなかれ」と書いてあるが、それは「同じユダヤ人同士、キリスト教同士、イスラム教同士は殺すなかれ」であり、それ以外の異民族や異教徒に対しては、いくら殺し、女を犯し、略奪してもお咎めなしだった。シナ人やその影響を受けた韓国・朝鮮人も同じであり、歴史を紐解けば、残虐な話に事欠かない。

これに対し、異民族に接する機会の少なかった日本民族は、世界の異民族や異教徒も「同じ日本人」と勘違いし、それ故、社会問題も起きている。だが、彼らが同化するには、三世代を経る必要があるのではないだろうか。

四　鵜葺草葺不合命と神倭伊波礼毘古命の誕生

【訓読】　是《ここ》に海神の女《むすめ》、豊玉毘売命、自ら参出《まゐで》て、「妾《あ》は已《すで》に妊身《はら》み、今産む時に臨《な》りぬ。此《こ》を念《おも》ふに、天つ神の御子は、海原に生むべからず。故、参出到《まいできた》れり」と白《まを》しき。

爾《ここ》に即ち其の海辺の波限《なぎさ》に、鵜の羽を以《も》ちて葺草《かや》に為《し》て、産殿《うぶや》を造りき。是に其の産殿、未だ葺《ふ》き合《あ》へぬに、御腹の急《せま》るぬに忍びざれば、故《かれ》、産殿に入り坐《ま》しき。

爾に産みまさむとする時、其の日子《ひこぢ》に、「凡《すべ》て佗国《あだしくに》の人は、産む時に臨《な》れば、本《もと》つ国の形《すがた》を以ちて産生《う》むなり。故《かれ》、今本《もと》の身を以ちて産まむとす。願はくは、妾《あ》をな見たまひそ」と白しき。

是に其の言《こと》を奇《あや》しと思ほして、其の方《まさ》に産まむとするを竊伺《かきま》みたまへば、八尋和邇《やひろわに》に化《な》りて、匍匐《は》ひ委蛇《もこよ》ひき。即ち見驚き畏《かしこ》みて、遁《に》げ退《そ》きたまひき。

爾に豊玉毘売命、其の伺見《かきまみ》たまひし事を知りて、心恥《うらは》づかしと以為《おも》ほして、乃ち其の御子を生み置きて、「妾《あれ》、恒《つね》は海《うみ》つ道を通して往来《かよ》はむと欲《おも》ひき。然れども吾が形を伺見たまひし、是れ甚作《いとは》づかし」と白《まを》して、即ち海坂《うなさか》を塞《さ》へて返り入りましき。是を以ちて其の産みましし御子を名づけて、天津日高日子波限建鵜葺草葺不合命《あまつひこひこなぎさたけうがやふきあへず》と謂ふ。

然れども後は、其の伺《かいま》みたまひし情《こころ》を恨みませども、恋しき心に忍びず、其の御子を治養《ひた》しまつる縁《よし》に因《よ》りて、其の弟《おと》、玉依毘売《たまよりびめ》に附けて歌を献《たてまつ》りき。其の歌に曰《い》はく、

赤玉《あかだま》は　緒《を》さへ光れど白玉《しらたま》の　君が装《よそひ》し　貴くありけり

爾に其のひこぢ答へて歌ひたまはく、

沖つ鳥　鴨著《かもど》く島に我《わ》が率寝《ゐね》し　妹《いも》は忘れじ　世のことごとに

故《かれ》、日子穂穂手見命は、高千穂の宮に伍佰捌拾歳《いほちまりやそとせ》坐《ま》しき。御陵《みはか》は即ち、其の高千穂の山の西に在り。

是の天津日高日子波限建鵜葺草葺不合命、其の姨《をば》、玉依毘売命を娶《めと》して、生みませる御子の名は、五瀬《いつせ》命、次に稲氷《いなひ》命、次に御毛沼《みけぬ》命、次に若御毛沼《わかみけぬ》命、亦の名は豊御毛沼《とよみけぬ》命、亦の名は神倭伊波禮毘古《かむやまといはれびこ》命。（四柱）。故、御毛沼命は波の穂を跳《こ》へて常世《とこよ》国に渡り坐《ま》し、稲氷命は妣《はは》の国と為《し》て海原《うなばら》に入り坐しき。

【訳解】　その後、海神の娘、豊玉毘売命は自らやって来て、次のように申し上げた。

「私はすでに身重になっており、今出産の時となりました。御子を生むにあたり、天つ神の御子は海原《うなばら》で生んではならない、そう思い、やって来た次第です」と。

そこで火遠理命は、直ちに海辺の浪打ち際に、鵜の羽で萱《かや》のように屋根を葺《ふ》いた産殿《うぶや》を建て始めたが、屋根を葺き終わらぬうちに陣痛が激しく、耐えられなくなった豊玉毘売命は産殿に入られた。そして次のように申し上げた。

「全て異郷の人は、出産時には本来の姿になって子を生むものです。私も本来の姿で産むことになります。お願いですから、決して私を見ないでください」と。

これを聞いた命は不思議に思い、その様子を覗き見すると、豊玉毘売は大きなサメとなって這い廻り、身をくねらせていた。この有様を見て驚き、恐れ、その場から逃げ去られた。

やがて豊玉毘売命は、夫が出産の様子を覗き見していたことをお知りになり、大いに恥ずかしく思われ、「私はいつも、海の道を通って通おうと思っていたのですが、あなたは私の姿を覗き見なされました。これは私にとって大変恥ずかしいことです」と申され、御子を生み残したまま、海の道を塞いで海神《わたつみ》の宮へ帰ってしまった。このような訳で、その御子を、天津日高日子波限建鵜葺草葺不合《なぎさたけうがやふきあへず》命と言うのである。

その後、豊玉毘売は、覗き見された火遠理命を恨んではいたが、夫恋しさのあまり、御子をお育て申し上げるという理由で、妹の玉依毘売《たまよりびめ》に託し、次のような歌を差し上げた。

　赤玉は　それを通す緒まで美しく光るのですが　白玉《しらたま》のようなあなた様のお姿を
　気高く貴く思い出されることです

この歌を受けた夫は次のように歌を歌われた。

　鴨が寄り付く遠くの島で　私が共寝をしたお前の事は忘れない　命あるかぎり

所で、日子穂穂手見命は高千穂の宮に五百八十年お住まいになった。御陵《みはか》は高千穂の山の西にある。

この天津日高日子波限建鵜葺草葺不合命が、叔母の玉依毘売命と結婚されてお生みになった御子の名は、五瀬命、次に稲氷命、次に御毛沼命、次に若御毛沼命、またの名は豊御毛沼命、またの名は神倭伊波禮毘古命の四柱である

　そして、御毛沼命は、理想郷を求めて海を越え遠くの国へ渡って行かれた。稲氷命は、亡き母の故郷を慕って海神の宮の方へ行ってしまわれた。

【解説】　この話は、夫を愛《いと》おしく思う豊玉毘売が、単身、火遠理命の所にやって来たことから始まる。その地は、宮崎県の日向《ひゅう》灘《がなだ》に面した日南市宮浦の鵜戸《うど》神宮の辺りという。

　これを知った火遠理命は、直ちに産屋を建て始めたとあるから、大変喜んだに違いない。その屋根を鵜の羽で葺《ふ》こうとしたことに、其の心が垣間見える。

　しかし、伊邪那岐命同様、火遠理命も「相手が知られたくない秘密を知りたい」という欲望を抑えきれなかった。豊玉毘売が、ワニであるはずもなく、難産だった、ということだろう。男は、女性が嫌がることをしてはならないのだ。

　そして海神《わたつみ》の宮へと帰ってしまうのだが、夫に自分の気持ちを伝えるため、我が子の養育に送った妹の玉依毘売命に歌を託した。邇邇芸命と木花佐久夜毘売は、夫が冷酷であったため決裂したが、火遠理命と豊玉毘売とは、遠く離れていても心は通い合っていた。

　やがて火遠理命は亡くなるが、『日本書紀』にも、「後久しくして、彦火火出見尊《ひこほほでみのみこと》は崩《かむあが》りましぬ。日向《ひむか》の高屋山上陵《たかやのやまのへのみささぎ》に葬《はふ》りまつる」とある。

筆者はこの陵を訪れたことがある。そこは鹿児島空港のすぐ近くにあり、そぼ降る雨の中、車を走らせ着いてみると駐車場に一台の車が停まっていた。そこから鬱蒼たる森の参道を歩くと、目指す陵はあった。参拝場所の上に木々はなく、そこはぽっかりと明るかった。

鵜葺草葺不合命は、長ずるに及び玉依毘売と結婚し、四人の男子に恵まれた。玉依毘売命を〝弟《いろど》〟（同母妹）と解する方もいるが、年齢的に無理があり、玉依毘売は豊玉毘売と年の離れた腹違いの妹と思われる。

竹田恒泰氏の『現代語　古事記』は単に、「妹」（120）とあるのみだが、『古事記　祝詞』では〝異母妹〟を表す「弟《おと》」（145）とあり、筆者もこれに倣った。

その後、鵜葺草葺不合命は亡くなるが、『古事記』には何も記されていない。

『日本書紀』には、「久しい後に、鵜葺草葺不合命は西洲《にしのくに》の宮で崩《かむあが》りましぬ。因りて日向《ひむか》の吾平山《あひらのやま》の陵《みささぎ》に葬《はふ》りまつる」とある。西洲《にしのくに》の宮の位置は明らかでないが、宮崎県高原《たかはら》町の狭《さ》野《の》の地の何処かで玉依毘売と老後を過ごしたに違いない。何故なら、ここは神倭伊波礼毘古命の幼名、狭野尊の生誕の地と伝えられているからだ。

筆者は、吾平山上陵《あいらのやまのへのみささぎ》も訪れた。何故かその地は大隅半島の中央部にあり、車を走らせ辿り着くと、そこには広々とした駐車場があり、車を降りて進むと傍らに清流が流れ、流れに沿って美しい橋を二つ渡った流の対岸に目指す陵《みささぎ》はあった。そこにも鳥居が建っており、何と隣が玉依毘売《たまよりびめ》の陵であることを知り、心和《なご》んだ。

お二人の間に四人の男子《ひこみこ》が生まれたが、その末子が神武天皇である。教育勅語にある「夫婦相和し」、四人の子をなした仲睦まじい夫婦の姿がここにあった。

翌日は快晴であり、筆者は五十年ぶりに高千穂の峰を登った。最後の山頂への直登はガレ場であり、足を取られた。頂には、「天の逆矛」が突き刺さっており、幸い人はいなかった。そこで人生最後の贅沢と思い、横になり、瞼を閉じ、しばし休息し、仮眠をとった。

この旅で筆者は、可愛《え》山陵《のみささぎ》、高屋山上陵《たかやのやまのへのみささぎ》、吾平山上陵《あいらのやまのへのみささぎ》のいわゆる神代《かみよ》三陵《さんりょう》を訪れ、新田神社、霧島神宮、鹿児島神宮も訪れた。そこには静寂と賑わいがあり、鹿児島はまさに神代三代の聖地だった。

この地を離れる前に、「鹿児島県歴史・美術センター黎明館」を訪れた。だが、そこには高千穂峰、神代三陵、霧島神宮、鹿児島神宮などが欠落しており、建物は立派だが、「魂の抜け殻」のような施設だった。それは筆者に、佐倉市の国立歴史民俗博物館を訪れた時の〝失望〟を思い起こさせた。

これらは、わが国の「歴史や民俗を展示する施設」とあるが、それは名ばかりで、正史である『日本書紀』、日本神話や『古事記』、神武天皇を始め、歴代天皇の御名を欠落させた、わが国の歴史とは無縁の「死せる施設」だったからである。

古事記　中巻

【概要】　この巻は、神武天皇から応神天皇までの歴史を記載している。しかし、「神武天皇は架空の存在だ、あれは神話だ」が戦後の常識となった。その後の八代の天皇も否定されて久しい。現在、存在を認められているのは、せいぜい第十代の崇神天皇からである。

後は問題ないかというとそうではない。応神天皇は神功皇后の子ではない、ここで皇統は断絶したのだ、なる説を真顔で喧伝する作家が次々に登場してきた。それればかりか、戦後から今日に至るまで、荒唐無稽な説を述べる者も現れるようになった。こうして日本民族は神話と建国の歴史を自ら破壊、切断し、根無し草の民族に成り下がった。では、何が書いてあるのか、真実とは何なのか、科学と論理の目を通して読んでみたい。

神倭伊波礼毘古命（第一代　神武《じんむ》天皇）

一　東征

【訓読】　神倭伊波礼毘古命《かむやまといはれびこ》、其の以呂兄五瀬命《いろせいつせ》と二柱、高千穂宮《たかちほのみや》に坐《いま》して議《はか》り、「何《いづれ》の地《ところ》に坐《いま》さば、平《たひ》らけく天《あめ》の下の政《まつりごと》を聞こし看《め》さむ。なほ東《ひむがし》に行かむと思ふ」と云《の》りたまひて、即ち、日向《ひむか》より発《た》ちて筑紫《つくし》に行幸《い》でましき。

故《かれ》、豊《とよ》国の宇沙《うさ》に到りましし時、其の土人《くにびと》、名は宇沙都比古《うさつひこ》、宇沙都比売《うさつひめ》の二人、足一《あしひとつ》騰《あがり》宮を作りて大御饗《おほみあへ》献《たてまつ》りき。其地《そこ》より遷移《うつ》りまして、竺紫《つくし》の岡田《をかだ》宮に一年《ひととせ》坐しき。亦《また》其の国より上り幸《い》でまして、阿岐《あき》国の多祁理《たけり》宮に七年《ななとせ》坐しき。亦其の国より遷《うつ》り上り幸でまして、吉備の高島宮に八年《やとせ》坐しき。

故《かれ》、其の国より幸でましし時、亀の甲《せ》に乗りて、釣為《つりし》つつ打ち羽挙《はぶ》き来る人に、速吸門《はやすいのと》に遇《あ》ひき。爾《ここ》に喚《よ》び帰せて、「汝《いまし》は誰ぞ」と問ひたまへば、「僕《あ》は国つ神ぞ」と答え曰《まを》しき。

又、「汝は海道《うみつぢ》を知れるや」と問ひたまへば、「能く知れり」と答え曰しき。

又、「従ひて仕《つか》へ奉《まつ》らむや」と問ひたまへば、「仕へ奉らむ」と答え曰しき。

故、爾に槁機《さを》を指し渡して、其の御船に引き入れて、即ち名を賜ひて、槁根津日子《さをねつひこ》と号《なづ》けたまひき。（此は倭《やまと》国造等の祖）。

故《かれ》、其の国より上り行《い》でましし時、浪速《なみはや》の渡《わたり》を経て、青雲《あおくも》の白肩津《しらかたのつ》に泊《は》てたまひき。此の時、登美《とみ》の那賀須泥毘古《ながすねびこ》、軍《いくさ》を興《をこ》して待ち向《むか》へて戦ひき。爾に御船に入れたる楯《たて》を取りて下《お》り立ちたまひき。故、其地を号《なづ》けて楯津《たてつ》と謂《い》ひき。今者《いま》に日下《くさか》の蓼津《たでつ》と云ふ。

是に登美毘古《とみびこ》と戦ひたまひし時、五瀬命、御手に登美毘古が痛矢串《いたやくし》を負ひたまひき。

故、爾に、「吾《あ》は日神《ひのかみ》の御子として、日に向ひて戦ふこと良からず。故、賤しき奴《やっこ》が痛手を負ひぬ。今者《いま》より行き廻《めぐ》りて、背《そびら》に日を負ひて撃たむ」と詔《の》りたまひ、期《ちぎ》りたまひて、南《みなみ》の方《かた》より廻《めぐ》り幸《い》でまし時、血沼海《ちぬのうみ》に到りて、其の御手の血を洗ひたまひき。故、血沼海と謂ふ。

其地《そこ》より廻り幸《い》でまして紀《き》国の男之水門《おのみなと》に到り、「賤しき奴が手を負ひてや死なむ」と男《お》建《たけ》びして崩《かむあが》りましき。故、其の水門を号《なづ》けて男の水門と謂ふ。陵《みはか》は紀《き》国の竈山《かまやま》に在り。

【訳解】 父母を葬り祭った後、高千穂宮におられた神倭伊波礼毘古命は、兄の五瀬命と相談され、「どこに行ったら、この乱れた世を平和にし、天の下の政《まつりごと》を執り行うことができるだろうか。様々な話を聞くと、やはり東方に行こうと思う」と仰せになり、日向を発ち、船で筑紫に向け出立された。

その途中、豊国の宇沙（大分県宇佐市辺り）にやって来たところ、その地の豪族、宇沙都比古、宇沙都比売の二人は、宇佐川の中に一本の太い柱を建て、川岸の斜面を使った宮を作り、一《いっこ》行《う》を歓迎し、もてなした。そこから船で移動し、竺紫の岡田宮（遠賀《おんが》川の河口付近）に一年おられた。また、その国より瀬戸内海を進み、阿岐国（広島県）の多祁理《たけり》宮に七年おられた。また、その国より進み、吉備《きび》（岡山県）の高島宮に八年おられた。

その後、高島宮を出港して東へ進んでいくと、速吸門《はやすいのと》（明石海峡）辺りで、亀の甲羅に乗って釣りをしながら左右の袖を振り、伊波礼毘古の船団を手招きしている人に出会った。近づき、呼び寄せ、「おまえは誰か」と問われると、「私は地元の者です」と答えた。また、「おまえはこの海をよく知っているか」と問われると、「よく知っております」と答えた。「私に従い、仕えてくれるか」と問われると、「お仕えいたします」と答え申し上げた。そこで棹《さお》を渡して御船に引き入れ、槁根津日子という名をお与えになった。この者は大和《やまと》国造らの祖先である。

水先案内人を得て、大和を目指した伊波礼毘古の船団は、大阪湾と河内潟を結ぶ狭隘《きょうあい》な浪《なみ》速《はや》の渡《わたり》を経て、青雲の白肩津、即ち東大阪市日下《くさか》町辺りの港に着いた。

この時、登美《とみ》（奈良市富雄《とみお》町）辺りの豪族、那賀須泥毘古《ながすねびこ》は、伊波礼毘古の行動を察知しており、軍を興して待ち構え、矢を射かけ、攻めてきた。そこで御船に乗せてきた楯を取って船を下り、防戦にあたった。このことから、その地を楯津と呼んでいる。今の日下の蓼津《たでつ》がそれである。

戦いの最中、五瀬命の腕に深く矢が刺さり、負傷された。その時、「我は日の神の御子として、日に向って戦ったのが良くなかった。だから賤しい奴《やつ》から痛手を負ったのだ。ここは退却し、今から船を廻し、背に日を負って敵を撃とう」と告げ、南方《みなかた》近くの渡《わたり》を廻って大阪湾に引き返し、五瀬命は御手の血を洗われた。それ故、その海を血沼海と呼ぶのである。

更に迂回し、紀国（和歌山県）の水門《みなと》（紀ノ川の河口付近）に到り、「賤しき奴から受けた傷で死んでしまうのか」と雄々しく叫んで亡くなられた。それ故、その港を男水門《おのみなと》と呼ぶのである。五瀬命の陵《みはか》は、和歌山市の竈山にある。

【解説】　神代三代の勢力範囲は、鹿児島県と宮崎県南部だった。それが伊波礼毘古命の時代になると、宮崎県全域へと拡大し、更に各地に協力者を得ていた。何故なら、武装船団が訪れても戦いは起きず、皆協力的だったからだ。

時は、弥生時代の中期、紀元前2〜前1世紀頃である。この頃になると、各地で争いが始まっていた。特に、北部九州では多くの国がシナと関係を深め、環濠集落に見られるように覇権を求めて相争った。そして高位高官を求め、シナに朝貢し、あろうことか日本人をシナへの貢物として献上していた。この状況を打破したいと思っても、シナをバックにした朝貢国、北部九州の所謂、邪馬台国連合に勝てる見込みはなかった。そこで五瀬命と伊波礼毘古命は遠大な計画を立て、大八島の中心である大和の地を目指したのである。

先ず、九州東岸を北上し、遠賀川下流域まで行き、その地の豪族と同盟を結んだ。岡田宮とは、その地の豪族、熊族が祖先を祭っている社《やしろ》である。今も伊波礼毘古命が祭祀を行った跡がここに残っている。

「岡田宮に一年も滞在したことは、東征の謎の一つである」（『神武天皇は確かに存在した』産経新聞出版83）とあるが、答えは簡単、それは、その先にある邪馬台国連合と戦うには、どうしてもこの地の豪族と同盟を結ぶ必要があったからだ。その後、船を返して瀬戸内海を漕ぎ進んだが、戦いは起きなかった。戦いが起きたのは、大和の地に入ろうとした時からである。

詳しくは、『古代日本「謎」の時代を解き明かす』に譲るが、この時代、上町《うえまち》台地の西は大阪湾であり、東には河内潟が広がっていた。大阪湾の干満差は約2mあり、干潮と満潮では潟の様子は大きく変わった。（図—6）

上町台地の砂州は偏西風により北へと延び、千里丘陵との間は狭隘な水路を形成するに至った。それ故、干満の度に激しい水流が起き、神武天皇はこの地を〝浪速《なみはや》〟と名付けた。それが〝浪速《なにわ》〟や〝難波《なんば》〟の起こりである。『日本書紀（一）』は次のように記す。（訳解）

「天皇の軍は遂に東《ひむがし》に向かう。軸艫《じくろ》相次ぎ、まさに難波碕《なにわのみさき》に至るとき、速き潮《なみ》ありて太《はなは》だ早きに合いぬ。よりて名《なづ》けて浪速国《なみはやのくに》とす。また浪花《なみはな》という。今、難波《なにわ》と謂《い》うのは訛《なま》ったものである。三月十日、川を遡《さかのぼ》って河内国草香村の青雲の白肩の津に至ります」（204）

神武天皇の軍は戦い敗れ、「南《みなみ》の方《かた》」を廻って大阪湾に逃げていくのだが、その地が「浪《なみ》速《はや》の渡《わたり》」のあった今の阪急京都線〝南方駅《みなみかた》〟の辺りである。五瀬命は、和歌山市和田の竈山《かまやま》神社に祭られており、陵はその後方にある円墳と云われ、宮内庁により管理されている。

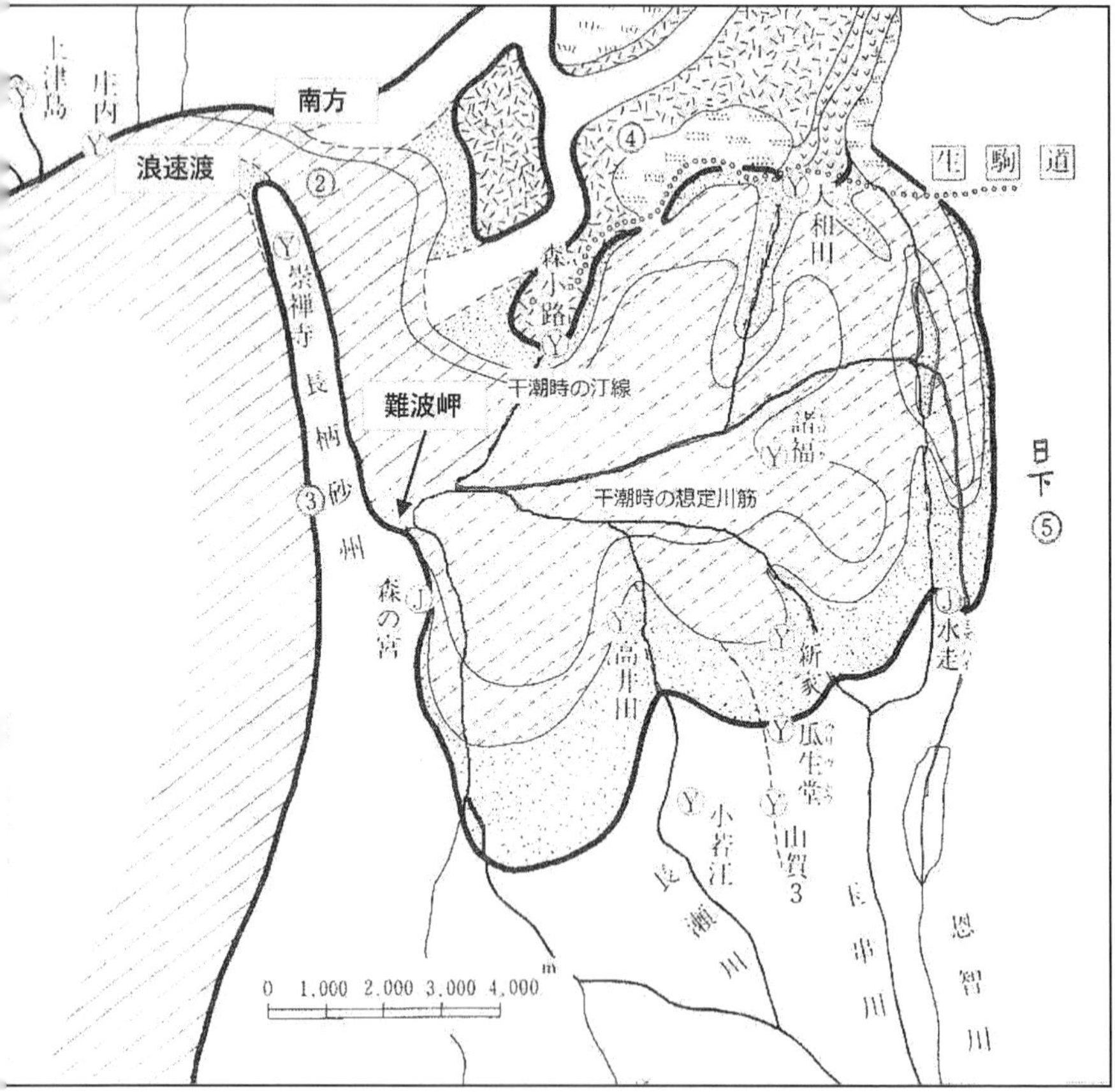

図―6　河内潟の干潮（BC50 ～ BC1050 年頃）
（『古代日本「謎」の時代を解き明かす』P31 に加筆）

所で、戦前の歴史学者は神武天皇の存在を認めており、天照大御神を始め神武東征の話も、歴史教科書に載っていた。所が、戦後になると一転、彼らは押しなべて、その存在を否定するようになった。それは、戦後、ＧＨＱ等の政治的圧力により、神武天皇の存在を認めると、大学、高校、中学の教壇から追放されたからだ。彼らは、糊口を凌ぐため権力に迎合・屈服したのだが、それは致し方ない。だが、今に至るも屈服し続け、恥じることはない。それどころか様々な〝トンデモ説〟が登場してきた。最近の一例を示そう。

田中英道著、『決定版　神武天皇の真実』（扶桑社）は、〈第一章　神武天皇は第十代崇神天皇だった〉、〈第二章　神武東征はいつだったのか〉、〈第三章　「記紀」から読み解く神武天皇＝崇神天皇〉、〈第四章　箸墓古墳は崇神天皇陵だった〉、となっている。

第二章に、「神武東征は実在し一八〇〇年前後の東征を語っている」（93）とあるが、市原実氏らの研究論文「大阪平野の発達史」を知っていれば、このような結論にはならない。氏の論は読むまでもなく、「神武天皇＝崇神天皇、崇神天皇（＝神武天皇）の陵は箸墓古墳」となろう。

では、『記紀』はどう書き変えるのか、天皇の即位順序はどうなるのか、何も明らかにしないままこう主張する。だがそれは氏一人ではなかったことを後程紹介する。

二　熊野の高倉下

【訓読】故《かれ》、神倭伊波禮毘古命、其地《そこ》より廻《めぐ》り幸《い》でまして、熊野村に到りましし時、大熊髪《ほのか》に出《い》で入りて即《すなは》ち失《う》せぬ。爾《ここ》に神倭伊波禮毘古命、倏忽《にはか》に遠延《をえし》為たまひ、及《また》御軍《みいくさ》も皆遠延て伏しき。

此の時、熊野の高倉下《たかくらじ》、一《ひと》ふりの横刀《たち》を賷《も》ちて、天つ神の御子の伏したまへる地に到りて献《たてまつ》りし時、天つ神の御子、即ち寤《さ》め起きて、「長く寝《いね》つるかも」と詔りたまひき。故《かれ》、其の横刀を受け取りたまひし時、その熊野の山の荒ぶる神、自《おのづか》ら皆切り仆《たふ》されき。ここに其の惑《を》え伏せる御軍《みいくさ》、悉《ことごと》に寤《さ》め起きき。故、天つ神の御子、其の横刀を獲《え》し所由《ゆゑ》を問ひたまへば高倉下答へ曰《まを》す。

「己《おの》が夢《いめ》に、天照大神、高木神、二柱の神の命《みこと》以《も》ちて、建御雷《たけみかづち》神を召《よ》びて詔《の》りたまはく、『葦原の中国《なかつくに》はいたくさやぎてありなり。我が御子等不平《やくさ》み坐《ま》すらし。其の葦原中国は、専《もは》ら汝《いまし》が言向《ことむ》けし国なり。故《かれ》、汝建御雷神降《くだ》るべし』と。爾に答えて白《まを》す。『僕《あ》は降らずとも、専《もは》ら其の国を平《たいら》けし横刀有れば、是の刀《たち》を降すべし。（この刀の名は佐士《さじ》布都《ふつ》神と云い、亦の名は甕布都《みかふつ》神と云い、亦の名は布都御魂《ふつのみたま》と云ふ。この刀は石上《いそのかみ》神宮に坐《いま》す）。此の刀を降さむ状《さま》は、高倉下が倉の頂《むね》を穿《うか》ちて、其れより堕《おと》し入れむ。故《かれ》、あさめよく汝取《なれと》り持ちて、天つ神の御子に献《たてまつ》れ』と。故、夢の教《をしへ》の如《まにま》に、旦《あした》に己《おの》が倉を見れば、信《まこと》に横刀有りき。故、是の横刀を以ちて献る」と。

【訳解】　その後、伊波禮毘古命の軍団は、紀伊半島に沿って漕ぎ進め、新宮市辺りの熊野村《くまののむら》に上陸した時、荒ぶる神の化身の大熊が姿を現したり消えたり、脅威を与えながら、やがて姿を消した。ここに到り、伊波禮毘古命は緊張が解け、今までの疲労がどっと出て、また兵士も疲れが出てその場に伏し、眠りに落ちた。

皆が寝ている時、熊野の高倉下《たかくらじ》は、一ふりの太刀を持ってやって来て、太刀を献上した所、伊波禮毘古命は目を覚まし、「長く寝たことだなあ」と仰せになった。そして、その太刀を受け取りなさると、熊野の山の荒ぶる神は、強力な援軍が加わったと思い、去って行った。やがて、伏せていた兵士らも目を覚ますことになる。そこで、この太刀を手に入れた経緯を問われると、次のように答え申し上げた。

「私は夢を見たのです。天照大神、高木神は建御雷神《たけみかづち》をお呼びになり、『葦原の中国《なかつくに》はたいへん騒がしいようである。私たちの御子等は苦境に陥っているらしい。彼の地は、お前の力で平定した国である。それ故、行って助けるがよい』と仰せになりました。

建御雷神は、『私が行かなくとも、その国を平定した太刀があるので、この太刀を届けましょう。（この太刀の名は佐士布都《さじふつ》神と云い、亦の名は甕布都《みかふつ》神と云い、亦の名は布都御魂《ふつのみたま》と云ふ。今、石上神宮に鎮座している太刀がそれである）。そのため、高倉下の倉の屋根に穴を開け、そこから落とし入れましょう』と申し上げました。そして私に、『朝に目を覚まし、縁起の良い夢を見るのは〝吉《きち》〟であるように、お前はその太刀を見つけ、天つ神の御子に献上しなさい』と仰せになったので、夢のお告げに従って、翌朝、倉を見ると、この太刀があり、奉った次第です」と。

【解説】伊波禮毘古の軍勢は、何とか熊野村に上陸することができた。地元民は、新たな武装軍団を警戒し、その行動を伺っていた。

だがこの地には、饒速日《にぎはやひ》命の子である天香語山《あまのかごやま》命、別名、高倉下が影響力を持っており、大熊なる集団は、伊波禮毘古の軍を襲うことができなかった。そして高倉下が太刀を献上し、伊波禮毘古の味方であることを知るに及び、大熊たちは立ち去ったのである。序ながら、饒速日命とは、天照大御神の御子、天忍穂耳《あまのおしほみみ》命が栲幡千千姫《たくはたちぢひめ》を妻として生んだ子である。

その先の夢の話は、高倉下の祖先が、大切な太刀を倉の中に納めていたものを、発見したと云うことだ。わが家にも古い倉はあるが、中に何があるのか分かっていない。そのような例は珍しくなく、夢のお告げによってその太刀を発見し、献上したと云うことだろう。

三　八咫烏の先導

【訓読】是に亦《また》高木大神の命《みこと》以ちて覚《さと》し、「天つ神の御子、此れより奥つ方に莫《な》入り幸《い》でまさしめそ。荒ぶる神甚多《いとさは》なり。今、天《あめ》より八咫烏《やたがらす》を遣《つか》はさむ。故、其の八咫烏引道《みちび》きなむ。其の立たむ後《あと》より幸行《い》でますべし」と白《まを》したまひき。

故、其の教へ覚《さと》しの随《まにま》に、八咫烏の後より幸行でませば、吉野河の河尻《かはじり》に到りましき。時に筌《うへ》を作りて魚《うを》を取る人有り。ここに天つ神の御子、「汝《いまし》は誰ぞ」と問ひたまへば、「僕《あ》は国つ神、名は贄持之子《にへもつのこ》と謂ふ」と答え曰しき。（此は阿陀《あだ》の鵜養《うかひ》の祖《おや》）。

其の地《ところ》より幸行《い》でませば、尾生《をあ》る人、井《ゐ》より出で来《き》たり。その井に光有りき。ここに「汝は誰ぞ」と問ひたまへば、「僕は国つ神、名は井氷鹿《いひか》と謂ふ」と答え曰しき。（此は吉野《よしの》首等の祖《おや》なり）。

即ち、其の山に入りたまへば、亦尾生る人に遇ひたまひき。其の人巌《いはほ》を押し分けて出《い》で来たり。爾《ここ》に「汝《いまし》は誰ぞ」と問ひたまへば、「僕は国つ神、名は石押分之子《いはおしわくのこ》と謂ふ。今、天つ神の御子幸行でましつと聞けり。故、参向《まゐむか》へつるにこそ」と答え曰《まほ》しき。（此は吉野の国巣《くず》の祖）。その地より踏み穿《うか》ち越えて、宇陀《うだ》に幸でましき。故、宇陀の穿《うかち》と曰ふ。

【訳解】 その後、高倉下は、伊波禮毘古に次なる高木大神のお言葉を伝えた。

「天つ神の御子を、無暗に奥に行かせてはならない。荒ぶる神が甚だ多いからだ。今、天から八咫烏を遣わすので、その後をついて行きなさい」と。

そこで伊波禮毘古は、お言葉に従い、やって来た八咫烏の後について進むと、吉野川の川《かわ》下《しも》にお着きになった。その時、ヤナを作って魚《うを》を取る人に出会った。そこで、「お前は誰か」と問われると、「私は地元の者で、名は贄持之子《にへもつのこ》と申します」と答え申し上げた。（この者は阿陀《あだ》の鵜養《うかい》の祖先である）。

更に進むと、尾の着いた毛皮を腰に巻いた人が井の中から出てきた。その中に光るものが有った。そこで「お前は誰か」と問われると、「私は地元の者で、名は井氷鹿《いひか》と申します」と答え申し上げた。（この者は吉野首《よしののおびと》等の祖先である）。

そこから山にお入りになると、再び、尾の着いた毛皮を腰に巻いた人に出会った。その人は岩の間から岩を押し分けるように出てきた。そこで「お前は誰か」と問われると、「私は地元の者で、名は石押分之子《いわおしわくのこ》と申します。今、天つ神の御子がお越しになると聞き、参上してお迎え申し上げたのです」と答え申し上げた。（この者は吉野の国栖《くず》の祖先である）。

更に道なき道を踏み分け、何とか宇陀《うだ》にやって来た。その困難な行軍にちなみ、「宇陀の穿《うかち》」と呼んでいる。

【解説】 高倉下は続けて、高木神の夢のお告げを伊波禮毘古に伝えた。それが「天から八咫烏を遣《つか》わす」という話だった。無論、天から八咫烏が降りてくるべくもなく、それは高倉下が、この山を良く知った八咫烏と呼ばれている者を手配した、ということだろう。

そして八咫烏は、荒ぶる神が甚だ多いこの地を抜けるのに、伊波禮毘古に好意的な国つ神の居住地を通って宇陀へと導いたのだった。その中に、井の中に光るものがあった、とあるがそれは水銀であろう。この地には九州から四国を通る中央構造線という断層が走っており、様々な鉱物が採れるのだ。その中の重要鉱物が赤色顔料の辰砂と水銀であった。

こうした八咫烏の導きが、やがて伊波禮毘古による日本の建国に繋がるのだが、その導きが勝利をもたらしたことにちなみ、わが国のサッカー協会のシンボルマークに「八咫烏」を使ったのである。

四　兄宇迦斯と弟宇迦斯

【訓読】　故《かれ》、爾《ここ》に宇陀に兄宇迦斯《えうかし》・弟宇迦斯《おとうかし》の二人有りき。故、先づ八咫烏を遣《つか》はして、二人に問ひて曰《い》はく、「今、天つ神の御子幸行《い》でましつ。汝等《いましたち》仕《つか》へ奉らむや」と。

是《ここ》に兄宇迦斯、鳴鏑《なりかぶら》を以ちて其の使を待ち射返《いかへ》しき。故、その鳴鏑の落ちし地を、訶夫羅《かぶら》前《さき》と謂ふ。待ち撃《う》たむと云ひて軍《いくさ》を聚《あつ》めき。然れども軍を得聚《えあつ》めざりしかば、仕《つか》へ奉《まつ》らむと欺陽《いつは》りて、大殿《おほとの》を作り、其の殿の内に押機《おし》を作りて待ちし時に、弟宇迦斯、先づ参向《まゐむか》へて、拝《をろが》みて曰《まを》す。

「僕が兄、兄宇迦斯、天つ神の御子の使を射返し、待ち攻めむとして軍を聚むれど、得聚めざりしかば、殿を作り、其の内に押機を張りて、待ち取らむとす。故、参向へて顕《あら》はし白す」と。

爾《ここ》に大伴《おほとも》連等の祖《おや》、道臣《みちのおみ》命、久米直等の祖、大久米命の二人、兄宇迦斯を召《よ》びて、罵詈《の》りて云はく、「いが作り仕へ奉れる大殿の内には、おれ先づ入《い》りて、其の仕《つか》へ奉らむとする状《さま》を明し白《まを》せ」と、即ち横刀《たち》の手上《たがみ》を握り、矛《ほこ》ゆけ矢刺して、追ひ入るる時、乃ち己《おの》が作りし押《おし》に打たれて死にき。ここに即ち控《ひ》き出《いだ》して斬り散《はふ》りき。故、其地《そこ》を宇陀の血原《ちはら》と謂ふ。

然して、其の弟宇迦斯が献《たてまつ》りし大饗《おほみあへ》をば、悉《ことごと》に其の御軍《みいくさ》に賜ひき。此の時、歌ひたまはく。

宇陀の　高城《たかき》に　鴫罠《しぎわな》張《は》る　我が待や　鴫は障《さや》らず　いすくはし　久治良《くぢら》障る
前妻《こなみ》が　肴乞《なこ》はさば　立柧棱《たちそば》の　実《み》の無《な》けくを　こきしひゑね
後妻《うはなり》が　肴乞はさば　柃《いちさかき》　実の多《おほ》けくを　こきだひゑね
ええ　しやごしや　此はいのごふぞ
ああ　しやごしや　此《こ》は嘲咲《あざわら》ふぞ

故、その弟宇迦斯、（此は宇陀の水取《もひとり》等が祖《おや》なり）。

【訳解】　宇陀に、兄宇迦斯・弟宇迦斯という兄弟がいた。そこで八咫烏を遣《つか》わし、二人に、「今、天つ神の御子がこの地にやって来られた。お前たちは御子に仕えるか」と尋ねた。すると兄宇迦斯は、鳴鏑を射て八咫烏を追い返した。その鳴鏑が落ちた所を、訶夫羅前という。そして待ち受けて討とうと思い、軍を集めたが、叶わなかったため、「お仕え致します」

と偽り、御殿を造り、その中に入れば圧死する罠を作って待っていた。兄の悪計を知った弟は、伊波禮毘古の下に参上し、拝礼し、次のように申し上げた。

「兄は、天つ神の御子の使を射返し、待ち、攻めようと軍を集めたのですが、集められなかったため、御殿を造り、その内に罠を作って待ち、打ち取ろうとしています。そこで、参上してこの謀略をお知らせする次第です」と。

この話を聞いた、大伴連等の祖先の道臣《みちのおみ》命と久米直等の祖先の大久米命の二人は、兄宇迦斯を呼び寄せ、罵《ののし》り声で、「お前が御子のために造った大殿の内には、お前が先ず入《はい》って、どのように仕へ奉ろうとするのか、その様をはっきりさせろ」といって、太刀の柄を握り、矛《ほこ》先をしごいて追い詰め、矢をつがえて大殿の中に追い込むと、兄宇迦斯は自分で作った罠に打たれて死んでしまった。そこで直ちに引き出し、斬り散らした。その為、この地を宇陀の血原《ちはら》と呼ぶ。

こうして伊波禮毘古命は、弟宇迦斯が献上した御馳走の全てを自分の軍勢に分け与えられ、宴席で次のように歌われた。

宇陀の高地の狩場に　鴫《しぎ》を取る罠《わな》を張《は》って待っていると　鴫は懸からず
何と鷹などが懸かった　これは大猟だ！
古女房が　おかずを欲すれば　立柧棱《たちそば》の実のように　肉を少なくそぎ取ってやれ
若女房が　同じように欲すれば　柃《いちさかき》の実《み》のように　肉を多くそぎ取ってやれ

ええ　しやごしや（これは威勢の良いハヤシ言葉である）
ああ　しやごしや（これは敵を嘲笑うハヤシ言葉である）

そして弟宇迦斯は、宇陀を本拠地とし、宮中へ飲料水供給を司る人々の祖先となった。

【解説】　この話は、兄宇迦斯《えうかし》のように本心を隠し、罠を張る者がいるから注意して見極めよ、ということだ。そして、兄宇迦斯を成敗し、弟宇迦斯が提供した宴席で、伊波禮毘古命は歌を歌って皆を笑わせたが、そのような気さくな方であった。

所で、「久治良障《くぢらさや》る」を廻って様々な解釈がなされてきた。嘗ては、古田武彦氏は「鯨がかかった。だから神武東征は北九州から出立したのだ」と夢想していた。

次田真幸氏（『古事記（中）』32）や竹田恒泰氏（『現代語　古事記』133）も、原文（漢文）は〝久治良〟とあるのに〝鯨〟としていた。そして、「鯨がかかった」としたが、これは感心しない。何故なら、彼らの本には「原漢字」が載せて無いので、読者は、彼らが原文を無視して「書き換えた」ことが分からないからだ。

そもそも、小さな鴫を捕るために山に網を張っていたら、鯨がかかった、などありえない。〝久治《くち》〟には、〝鷹〟の意味もあり、この解釈には無理がある。坂本太郎、井上光貞、家永三郎、大野晋氏は〝くじら〟を〝鷹等《くじら》〟と訳し、次のように解説した。

「宇陀の高城に鴫《しぎ》を取る罠《わな》を張《は》って、俺たちが待っていると、鴫は懸からず、鷹が懸かった。（これは大猟だ！）」（『日本書紀（一）』215）。これなら情景が目に浮かび、良く分かる。

五　久米歌から即位へ

【訓読】　其地《そこ》より幸行《いでま》して忍坂《おさか》の大室に到りまし時、尾生《をあ》る土雲《つちぐも》八十建《やそたける》、その室にありて待ちいなる。故、爾《ここ》に天つ神の御子の命以《みことも》ちて、饗《あへ》を八十建に賜ひき。是に八十建に宛てて八十膳夫《かしはで》を設け、人毎《ごと》に刀佩《たちは》けて、その膳夫等《ども》に、「歌を聞かば、一《も》時共《ろとも》に斬れ」と誨《をし》へ曰《の》りたまひき。故、その土雲《つちぐも》を打たむとするを明せたまい、歌ひて曰《い》はく、

忍坂の　大室屋《おほむろや》に　人多《ひとさは》に　来入《きい》り居り　人多に　入り居りとも　みつみつし
久米の子が　頭椎《くぶつつい》　石椎《いしつつい》もち　撃ちして止まむ　みつみつし
久米の子等が　頭椎　石椎もち　今撃たば良《よ》らし

如此《かく》歌ひて刀《たち》を抜きて一時《もろとも》に打ち殺すなり。然《しか》して後、登美毘古《とみびこ》を撃たむとしたまふ時、
歌ひて曰はく、

みつみつし　久米の子等が　粟生《あわふ》には　韮一本《かみらひともと》　そねが本《もと》
そね芽繋《めつな》ぎて　撃ちして止まむ

又歌ひて曰はく、

みつみつし　久米の子等が　垣下《かきもと》に　植ゑし椒《はじかみ》　口ひひく　吾は忘れじ
撃ちして止まむ

又歌ひて曰はく、
神風《かむかぜ》の　伊勢の海の　大石《おひし》に　這《は》ひ廻《もとほ》ろふ　細螺《しただみ》の　い這《は》ひ廻《もとほ》り
撃ちして止まむ

又兄師木《えしき》、弟師木《おとしき》を撃ちたまひし時、御軍《みいくさ》暫《しま》し疲れき。爾《ここ》に歌ひて曰はく、
楯並《たたな》めて　伊那佐《いなさ》の山の　樹《こ》の間《ま》よも　い行きまもらひ　戦へば　吾《われ》はや飢《ゑ》ぬ
島つ鳥　鵜養《うかひ》が伴《とも》よ　今助《いますけ》に来《こ》ね

故、爾に邇芸速日《にぎはやひ》命参赴《まゐおもむ》きて、天つ神の御子に、「天つ神の御子天降り坐しぬと聞きしかば、追ひて参降《まゐくだ》り来つ」とまをして、即ち天津瑞《あまつしるし》を献《たてまつ》りて仕へ奉《まつ》りき。故、邇芸速日命、登美毘古が妹《いも》、登美夜毘売《とみやびめ》を娶《めと》して生みし子、宇麻志麻遅《うましまぢ》命。（此は物部《もののべ》連・穂積《はづみ》臣・婇《うねめ》臣の祖《おや》なり）。

故、如此《かく》荒ぶる神どもを言向《ことむ》け和平《やは》し、伏はぬ人等《ひとども》を退《そ》け撥《はら》ひて、畝火《うねび》の白檮原《かしはら》宮に坐《いま》して天下《あめのした》治らしめしき。

【訳解】　そこから進軍され、伊波禮毘古命の軍は忍坂《おさか》（奈良県桜井市忍坂）の大きな洞穴のある所に至った時、尾のある毛皮を腰に着けた〝土雲《つちぐも》〟と呼ばれる多くの勇猛な先住土着民が洞穴の中で待ち受け、威嚇し、うなり声を発していた。そこで伊波禮毘古命の指示で、土雲

に御馳走を賜ったが、この時、多くの配膳・給仕人を配し、刀を隠し持たせ、彼らには前もって、「歌の合図で一斉に斬りかかれ」と告げられ、次のような歌を歌われた。

忍坂の　大きな洞穴に　多くの土雲がやって来て入っている　どんなに多くても
勇猛果敢な　久米の兵士が　頭椎《くぶつつい》や石椎《いしつつい》の太刀を以って　撃たずにおくものか
勇猛果敢な　久米の兵士が　頭椎や石椎の太刀を以って　今だ、撃ってしまえ！

このように歌い、土雲を平らげてしまった。その後、日下《くさか》の地で敗れた、登美の那賀須泥毘古を復讐戦で討伐された時は、次のようにお歌いになった。

勇猛果敢な　久米部の粟畑に　臭いニラが一本生えている　その一本のニラを根こそぎ
引き抜くように　数珠つなぎに捕らえて　敵を撃たずにおくものか

また、次のようにも歌われた。

勇猛果敢な　久米の兵士よ　垣根の傍に植えた山椒《さんしょう》を食べると口がひりひりする
そのように　敵から受けた痛手を忘れまい　敵を撃たずにおくものか

また次のようにも歌われた。

神風《かむかぜ》（伊勢の枕詞）の伊勢の海岩の周りを這い回る　小さな巻貝のように
敵の周りを這い回り　敵を撃たずにおくものか

また兄師木《えしき》、弟師木《おとしき》をお討ちになった時、皇軍は暫《しば》し疲れ果てた。そのとき歌われた歌は次のようなものだった。

楯を並べ　伊那佐《いなさ》（奈良県宇陀郡伊那佐村辺りか）の山の木の間を
行ったり来たりしながら　戦っている私たちは腹が減って死にそうだ
島つ鳥（鵜の枕詞）　鵜飼の部民よ　直ぐに助けに来ておくれ

やがて邇芸速日《にぎはやひ》命が伊波禮毘古のもとに参上し、「天つ神の御子が天降《あまくだ》って来られたと聞きましたので、後を追って参りました」と申し上げ、御印《しるし》である神宝を献《たてまつ》り、仕えることになった。その後、邇芸速日は、那賀須泥毘古の妹、登美夜毘売を妻とし、生まれた子が宇麻《うま》志麻遅《しまぢ》命である。この者は物部連・穂積臣・婇臣の祖先である。

荒ぶる神を平定し、従わない者は退け、倒し、神倭伊波禮毘古命は、畝傍山の南にある橿原に宮をおき、天下（大和一帯、日向、今まで同盟を結んだ各地）を治められた。

【解説】神武東征の話は、戦いに勝つには、同盟国を作り、相手を知り、策を練り、自軍を鼓舞し、補給を確保する、必要があることを教えてくれる。

明治以来、わが国は幾多の戦いに勝利したが、大東亜戦争で米国に敗れたのは、これら全てが欠如していたからだ。その時、英米中ソが何を考え、日本に対し、如何なる罠を張っていたのか。このことは、『謀略の戦争史』に書いておいた。戦前は〝皇国史観〟などと云われるが、残念ながら、『記紀』の学び方が足りなかった。

所で、「伊波禮毘古《いはれびこ》天皇はいつ頃即位されたのか」についても長い間議論されてきた。これは困難な命題だったらしく、例えば、竹田恒泰氏は次のように書いていた。

「『日本書紀』の記述に依れば、紀元前六六〇年（西暦）となります」（『現代語　古事記』140）

だがこれは〝西暦〟ではなく〝皇紀〟である。百田尚樹氏も〝皇紀〟が頭に浮かばなかったようだ。

「もっとも『日本書紀』によれば神武天皇の即位は紀元前六六〇年となりますが、さすがにこの年代は考古学的に信じるに値しません」（『新版　日本国紀』33）

では、何年頃と考えていたのかは次の一文から分かる。

「私が神武東征を事実と考える根拠の一つが銅鐸です。二～四世紀頃の日本には、銅矛文化圏と銅鐸文化圏がありました。（中略）。畿内から中国地方の東部が銅鐸文化圏で、九州から中国地方の西部が銅矛文化圏です。この二つの文化圏は、基本的に重なっていません（近年、一部の例外もあることが判明）。つまり異なる二つの国があったと考えられるのです」（34）

和辻哲郎以来のこの史観は、嘗て一世を風靡したが、九州から多くの銅鐸とその鋳型が発見されたことで、とっくの昔に崩壊したことを知らぬまま、氏は次のように論考を重ねた。

「中国地方（特に出雲）の遺跡から発掘される銅鐸は、丁寧に埋められており（後略）」（34）

「大和平野の遺跡で発掘される銅鐸の多くは壊された形で見つかっています」（35）

「もし神武天皇に率いられた一族が銅鐸文化を持たない人々であり、大和平野に住んでいた一族が銅鐸文化を持つ人々であったら、どうでしょう。神武天皇の一族が銅鐸を破壊したとしても不思議ではありません」（35）

わが国の銅鐸は、淡路島で発見された前3～2世紀のものが最古級であるが、氏の論考に従うと、「二～四世紀に二つの文化圏が形成され、銅矛文化圏からやって来た神武天皇の一族が大和の銅鐸を破壊した」となる。即ち、氏は、「神武東征は二世紀以降」と推定したが、そうではない。その年代は、〔図―6〕（180頁）から分かる通り、西暦で紀元前50年以前、実際は前70年頃となる（『古代日本「謎」の時代を解き明かす』208～228）。するると、神武東征とは、「二つの文化圏が形成される前の出来事」となるから、神武天皇が大和にやってきても、銅鐸を壊す動機がないし、そのような証拠もない。即ち、百田氏の一連の考察には根拠がなく、これは、いわれなき神武天皇への冒瀆、不敬な濡れ衣である。では、なぜ壊された銅鐸が出土するのか。実は大和でも北部九州でも、壊され埋納された銅鏡は多い。それは、反銅鏡文化を持った一族が壊したのか。そうではあるまい。別の理由が考えられるのだ。

話は神代から神武天皇に至ったのだが、氏は歴史の基本を弁《わきま》えぬ一文も書いていた。

「神話の中の天孫の子孫が万世一系とされ、実際、大和政権が成立した四世紀以降から二十一世紀の現代までその皇統が続いているとされています」（『新版　日本国紀』14）

最初の傍点部、「万世一系とされ」ではなく「万世一系なのだ」。日本人の常識である。次の傍点部だが、大和朝廷が成立したのは4世紀以降ではない。皇紀紀元前660年であり、西暦換算すると前70年頃である。次の傍点部分、〝その皇統〟も〝この皇統〟もない。皇統は一つなのだ。では、4世紀以前は〝どの皇統〟だったと云うのか。最後の傍点部分、〝続いているとされています〟ではない。〝続いている〟のだ。

これでは、「万世一系はウソで、続いているのもウソなのだが、そうされている」なる氏の本音が聞こえてくるようだ。普通に書けば次のようになる。

「神話の中の天孫の子孫は万世一系であり、実際、大和朝廷が成立した皇紀前六六〇年、西暦に換算すると紀元前七〇年頃から現代まで、わが国の皇統は続いているのです」

比べれば分かる通り、〝その皇統〟や〝されている〟を使う余地はない。だが氏はこのように書けなかった。即ち氏は「万世一系」を信じているのではなく、「それは贋物」が本心だからではないか。その偏った心根が、仲哀天皇、神功皇后、継体天皇の段で露呈する。

参考に、天孫降臨から神武東征開始頃の九州の様子を紹介する（図―7）。

図―７　神代三代から神武東征の頃の九州

六　皇后・伊須気余理比売

【訓読】故、日向《ひむか》に坐《いま》しし時、阿多《あた》の小椅君《おばしのきみ》の妹《いも》、名は阿比良比売《あひらひめ》を娶《めと》して生みし子、多《た》芸志美美命《ぎしみみ》、次に岐須美美命《きすみみ》、二柱坐しき。然れども更に大后《おほきさき》と為《せ》む美人《をとめ》を求《ま》ぎたまひし時、大久米命《おほくめ》曰《まを》す。

「此間《ここ》に媛女《をとめ》有り。是《こ》を神の御子と謂ふ。其の神の御子と謂ふ所以《ゆゑ》は、三島湟咋《みしまみぞくひ》の女《むすめ》、名は勢夜陀多良比売《せやたたらひめ》、其の容姿麗美《かたちうるは》しかりき。故、美和《みわ》の大物主神《おほものぬし》、見感《みめ》でて、其の美人の大《く》便《そ》為《ま》れる時、丹塗《にぬり》矢に化《な》りて、其の大便為れる溝より流れ下り、其の美人の富登《ほと》を突きき。爾《ここ》に其の美人驚きて、立ち走り伊須須岐伎《いすすきき》。即ち其の矢を将《も》ち来て床の辺《へ》に置けば、忽《たちま》ちに麗《うるは》しき壮夫《をとこ》に成りて、即《すなは》ち其の美人を娶《めと》して生みし子、名は富登多多良伊須須岐比売《ほとたたらいすすきひめ》命と謂い、亦の名は比売《ひめ》多多良伊須気余理比売と謂ふ。（是は其の富登と云ふ事を悪《にく》みて、後に改めし名なり）。故、是を以ちて神の御子と謂ふなり」と。

是に七媛女《ななをとめ》、高佐士野《たかさじの》に遊行《あそ》べるに、伊須気余理比売其の中に在りき。爾に大久米命、其の伊須気余理比売を見て、歌を以ちて天皇《すめらみこと》に白《まを》して曰《いは》く、

倭《やまと》の　高佐士野を　七行《ななゆ》く　媛女ども　誰《たれ》をし枕《ま》かむ

爾に伊須気余理比売は、其の媛女等の前《さき》に立てり。乃ち天皇、その媛女等を見たまひて、御心に伊須気余理比売の最前《いやさき》に立てるを知らして、歌を以ちて答《こた》へたまはく、

かつがつも　いや先立《さきだ》てる　兄《え》をし枕《ま》かむ

爾に大久米命、天皇の命《みこと》を以ちて、其の伊須気余理比売に詔《の》りし時、其の大久米命の黥《さ》ける利目《とめ》を見て、奇《あや》しと思ひて歌ひて曰はく

あめつつ　ちどりましとと　など黥ける利目

爾に大久米命、答へ歌ひて曰はく

媛女に　直《ただ》に遇《あ》はむと　我が黥ける利目

故、其の媛女、「仕へ奉《まつ》らむ」と白《まを》しき。

是に其の伊須気余理比売の家、狭井河《さゐかは》の上《へ》に在りき。天皇《すめらみこと》、其の伊須気余理比売の許《もと》に幸行《い》でまして、一宿《ひとよ》御寝《みね》し坐《ま》しき。（その河を佐韋河《さゐがは》と謂ふ由《ゆゑ》は、その河の辺《へ》に山由理草《やまゆりくさ》多《さは》に在りき。故、其の山由理草の名を取りて、佐韋河と号《なづ》けき。山由理草の本の名は佐韋と云いき）。

後に其の伊須気余理比売、宮の内に参入《まゐ》りし時、天皇の御歌に曰《の》りたまはく、

葦原《あしはら》の　しけしき小屋《をや》に　菅畳《すがたたみ》　いや清《さや》敷きて　我が二人《ふたり》寝《ね》し

然《しか》して阿礼《あれ》坐《ま》しし御子の名は、日子八井《ひこやゐ》命、次に神八井耳《かむやゐみみ》命、次に神沼河耳《かむぬなかはみみ》命、三柱。

【訳解】所で、伊波禮毘古命が日向《ひむか》におられた時、薩摩半島西南部の隼人の豪族、小椅《おばし》君の妹、名は阿比良比売《あひらひめ》を妻として生んだ子に、多芸志美美《たぎしみみ》命と岐須美美《きすみみ》命のお二人がおられた。

しかし、大和の地で新たに皇后となる女性を探しておられたとき、大久米命は次のように申

し上げた。

「この地に一人の女性がおります。この女性は神の御子と云われています。そう呼ばれている所以《ゆえん》は、摂津《せっつ》国の三島郡にある溝咋《みぞく》神社の娘に、勢夜陀多良比売《せやたたらひめ》という容姿が極めて美しい女性がおりました。三輪山の大物主神は、その娘を大変気に入り、その娘が厠にいた時、赤く塗った矢に変身し、厠の下を流れる溝を流れ下り、その娘の陰部を突いたのです。

すると娘は驚き慌て、走り廻り、その矢を持って、床に置くと、その矢はたちまち麗《うるは》しき男に成りました。その男はやがてその娘を妻とし、生まれた子の名を富登多多良伊須須岐比売命、またの名を比売《ひめ》多多良伊須気余理比売と云います。これは〝富登〟と云ふ名を嫌って、後《のち》に改めた名です。こんなわけで、神の御子と言われているのです」と。

ある日、七人の乙女が高佐士野で野遊びをしており、伊須気余理比売もその中に居られた。するとと大久米命は、そこに比売がいるのを見つけ、歌を以って天皇に申し上げた。

大和の高佐士野を七人の乙女が行く　その中の誰に結婚を申し込みましょうか

この時、伊須気余理比売は、その先頭に立っていた。そこで天皇は乙女等をご覧になり、比売が先頭にいることを知り、歌を以って答えられた。

とにかく　一番先に立っている　年上の乙女を妻にしたいものだ

大久米命が天皇のお気持ちを伝えた時、大久米命の入れ墨をした鋭い目を見て、不思議に思って次のように歌われた。

あま鳥　鶺鴒《せきれい》　千鳥　鵐《しとど》　のように　どうして目じりに入れ墨をして、
鋭い目をしているのですか
そこで大久米命は、次のように歌って答えた。
あなた様に　直接会いたいと思い　入れ墨をして鋭い目をしているのです
そして、天皇のお気持ちを聞いた比売は、「お仕え致しましょう」と答えた。
所で、比売の家は、三輪山の近くの狭井川の畔にあった。天皇はその家にお出かけになり、一夜お休みになられた。（その川を佐韋《さい》川と呼ぶのは、川の傍らに山百合が多く咲いており、山百合の名を取って佐韋川と名付けた。山百合の本来の名を佐韋と云う）。
後に、比売が宮中に参内《さんだい》した時、天皇は次のように歌われた。
葦原の中の簡素な小屋に　菅畳を清々《すがすが》しく敷いて　二人で寝たことだなあ
こうしてお生まれになった御子は、日子八井命、次に神八井耳命、次に神沼河耳命の三柱である。

【解説】　この頃の婚姻習慣を、田中英道氏は次のように書いていた。
「（前略）少なくとも神武天皇までの時代は、これが（兄妹の近親相姦：引用者注）一般化していたようである」（『高天原は関東にあった』27）
だが、阿比良比売と神武天皇とは兄妹の関係ではない。また、伊須気余理比売も神武天皇の妹ではない。従って、上記の記述は根拠なき誤りである。

ここで注目すべきは、伊須気余理比売の正式名、富登多多良伊須須岐比売命であり、母の名は、勢夜陀多良比売であることだ。この二方には陀多良《たたら》、多多良《たたら》という名があり、それは製鉄の蹈鞴《たたら》に通ずる言葉だった。そして富登は〝火床《ほど》〟、鍛冶用の火を焚く窪んだ所で、蹈鞴から送風する中心部を連想させる。

この辺りは『古代日本「謎」の時代を解き明かす』(154)に書き、広鋒銅矛《ひろさきどうほこ》や銅鐸の謎も解き明かしたが、神武天皇が「神の御子」と信じられていた女性を皇后としたことは、大和と日向の一体感を醸成すると同時に、三輪山をご神体とする大神《おおみわ》神社を崇める鉄の部民に影響力を及ぼすことになった。

即ち、神武天皇の婚姻には、優れて、政治的な要素も含んでいたのである。

七　当芸志美美命の反逆

【訓読】故、天皇《すめらみこと》崩《かむあが》りましし後、其の庶兄《まませ》当芸志美美命《たぎしみみ》、其の適后《おほきさき》伊須気余理比売を娶《めと》せし時、其の三柱《みはしら》の弟《をと》を殺さむとして謀《たばか》る間に、其の御祖《みおや》伊須気余理比売、患《うれ》ひ苦しみて、歌を以ちて其の御子《みこ》等《たち》に知らしめたまひき。歌ひて曰はく、

狭井河《さゐがは》よ　雲立ちわたり　畝火山《うねびやま》　木《こ》の葉《は》騒《さや》ぎぬ　風吹かむとす

又歌ひて曰はく、

　畝火山　昼は雲とゐ　夕《ゆふ》されば　風吹かむとぞ　木の葉騒げる

是に其の御子聞き知りて驚き、乃《すなは》ち当芸志美美を殺さむと為《し》たまひし時、神沼河耳命、其の兄《いろせ》神八井耳命に、「なね汝《いまし》命、兵《つはもの》を持ちて入りて、当芸志美美命を殺したまへ」と曰《まを》しき。故、兵を持ち入りて殺さむとせし時、手足わななきて、得殺《えころ》したまはざりき。故、爾《ここ》に其の弟《いろど》神沼河耳命、其の兄の持てる兵を乞い取りて、入りて当芸志美美命を殺したまひき。故、またその御名を称《たた》へて建沼河耳《たけぬなかはみみ》命と謂ふ。

爾に神八井耳命、弟建沼河耳命に譲《ゆず》りて、「吾《あ》は仇《あだ》を殺すこと能《あた》はず。汝命既に仇を得殺《えころ》したまひき。故、吾《あ》は兄なれども上《かみ》と為るべからず。是《これ》を以《も》ちて汝命上《かみ》と為りて、天《あめ》の下治《したし》らしめせ。僕《あ》は汝命を扶《たす》けて、忌人《いはひびと》と為りて仕え奉《まつ》らむ」と曰《まを》しき。

故、其の日子八井命は、（茨田《まむた》連、手島《てしま》連の祖《おや》）。

神八井耳命は、（意富《おほ》臣・小此部《ちひさこべ》連・坂合部《さかひべ》連・火《ひ》君・大分《おほきた》君・阿蘇《あそ》君・筑紫《つくし》の三家《みやけ》連・雀部《さざきべ》臣・雀部《さざきべ》造・小長谷《をはつせ》造・都祁《つけ》直・伊余《いよ》国造・科野《しなの》国造・道奥《みちのく》の石城《いはき》国造・常道《ひたち》の仲《なか》国造・長狭《ながさ》国造・伊勢《いせ》の船木《ふなき》直・尾張《をはり》の丹羽《には》臣・島田《しまだ》臣等《ら》の祖《おや》なり）。

神沼河耳命は、天下治らしめしき。凡《おほよ》そ此《こ》の神倭伊波礼比古天皇の御年《みとし》、壱佰参拾漆歳《ももちまりみそじななとせ》。御陵《みはか》は畝火山の北の方の白檮尾《かしのを》の上《へ》に在り。

【訳解】　神武天皇の崩御の後、当芸志美美《たぎしみみ》命は伊須気余理比売を妻とし、三人の異母弟を殺そうと企んだ。それを知った母は心を痛め、苦しみ、歌を以って皇子たちに知らせた。

　子供たちよ　お前たちに危機が迫っている　当芸志美美は悪だくみをし
　その風が吹こうとしている

また次のように歌われた。

　当芸志美美は　昼は悪事を企み　夕方になれば　実行に移すかもしれない
　その兆候は既に表れている

この歌を受け取った皇子たちは、その企てを察知して驚き、直ちに当芸志美美を殺そうとなさった。その時、神沼河耳命は神八井耳命に、「兄上、武器を持ってその家に入り、成敗なさいまし」と語った。そこで神八井耳命は、当芸志美美が片丘の大室に一人床に伏せっている時、弓矢で殺そうとしたが、手足がわなわなと震え、殺すことが出来なかった。

それを見た神沼河耳命は、兄の持つ弓矢を貰い受け、部屋に入り、一発で胸を射、二つめを背中に当て射殺しなさった。その勇気を称えて、建《たけ》沼河耳命と云う。

ここに於いて、神八井耳命は、弟に次のように言われた。

「私は敵を殺すことが出来なかった。しかしあなたは見事に敵を討ち果たした。ですから、私は兄ではあるが、上に立つべきではない。あなたが天下を治めてください。私は、あなた様を助け、神事を司る者となってお仕えいたしましょう」と。

所で、日子八井命は河内国の茨田連と摂津国の手島連の祖先である。神八井耳命は次なる氏族の祖先である。（中略）。神沼河耳命（綏靖天皇）は大和一帯の国々をお治めになった。

神倭伊波礼毘古天皇の享年は約百三十七歳。御陵は畝傍山北方の白檮尾《かしのを》の辺《あた》りにある。

【解説】 中巻になると天皇の崩御年齢が書き遺されているが、その全て（神功皇后を除く）が日本書紀と異なる。しかもそれらは皇紀であり、西暦ではない。では、西暦で何年になるのかは、前述の如く、『古代日本「謎」の時代を解き明かす』（208〜228）で解明してあるので、以後、「解説」では西暦で年紀を表すことにする。
大和朝廷を開いた神武天皇の生涯とは、概ね以下のようなものであった。

紀元前（以後：前）96年、宮崎県高原町狭野《さの》で生まれた。故に幼少期は狭野命と呼ばれた。

前82年、約8歳で皇太子になる。その後、16歳頃に吾平津比売と結婚し、多芸志美美命と岐須美美命のお二方が生まれた。

前74年、実年齢で約23歳の時、東征を決意し、約7歳の多芸志美美命を伴って出立した。

前71年、大和の南部を平定し、比売多多良伊須気余理比売と結婚。

前70年、春1月1日、橿原宮で初代天皇として即位された。御年、約27歳であった。

前56年、天皇41歳の時、綏靖天皇となる第三子、神沼河耳命がお生まれになった。

前33年、天皇は実年齢、64歳で崩御された。崩御年は前33年頃である。この時、多芸志美美命は約48歳、神沼河耳命は約23歳であった。
御陵《みはか》は畝傍山の北方、日本書紀には「畝傍山の東北の陵に葬った」とあり、それが橿原市にある現在の神武天皇陵である。

神沼河耳命（第二代　綏靖《すいぜい》天皇）

【訓読・訳解】　神沼河耳命《かむぬなかはみみ》、葛城《かつらぎ》の高島宮（奈良県御所市森脇の辺り）に坐《いま》して、天下《あめのした》治らしめしき。此の天皇、師木県主《しき》（磯城郡一帯を支配した豪族）の祖《おや》、河俣毘売《かはまたびめ》を娶《めと》して生みませる御子、師木津日子玉手見命《しきつひこたまでみ》。（一柱）。天皇の御年、肆拾伍歳《よそぢまりいつとせ》（四十五歳）。御陵《みはか》は衝田岡《つきたのをか》（橿原市四条町の地）に在り。

【解説】　筆者は高島宮跡を訪れたことがある。一言主神社《ひとことぬしじんじゃ》の脇を右に曲がって葛城の山腹の道を歩いていくと、小高い丘の道の傍らに宮跡を刻んだ石碑は立っていた。そこから東を見渡すと、麓に向って森脇の地が広がっていた。綏靖天皇の御世に至り、葛城の豪族と血縁関係を深め、この地での地位を強固なものにしていったのである。

津田左右吉は、「平和な時代は歴史記述が希薄になる」と指摘していた。この指摘は正鵠を射ており、神武天皇以後、彼らは戦いではなく、血縁関係を通じて影響力を拡大していく、としていた。その為、日子八井命や神八井耳命は、日本各地の豪族と血縁関係を築き、多くの御子を残した。従って、後継者の愁《うれ》いはなかった。

この天皇の崩御年は前15年頃、御陵は神武天皇陵の東北にある。

師木津日子玉手見命（第三代　安寧《あんねい》天皇）

【訓読】　師木津日子玉手見命《しきつひこたまでみ》、片塩《かたしほ》の浮穴宮《うきあな》に坐《いま》して、天下《あめのした》治《し》らしめしき。

此の天皇、河俣毘売《かはまたびめ》の兄《いろせ》、県主《あがたぬし》波延《はえ》の女《むすめ》、阿久斗比売《あくとひめ》を娶《めと》して生みませる御子、常根津日子《とこねつひこ》伊呂泥命《いろね》、次に大倭日子鉏友命《おおやまとひこすきとも》、次に師木津日子命《しきつひこ》。此の天皇の御子等《たち》、并《あは》せて三柱の中《うち》、大倭日子鉏友命天下治らしめしき。

次に師木津日子命の子、二王《ふたみこ》坐《いま》しき。一《ひとはしら》の子孫《こ》は、伊賀の須知《すち》の稲置《いなき》、那婆理《なばり》の稲置、三野《みの》の稲置の祖《おや》。一の子、和知都美命《わちつみ》は淡道《あはぢ》の御井《みゐ》宮に坐しき。故《かれ》、此の王《みこ》、二《ふたり》の女《むすめ》有りき。兄《いろね》の名は蠅伊呂泥《はえいろね》、亦の名は意富夜麻登久邇阿礼比売命《おほやまとくにあれひめ》。弟《いろど》の名は蠅伊呂杼《はえいろど》なり。

天皇《すめらみこと》の御年、肆拾玖歳《よそぢまりここのとせ》。御陵《みはか》は畝火山の美富登《みほと》に在り。

【訳解】師木津日子玉手見命は、片塩の浮穴宮（大和高田市西片塩辺り）に居られて天の下を治められた。この天皇が、河俣毘売の同母兄、師木の県主、波延の娘、阿久斗比売を妻として生んだ御子は、常根津日子伊呂泥命、次に大倭日子鉏友命、次に師木津日子命である。この三柱のなかで、大倭日子鉏友命（懿徳天皇）は天下をお治めになった。

師木津日子命には子が二人いらっしゃった。その中の一人は、伊賀国名張郡周知郷、名張郡辺り、名張市辺りの祖先となった。もう一人の子、和知都美命は、淡路島の三原郡西淡町辺りにお住みになった。この王《みこ》には二人の娘がおられた。姉の名は蠅伊呂泥《はえいろね》、またの名は意富夜麻登久邇阿礼比売命という。妹の名は蠅伊呂杼《はえいろど》という。

天皇の享年は四十九歳。御陵《みはか》は畝火山の美富登《みほと》にある。

【解説】筆者は浮穴宮《うきあなのみや》跡を訪れたことがある。場所は近鉄高田駅に度近い石園坐多久虫玉《いそのにますたくむしたま》神社の境内、確か、入口の右にその石碑は立っていた。この宮は、大和の中心部へと近づき、影響力が次第に北上したことを意味する。此の御世も平和だった。戦いの記述はなく、先代と同じ、磯城郡一帯を支配した豪族の娘を妻に迎え、三人の御子を残した。

この天皇の崩御年は前1年頃、御陵は橿原神宮の西約1㎞、高取川の畔にある。

大倭日子鉏友命（第四代　懿徳《いとく》天皇）

【訓読】大倭日子鉏友命《おほやまとひこすきとも》、軽《かる》の境岡宮《さかひをか》に坐《いま》して、天下治《あめのしたし》らしめしき。此の天皇《すめらみこと》、師木県主《しきのあがたぬし》の祖《おや》、賦登麻和訶比売命《ふとまわかひめ》、亦の名は飯日比売命《いひひひめ》を娶して生みませる御子、御真津日子訶恵志泥命《みまつひこかゑしね》、次に多芸志比古命《たぎしひこ》。（二柱）。故、御真津日子訶恵志泥命は、天下治らしめしき。次に多芸志比古命は、（血沼之《ちぬの》別、多遅麻之竹《たじまのたけ》別、葦井之稲置《あしゐのいなき》の祖《おや》）。

天皇の御年、肆拾伍歳《よそぢあまりいつとせ》。御陵《みはか》は畝火山の真名子谷《まなごだに》の上《へ》に在り。

【訳解】大倭日子鉏友命は、軽の境岡宮（橿原市大軽町付近）に居られて、天下を治められた。この天皇が、師木県主（奈良県磯城郡一帯を本拠とした豪族）の祖先にあたる賦登麻和訶比売命、またの名は飯日比売命を妻としてお生みになった御子は、御真津日子訶恵志泥命と多芸志比古命のお二人である。そして御真津日子訶恵志泥命（孝昭天皇）は天下を治められた。

次の多芸志比古命は、血沼之《ちぬの》別（大阪市泉北や泉南の地）、多遅麻之竹《たじまのたけ》別（兵庫県北部の地、但馬）、葦井之稲置（現時点で未詳）の祖先である。

天皇の享年は四十五歳。御陵は畝火山の真名子谷（橿原市西池尻町）の辺りにある。

【解説】筆者は、軽の境岡宮跡を探したことがある。その地と思しき場所は、橿原市大軽町辺りであったが、宮跡を記した石碑は遂に発見できなかった。或いは、その地にある大きな前方後円墳、丸山古墳辺りがその地だったのかもしれない。

この御世も平和だった。戦いの記述はなく、先代と同じ、磯城郡一帯を支配した豪族の娘を妻に迎え、二人の御子を残した。こうして磯城の豪族と強固な姻戚関係を結び、地方の豪族との姻戚関係も拡大し、その地位は確固たるものになっていった。

この天皇の崩御年は17年頃、御陵は橿原神宮の西約４００ｍの所にある。

御真津日子訶恵志泥命（第五代　孝昭《こうしょう》天皇）

【訓読】　御真津日子訶恵志泥《みまつひこかゑしね》命、葛城《かづらき》の掖上《わきがみ》宮に坐《いま》して、天下治《あめのしたし》らしめしき。

此の天皇《すめらみこと》、尾張《をはり》連の祖、奥津余曾《おきつよそ》の妹《いも》、名は余曾多本毘売《よそたほびめ》命を娶《めと》して生みませる御子、天《あめ》押帯日子《おしたらしひこ》命、次に大倭 帯日子国押人《おほやまとたらしひこくにおしひと》命。（二柱）。

故、弟《いろど》帯日子国忍人命は、天下治らしめしき。兄《いろせ》天押帯日子命は、（春日《かすが》臣、大宅《おおやけ》臣、粟田《あはた》臣、小野《をの》臣、柿本《かきのもと》臣、壱比韋《いちひゐ》臣、大坂《おほさか》臣、阿那《あな》臣、多紀《たき》臣、羽栗《はぐり》臣、知多《ちた》臣、牟耶《むぎ》臣、都怒山《つのやま》臣、伊勢の飯高《いひたか》君、壱師《いちし》君、近淡海《ちかつあふみ》国造の祖《おや》なり）。

天皇の御年、玖拾参歳《ここのそぢまりみとせ》。御陵《みはか》は掖上《わきがみ》の博多山《はかたやま》の上《へ》に在り。

【訳解】御真津日子訶恵志泥命は、葛城の掖上宮（奈良県御所《ごせ》市池之内辺り）に居られて、天下を治められた。この天皇が尾張連の祖先の奥津余曾《おきつよそ》の妹、名は余曾多本毘売《よそたほびめ》命を妻としてお生みになった御子は、天押帯日子命と大倭帯日子国押人命のお二人である。そして、弟の帯日子国忍人命（孝霊天皇）は天下を治められた。（中略）

天皇の享年は九十三歳。御陵は掖上の博多山（御所市三室字博多山）の辺りにある。

【解説】筆者は、葛城の掖上宮跡を訪ねたことがある。その地は、御所《ごせ》市池之内辺りであったが探しあぐね、御所実業高校の門を叩き、尋ねてみた。すると、この高校に接した道路側の民家の敷地内に宮跡を記した石碑はあった。

この御世も平和だった。皇室の血縁関係は拡大し、尾張の大豪族の娘を妻として迎え、二人の御子が生まれた。特に兄の天押帯日子命は、地方豪族との姻戚関係を拡大させ、その地位を確固たるものにしていった。

この天皇の崩御年は59年頃、御陵は近鉄御所駅の南、約1㎞の所にある。

所で、この頃（1世紀）の日本はどうだったのか。例えば百田尚樹氏は次のように書いていた。

「この頃のことを記した同時代の文書は日本にはありませんが、一世紀頃に編纂された中国の『漢書《かんじょ》』「地理志」の中に、「楽浪《らくろう》海中に倭人《わじん》あり、別れて百余国となり、歳時をもって来たり献見すと云う」というくだりがあります（略）。倭人とは日本人を指します。つまり一世紀頃の日本には多くの原始小国家があり、漢帝国に朝貢《ちょうこう》（中国帝国に貢物《みつぎもの》を贈る行為）していたというのです」（『新版　日本国記』24）

1世紀頃の日本では大和朝廷が成立し、懿徳、孝昭、孝安天皇の時代だった。そして北部九州には、シナに朝貢していた国々、シナ人の云う〝倭国〟が一大勢力を形成していた。すると、「倭人とは日本人を指します」なる書き方は不正確なことが分かる。これでは「倭人＝日本人全体」と読めてしまうが、そうではない。事実、当時のシナ人は次のように書いていた。

「女王国の東、海を渡る千余里、また国あり、皆倭種なり」（『新訂　魏志倭人伝』岩波文庫50）

つまり、女王国（邪馬台国）の東には〝倭種〟が住んでいたと書いてある。彼らは〝倭人〟とは異なるから〝倭種〟と書いたのだ。

1世紀頃の、「女王国の東、海を渡る千余里」には大和朝廷が成立し、各地に勢力を拡大させていた。彼らは、倭国の〝倭人〟ではなく、日本国の〝日本人〟だった。

『旧唐書』には、「日本国は倭国の別種也」と明記してある。倭国の人が〝倭人〟であり、日本国の人は〝日本人〟と認識していた。この様に理解し、この時代のシナの史書を読むと実に良く理解できる。

従って、百田氏の理解、「倭人＝日本人」は誤りである。そして大和朝廷、即ち、日本国はシナに朝貢などしたことがないし、考えても見なかった。朝貢していたのは、やがて大和朝廷に併呑される邪馬台国など、今は無き国々だったのである。

大倭帯日子国押人命（第六代　孝安《こうあん》天皇）

【訓読・訳解】　大倭《おほやまと》帯《たらし》日《ひ》子《こ》国《くに》押《おし》人《ひと》命、葛城《かづらき》の室《むろ》（奈良県御所市大字室の地）の秋津島宮に坐《いま》して、天下《あめのした》治《し》らしめしき。此の天皇、姪《めひ》の忍鹿比売《おしかひめ》命を娶《めと》して生みませる御子、大吉備諸進《おほきびもろすすみ》命、次に大倭《おほやまと》根子《ねこ》日子《ひこ》賦斗邇《ふとに》命。（二柱）。

故、大倭根子日子賦斗邇命（孝霊天皇）、天下治らしめしき。天皇の御年、壱佰弐拾参歳《ももあまりはたちまりみとせ》（百二十三歳）。御陵《みはか》は玉手《たまで》の岡（奈良県御所市玉手の地）の上《へ》に在り。

【解説】　筆者は、秋津島宮跡を訪れたことがある。その石碑は、御所《ごせ》市室の宮山古墳という被葬者不明の大きな前方後円墳の麓、八幡宮の境内に立っていた。周囲はひっそりとしており、訪れる人はいなかった。この御世も平和だった。この天皇は姪を妻とし、二人の御子を残した。外部との姻戚関係は特になかったようである。

この天皇の崩御年は110年頃、御陵はJR和歌山線玉手駅の南、約400mの所にある。

大倭根子日子賦斗邇命（第七代　孝霊《こうれい》天皇）

【訓読】 大倭根子日子賦斗邇命《おほやまとねこひこふとに》、黒田の廬戸宮《いほと》に坐《いま》して、天下治《し》らしめしき。

此の天皇《すめらみこと》、十市県主の祖《おや》、大目の女《むすめ》、名は細比売命《くはしひめ》を娶《めと》して生みませる御子《みこ》、大倭根子《おほやまとね》日子国玖琉命《こひこくにくる》。（一柱）。

又春日《かすが》の千千速真若比売《ちちはやまわかひめ》を娶して、生みませる御子、千千速比売命。（一柱）。

又意富夜麻登玖邇阿礼比売命《おほやまとくにあれひめ》を娶して生みませる御子、夜麻登登母母曾毘売命《やまとともももそびめ》、次に日子《ひこ》刺肩別命《さしかたわけ》、次に比古伊佐勢理毘古命《ひこいさせりびこ》、亦の名は大吉備津日子命《おほきびつひこ》、次に倭飛羽矢若屋比売《やまととびはやわかやひめ》。（四柱）。又其の阿礼比売命の弟《いろど》、蠅伊呂杼《はえいろど》を娶して、生みませる御子、日子寤間命《ひこさめま》、次に若日《わかひ》子建吉備津日子命《こたけきびつひこ》。（二柱）。此の天皇の御子等、幷《あは》せて八柱なり。（男王《ひこみこ》五、女王《ひめみこ》三）。

故、大倭根子日子国玖琉命は、天下治らしめしき。

大吉備津日子命と若日子建吉備津日子命とは、二柱相副《あいそ》ひて、針間《はりま》の氷河《ひかは》の前《さき》に忌瓮《いはひべ》を据《す》ゐて、針間を道の口として、吉備国を言向《ことむ》け和《やは》したまひき。故、此の大吉備津日子命は、（吉備の上道臣《かみつみちのおみ》の祖《おや》なり）。次に若日子建吉備津日子命は、（吉備の下道《しもつみち》臣、笠臣の祖なり）。次に日子寤間《さめま》命は、（針間の牛鹿《うしか》臣の祖なり）。次に日子刺肩別命は、（高志《こし》の利波《となみ》臣、豊国《とよのくに》の国前《くにさき》臣、五百原《いほはら》君、角鹿済《つぬかのわたり》直の祖なり）。天皇の御年、壱佰陸歳《ももちまりむとせ》。御陵《みはか》は片岡の馬坂の上《へ》に在り。

【訳解】　大倭根子日子賦斗邇《ねこひこふとに》命は黒田（奈良県磯城郡田原本町黒田の地）の廬戸宮に居られて天下を治められた。この天皇、十市県主（今の磯城郡西部の豪族）の祖先である大目の娘、名は細《くはし》比売命《ひめの》を妻としてお生みになった御子は、大倭根子日子国玖琉命お一人である。

また春日の千千速真若比売を妻としてお生みになった御子は、千千速比売命お一人である。また意富夜麻登玖邇阿礼比売《おほやまとくにあれひめ》命を妻として、お生みになった御子は、夜麻登登母母曾毘売《やまとともももそびめ》命、次に日子刺肩別《ひこさしかたわけ》命、次に比古伊佐勢理毘古《ひこいさせりびこ》命、またの名は大吉備津日子《おほきびつひこ》命、次に倭飛羽矢若《やまととびはやわか》屋比売《やひめ》の四方である。また先に挙げた阿礼比売命の妹、蝿伊呂杼《はえいろど》を妻としてお生みになった御子は、日子寤間《ひこさめま》命と若日子建吉備津日子《わかひこたけきびつひこ》命のお二方である。この天皇の御子等は、男王五人、女王三人、合わせて八方である。

そして、大倭根子日子国玖琉命（孝元天皇）は天下を治められた。

また大吉備津日子命と若日子建吉備津日子命は、お二人で力を合わせ、針間《はりま》（播磨）の氷《ひ》河《かは》岬（加古川）に、神聖な酒甕《さけかめ》を据えて（加古川市の日岡神社が旧跡）神に祈り、播磨を吉備への入り口として、吉備国（備前、美作《みまさか》、備中、備後）を平定なされた。

そして、大吉備津日子命は吉備の上道臣《かみつみち》（岡山市周辺の氏族）の祖先となった。次の若日子建吉備津日子命は、吉備の下道臣《しもつみち》（岡山県吉備郡にちなむ氏族）や笠臣（備中小田郡にちなむ氏族）の祖先となった。次に日子寤間命は針間（播磨）の牛鹿臣（姫路市付近にちなむ氏族）の祖先となった。次に日子刺肩別命は高志《こし》（越中）の利波臣（砺波市周辺にちなむ氏族）、豊国《とよのくに》（大分県）の国《くに》前臣《さき》（国東にちなむ氏族）、五百原君（静岡県庵原郡にちなむ氏族）、角鹿済直（福井県敦賀市角鹿町にちなむ氏族）の祖先である。

天皇の享年は百六歳。御陵《みはか》は片岡（奈良県北葛城郡王寺町南部）の馬坂の辺りにある。

【解説】　筆者は、廬戸宮跡を探したことがある。その石碑は、近鉄田原本線黒田駅近くの法楽寺の境内、確か入り口の右の樹木に隠れるように立っていた。直近に孝霊神社（別名　廬《いお》戸《と》神社）があり、辺り一帯が宮跡と伝えられるが、明治の神仏分離令によって寺と神社に分かれ、今のような姿になったという。

この御世になると、大吉備津日子命と若日子建吉備津日子命は、兵庫から岡山方面へと影響力を拡大していった。更に、東国へも勢力を拡大していったことが記されている。それ故、記述内容が多くなった。

この天皇の崩御年は１４８年頃、御陵は関西本線王寺駅の南、約２㎞の所にある。

大倭根子日子国玖琉命（第八代　孝元《こうげん》天皇）

【訓読】大倭根子日子国玖琉命《おほやまとねこひこくにくる》、軽《かる》の堺原宮《さかひはらのみや》に坐《いま》して、天下《あめのした》治《し》らしめしき。

此の天皇《すめらみこと》、穂積臣等《ほづみのおみら》の祖《おや》、内色許男命《うつしこを》の妹《いも》、内色許売命《うつしこめ》を娶《めと》して生みませる御子《みこ》、大毘古命《おほびこ》、次に少名日子建猪心命《すくなひこたけゐごころ》、次に若倭根子日子大毘毘命《わかやまとねこひこおほびび》。（三柱）。

又内色許男命の女《むすめ》、伊迦賀色許売命《いかがしこめ》を娶して、生みませる御子、比古布都押之信命《ひこふつおしのまこと》。又河内《かふち》の青玉の女、名は波邇夜須毘売《はにやすびめ》を娶して、生みませる御子、建波邇夜須毘古命《たけはにやすびこ》。（一柱）。

此の天皇の御子等《たち》、并《あは》せて五柱《いつはしら》なり。

故《かれ》、若倭根子日子大毘毘命、天の下治らしめしき。其の兄《いろせ》大毘古命の子、建沼河別命《たけぬかはわけ》は、（阿部臣等《あべのおみら》の祖）。次に比古伊那許士別命《ひこいなこじわけ》、（此は膳臣《かしはで》の祖なり）。（中略）

此の天皇の御年《みとし》、伍拾漆歳《いそぢまりななとせ》。御陵《みはか》は剣池《つるぎいけ》の中岡《なかのおか》の上《へ》にあり。

【訳解】大倭根子日子国玖琉命は、軽《かる》（橿原市大軽町付近）の堺原宮に居られて天下を治められた。この天皇が、穂積臣等の祖先、内色許男命の妹、内色許売命を妻としてお生みになった御子は大毘古命《おおびこ》、次は少名日子建猪心命、次は若倭根子日子大毘毘命、お三方である。

また内色許男命の娘、伊迦賀色許売命を妻としお生みになった御子は、比古布都押之信《ひこふつおしのまこと》命である。また河内の青玉の娘、名は波邇夜須毘売《はにやすびめ》を妻としてお生みになった御子は、建波邇夜須毘古命お一方である。この天皇の御子等は、合わせて五人である。

そして、若倭根子日子大毘毘命（開化天皇）は天下を治められた。その兄、大毘古命の子の建沼河別命は、阿部臣等（東国や北陸に広く分布した大氏族）の祖先である。次の子、比古伊那許士別命は、天皇の食膳に奉仕する氏族の祖先である。（中略）。

この天皇の享年は五十七歳。御陵は剣池（橿原市石川町剣池）の地にある。

【解説】 筆者は軽《かる》の堺原《さかいはら》宮跡を訪れたことがある。目指す石碑は、意外にも近鉄吉野線岡寺駅の近くの道路わきに立っていた。

孝元天皇は三人の女性を妻として五人の子を残した。この御代には大きな出来事は記されていないが、彼らは、各地の豪族と血縁関係を結んでいったことが分かる。

この天皇の崩御年は177年頃であり、御陵は近鉄橿原線橿原神宮前駅の東方約1㎞の石川池の畔にある。特筆すべきは、今までの陵《みささぎ》は円墳だったが、この御代から前方後円墳となったことだ。この頃から前方後円墳は始まったのである。

所で古代史ファンなら、〝大《おお》毘《び》古《こ》命〟の名を聞くと有名な事件を思い出す。竹田恒泰氏はこの話を知っていたが、百田直樹氏は知らなかったことが次の一文から分かる。

「二代から九代までの天皇は実在しないという説も根強いのです（「欠史八代《けっしはちだい》」といわれている）」（『新版　日本国紀』43）

戦後、〝万世一系〟を否定したい歴史学者の間で、このように言われてきたが、昭和五十三（一九七八）年に衝撃が走った。

埼玉《さきたま》古墳群の稲荷山古墳から出土した鉄剣の錆びの下から、金象嵌の文字が見出され、そこに〝意富比垝〟（大毘古命）を祖とする八代の系図が刻まれていたからだ。大毘古命は実在し、百田氏が尤もらしく紹介した「欠史八代」説は、とっくの昔に崩壊していたのである。

若倭根子日子大毘毘命（第九代　開化《かいか》天皇）

【訓読】 若倭根子日子大毘毘命《わかやまとねこひこおほびび》、春日の伊邪河宮《いざかは》に坐《いま》して、天下治《し》らしめしき。

此の天皇、旦波《たには》の大県主、名は由碁理《ゆごり》の女《むすめ》、竹野比売《たかのひめ》を娶《めと》して生みませる御子《みこ》、比古由牟《ひこゆむ》須美《すみ》命。（一柱）。又庶母《ままはは》、伊迦賀色許売命《いかがしこめ》を娶して、生みませる御子、御真木入日子印恵命《みまきいりひこいにゑ》、次に御真津比売命《みまきいりひめ》。（二柱）。又丸邇臣《わに》の祖《おや》、日子国意祁都命《ひこくにおけつ》の妹《いも》、意祁都比売命《おけつひめ》を娶して生みませる御子、日子坐王《ひこいますのみこ》。（一柱）。又葛城《かづらき》の垂見宿禰《たるみ》の女《むすめ》、鸇比売《わしひめ》を娶して生みませる御子、建豊波豆羅和気《たけとよはづらわけ》。（一柱）。此の天皇の御子等併《たちあは》せて五柱《いつはしら》なり。（男王四《ひこみこよはしら》、女王一《ひめみこひとはしら》）

故、御真木入日子印恵命は、天の下治らしめしき。（中略）
天皇《すめらみこと》の御年《みとし》、陸拾参歳《むそぢまりみとせ》。御陵《みはか》は伊耶河《いざかは》の坂の上《へ》に在り。

【訳解】　若倭根子日子大毘毘命（開化天皇）は、春日の伊邪河宮（奈良市本子守町率川《いざかわ》辺り）におられて天下をお治めになった。

この天皇、旦波《たには》（後に丹波と丹後に分かれた）の大県主、由碁理の娘の竹野比売を妻としてお生みになった御子は、比古由牟須美命のお一方である。また継母《ままはは》の伊迦賀色許売命を妻としてお生みになった御子は、御真木入日子印恵命、次に御真津比売命のお二方である。また丸邇臣（大和国添上《そうのかみ》郡和珥《わに》）の祖先である日子国意祁都命の妹、意祁都比売命を妻としてお生みになった御子は、日子坐王のお一方である。また葛城の垂見宿禰の娘、鸇比売を妻としてお生みになった御子は、建豊波豆羅和気お一方である。この天皇の御子等は、男王四人、女王一人である。そして御真木入日子印恵命（崇神天皇）は、天下を治められた。（中略）

天皇の享年は六十三歳。御陵は伊邪河の坂の上《うえ》にある。

【解説】　筆者は伊邪河《いざかわ》宮跡を尋ねたことがある。ＪＲ奈良駅の東、約３００ｍの率川《いさかわ》神社が宮のあった場所と伝えられているが、石碑は見当たらなかった。当たり前すぎて、その必要はなかったのかも知れない。開化天皇の子孫も、日本各地に散らばり、その祖先となって行った。また、〝別《わけ》〟とは、皇族の子孫で、地方に封ぜられた氏族の姓を表している。

奈良駅から三条通りを東へ歩くと、なだらかな上り坂になっており、「御陵《みはか》は伊邪河の坂の上にある」とある通り、坂の上の左側に開化天皇陵はあった。それは、美しく、緑に覆われた前方後円墳であった。尚、この天皇の崩御年は207年頃である。

御真木入日子印恵命（第十代　崇神《すじん》天皇）

一　后妃と御子

【訓読】　御真木入日子印恵命《みまきいりひこいにゑ》、師木の水垣宮《みづがき》に坐《いま》して、天下治《あめのしたし》らしめしき。
此の天皇、木《き》国造、名は荒河刀弁《あらかとべ》の女《むすめ》、遠津年魚目目微 比売《とおつあゆめまくはしひめ》を娶《めと》して、生みませる御子《みこ》、豊木入日子命《とよきいりひこ》、次に豊鉏入比売命《とよすきいりひめ》。（二柱）
又尾張《をはり》連の祖《おや》、意富阿麻比売《おほあまひめ》を娶して生みませる御子、大入杵命《おほいりき》、次に八坂之入日子命《やさかのいりひこ》、次に沼名木之入日売命《ぬなきのいりひめ》、次に十市之入日売命《といちのいりひめ》。（四柱）
又大毘古命《おほびこ》の女、御真津比売命《みまつひめ》を娶して生みませる御子、伊玖米入日子伊沙知命《いくめいりひこいさち》、次に伊《い》耶能真若命《ざのまわか》、次に国片比売命《くにかたひめ》、次に千千都久和比売命《ちぢつくわひめ》、次《つぎ》に伊賀比売命《いがひめ》、次に倭日子命《やまとひこ》。（六柱）。此の天皇の皇子等、併《あは》せて十二柱《とをまりふたはしら》。（男王七《ひこみこななはしら》、女王五《ひめみこいつはしら》なり）。故《かれ》、伊久米伊理毘古伊佐知命は天下治らしめしき。次に豊木入日子命は上毛野《かみつけの》、下毛野《しもつけの》君等の祖なり。妹豊鉏比売命は伊勢大神《いせのおほかみ》の宮を拝《いつ》き祭りき。次に大入杵命は能登《のと》臣の祖なり。次に倭日子命、此の王の時に、始めて陵《みはか》に人垣《ひとがき》を立てき。

【訳解】　御真木入日子印恵命は、師木（奈良県桜井市金屋辺り）の水垣宮に居られて、天下を治められた。この天皇、紀伊の国造、名は荒河刀弁の娘である遠津年魚目目微比売を妻として、お生みになった御子は、豊木入日子命と豊鉏入比売命のお二方である。

また尾張連の祖先である意富阿麻比売を妻としてお生みになった御子は、大入杵命、次に八坂之入日子命、次に沼名木之入日売命、次に十市之入日売命の四名である。

また大毘古命の娘、御真津比売命を妻としてお生みになった御子は、伊玖米入日子伊沙知命、次に伊耶能真若命、次に国片比売命、次に千千都久和比売命、次に伊賀比売命、次に倭日子命の六人である。この天皇の皇子等は、男王《ひこみこ》は七人、女王《ひめみこ》は五人、合わせて十二人である。

そして、伊久米伊理毘古伊佐知命（垂仁天皇）は天下をお治めになられた。

次に豊木入日子命は、上毛野（群馬県）と下毛野（栃木県）の君等の祖先である。垂仁天皇の姉の豊鉏比売命は、後に伊勢神宮に天照大御神を斎《いつき》祭られた。次に大入杵命は、能登臣（能登国能登郡の地）の祖先である。

次に倭日子命であるが、この王が亡くなった時、初めて陵に人垣を立て殉死させた。

【解説】 筆者は水垣宮跡を尋ねたことがある。ここは大神《おおみわ》神社の南、山ノ辺の道を400m程歩くと、志貴御 県 坐《しきみあがたにます》神社が鎮座しており、その一角に目指す石碑は佇立《ちょりつ》していた。

この御世、注目すべきは、倭日子命が亡くなった時、殉死を行ったことである。

実は、この蛮習は『魏志倭人伝』にも書いてある。卑弥呼が亡くなった年は248年頃であり、「殉葬する者、奴婢百余人」とある。つまりシナの朝貢国、邪馬台国はシナの蛮習を取り入れていた。では大和朝廷はどう対応したか。『日本書紀（上）』には次のようにある。

「倭彦命（倭日子命：引用者注）を身狭《むさ》（橿原市在）の桃花鳥坂《つきさか》（築坂）に葬った。このとき近習の者を集めて、全員を生きたままで、陵のめぐりに埋めたてた。日を経ても死なず、昼夜泣きうめいた。ついには死んで腐っていき、犬や鳥が集まり食べた。

天皇はこの泣きうめく声を聞かれて、心を痛められた。群卿に詔して〈生きている時に愛し使われた人々を、亡者《しにひと》に殉死させるのは痛々しいことだ。古の風であるといっても良くないことは従わなくてもよい。これから後は議《はか》って殉死を止めるように〉といわれた」（145）

これは垂仁28年の記述である。この年を西暦に直すと、卑弥呼が死んだ後の255年頃となる。この頃、邪馬台国で行われていた習慣を取り入れてみた、ということだ。だが、その悲惨さを知った天皇は、この蛮習を拒絶された。

「三十二年秋七月六日、皇后日葉酢媛命《ひばすひめのみこと》（比婆須比売命《ひばすひめのみこと》）がなくなられた。葬るのにはまだ日があった。天皇は群卿に詔して、〈殉死が良くないことは前に分かった。今度の葬《もがり》はどうしようか〉といわれた。野見宿禰《のみのすくね》が進んでいうのに、〈君王の陵墓に、生きている人を埋め立てるのは良くないことです。どうして後の世に伝えられましょうか。どうか今、適当な方法を考えて奏上させて下さい〉と。そして使者を出して出雲国の土部《はじべ》百人をよんで、土部たちを使い、埴土《はにつち》で人や馬やいろいろの物の形を造って、天皇に献上していうのに、〈これから後、この土物《はに》を以て生きた人に替え、陵墓に立て、後世の決まりとしましょう〉と。

天皇は大いに喜ばれ、野見宿禰に詔して、〈お前の便法はまことに我が意を得たものだ〉といわれ、その土物を始めて日葉酢媛命《ひばすひめのみこと》の墓に立てた。よってこの土物を名づけて埴輪《はにわ》といった。或いは立物《たてもの》ともいった。命《のりごと》を下されて、〈今から後、陵墓には必ずこの土物を立てて、人を損なってはならぬ〉といわれた」（146）

この「人を損なってはならぬ」なる思想が、大和朝廷と日本文明のベースになった。従って、たとえ天皇が崩御されても、人の命を損なう殉死はならぬのである。

二　三輪山の神を祭る

【訓読】此の天皇の御世に、疫病《えやみ》多《さは》に起こりて人民《おほみたから》尽《つ》きなむとす。爾《ここ》に天皇愁《うれ》へ歎きたまひて、神牀《かむとこ》に坐《いま》しし夜、大物主大神《おほものぬし》、御夢《みゆめ》に顕《あらは》れ、「是《こ》は我が御心ぞ。故、意富多多泥古《おほたたねこ》を以ちて我が御前《みまえ》を祭らしたまはば、神の気《け》起らず、国安らかに平《たひら》ぎなむ」と曰《の》りたまひき。

是を以ちて駅使《はゆまづかひ》を四方《よも》に班《あか》ちて、意富多多泥古と謂ふ人を求めたまひし時、河内《かふち》の美努村《みののむら》に其の人を見得て貢進《たてまつ》りき。

爾に天皇、「汝《いまし》は誰《た》が子ぞ」と問ひ賜へば、「僕《あ》は、大物主大神、陶津耳《すゑつみみ》命の女《むすめ》、活玉依毘《いくたまよりび》売《め》を娶して生みませる子、名は櫛御方《くしみかた》命の子、飯肩巣見《いひかたすみ》命の子、建甕槌《たけみかづち》命の子、僕《あれ》意富多多泥古ぞ」と答へ白《まほ》しき。

是に天皇大《いた》く歓《よろこ》びて、「天の下平《たひら》ぎ、人民《たみ》栄《さか》えなむ」と詔《の》りたまひき。即ち意富多多泥古命を以ちて神主《かむぬし》と為《し》て、御諸山《みもろやま》に意富美和《おほみわ》之大神の前を拝《いつ》き祭りたまひき。

又伊迦賀色許男《いかがしこお》命に仰《おほ》せて、天《あめ》の八十《やそ》びらかを作り、天神地祇《あまつかみくにつかみ》の社《やしろ》を定め奉《まつ》りたまひき。又宇陀《うだ》の墨坂《すみさか》神に赤色《あかいろ》の盾矛《たてほこ》を祭り、又大坂《おほさか》神に墨色《すみいろ》の盾矛を祭り、又坂の御尾《みを》の神、及《また》河の瀬の神に、悉《ことごと》に遺《のこ》し忘るること無く幣帛《みてぐら》を奉りたまひき。

此れに因《よ》りて役《えやみ》の気《け》悉に息《や》みて、国家《くに》安く平けくなりき。

【訳解】この天皇の御世に疫病が大流行し、人民が死に絶えようとしていた。天皇このことを大変愁い、嘆かれ、神託を受ける床に居られたその夜、大物主大神が夢の中に現れて次のような神託を下された。

「疫病の大流行は私の御心によるものだ。我が子孫である意富多多泥古を以って我を祭らせるなら、神の祟《たた》りも起らなくなり、また国も安泰になるだろう」と。

そこで天皇は、急使を各地に遣わし、意富多多泥古を探し求めたところ、河内の美努村（大阪府中河内郡）に其の人を見いだし、使者と共に天皇のもとにやって来た。そこで、「あなたは誰の子か」と問われると次のように答へ申し上げた。

「私は、大物主大神が陶津耳命の娘である活玉依毘売を妻としてお生みになった子は櫛御方命と申します。その子が飯肩巣見命であり、更にその子が建甕槌命であり、更にその子が私こと意富多多泥古なのです」。

天皇は大変お喜びになり、「天下は平安になり、人民は栄えることになるだろう」と仰せられ、直ちに意富多多泥古命を神主として、御諸山（三輪山）に意富美和之大神（大物主神）の前を斎《いつき》祭られた。

また、伊迦賀色許男命に命じ、神聖な平たい土器を沢山焼き上げ、天つ神の社と国つ神の社を定め、祭られた。また、宇陀の墨坂神（奈良県宇陀郡榛原《はいばら》町の西にある）に赤色の盾と矛を献上し、更に大坂神（奈良県北葛飾郡香芝町の西にある）に墨色の盾と矛を献上し、更に坂の上の神や河の瀬の神に至るまで、全て漏れ落ちることなく幣帛《みてぐら》（神に奉る物）を献上し、祭られた。

その結果、国の疫病は止み、国家は平安になった。

【解説】　御真木入日子印恵命が即位して以来、様々な事件が起きた。最初に直面したのが疫病の蔓延である。この頃になると、人々は神々を忘れてしまったようである。

この天皇は、夢のお告げに従い、意富多多泥古を探し出し、三輪山の大物主大神を斎《いつ》き祭られた。それればかりか、全ての神々に漏れることなく幣帛《みてぐら》を献上し、祭られたのである。

後に、この天皇の漢風諡号《しごう》は〝崇神天皇〟とされた。諡号とは、「生前の行いを尊び死後に送られた称号」のことを云い、桓武天皇（781〜806）が淡海三船《おうみのみふね》をして、歴代天皇の諡号を選ばしめたという。その後、漢風諡号を使うようになった。従って、『古事記』が完成したころは、漢風諡号はなかった。

淡海三船が、御真木入日子印恵命に、〝崇神天皇〟なる諡号をあてたのは、この天皇は、いつの間にか忘れさられてしまった国中の神々を崇め祭ったから、と思われる。

三　三輪山の伝説

【訓読】　此の意富多多泥古と謂ふ人を神の子と知れる所以《ゆゑ》は、上《かみ》に伝へる活玉依毘売、其の容姿端正《かたちきらきら》しくありき。是《ここ》に壮夫《をとこ》有りて、其の形姿威儀《すがたよそほひ》、時に比《たぐひ》無きが、夜半《よなか》の時に儵忽《たちまち》に到《き》来《た》る。故《かれ》、相感《あひめ》でて、共婚《まぐは》ひて供に住める間《ほど》に、未だ幾時《いくだ》も経ぬに、その美人《をとめ》妊身《はら》みぬ。

　爾《ここ》に父母《ちちはは》、其の妊身みし事を怪しみて、其の女《むすめ》に問ひて、「汝《な》は自《おのづか》ら妊めり。夫《さ》无く何《なに》の由《ゆゑ》にか妊身める」と曰《い》へば、答へて曰はく、「麗美《うるは》しき壮夫有りて、其の姓名《かばねな》も知らぬが、夕毎《よひごと》に到来《きた》りて、供に住める間《ほど》に、自然懐妊《おのづからはら》みぬ」と。

　是を以ちて其の父母、其の人を知らむと欲《おも》ひて、其の女に誨《をし》へて曰はく、「赤土《はに》を床《とこ》の前に散らし、へその紡麻《うみを》を針に貫きて、其の衣《きぬ》の襴《すそ》に刺せ」と。

　故、教の如くして旦時《あした》に見れば、針著《はりつ》けし麻《を》は戸の鉤穴より控《ひ》き通りて、出でて、唯遺《ただのこ》れる麻は三勾《みわ》のみなりき。爾に即ち鉤穴より出でし状《さま》を知りて、糸の従《まにま》に尋ね行けば、美和山《みわやま》に至りて、神の社《やしろ》に留まりき。故《かれ》、其の神の子と知りぬ。故、其の麻の三勾遺りしに因《よ》りて、其の地を名けて美和と謂うなり。（此の意富多多泥古命は神君《みわ》、鴨《かも》君の祖なり）。

【訳解】　意富多多泥古という方が、〝神の子〟と云われるようになった所以は次の通りである。先に述べた活玉依毘売は容姿端麗で美しかった。その頃一人の男がおり、姿形、装《よそお》いも比類なき者が、夜な夜な活玉依毘売の部屋に忽然と現れた。そして互いに気が合い、愛し合いながら住んでいると、さほど時が立たない間に、活玉依毘売は身ごもった。
　このことを知った父母は、怪しみ、娘に尋ねた。

「お前はいつの間にか身ごもったが、夫がないのに何故そうなったのか」と。

すると、「麗しい男がおり、その姓名も知らないのですが、夜ごとにやって来て、一緒に住んでいる間に、いつの間にか身ごもったのです」と答えた。

父母は、それが誰なのか知りたいと思い、次のように教え諭した。

「赤土を床の前に撒き散らし、糸巻に巻いた麻糸を通した針をその男性の着物の裾に刺し、麻糸を括《くく》り付けなさい」と。

教《おしえ》の通りにして翌朝確認すると、針でつけた麻糸は戸の鉤穴を通り抜け、糸巻に残ったのは三巻だけだった。そこで糸を追って尋ね行くと三輪山に至り、神の社《やしろ》まで続いていた。このような分けで、身ごもった子は、その神の子であることが分かったのである。また、その麻が糸巻に三巻、即ち三勾《みわ》残ったことから、その地を名づけて美和と云うようになった。

この、意富多多泥古命は神君《みわ》（三輪山《みわやま》辺りを本拠とする氏族）と鴨君《かも》（大和国葛上郡・奈良県御所《ごせ》市を本拠とする豪族）の祖先である。

【解説】神倭《かむやまと》伊波礼毘古《いはれびこ》天皇（神武天皇）の后、比売《ひめ》多多良伊須気余理比売も神の御子と呼ばれていた。父親は大物主大神なので、実質的には母親しかいなくても、立派に成人し、結婚することができたということだ。
　イエスに関し、新約聖書には、「母マリアはヨセフと婚約していたが、一緒になる前に、精霊によって身重《みおも》になった」、「主の使いが夢の中でヨセフに命じた通り、ヨセフは生まれた子をイエスと名付けた」とある。

朝鮮民族の正史、『三国史記1』によると、「その卵を割ると幼児が出てきた」それが新羅の初代王であり、その王妃の出自は、「龍が閼英井《けつえいせい》にあらわれ、その右脇から幼女が生まれた。老婆がこれを見て奇跡だと思い、取り上げて育てた」とある。

これらと比べると、日本では、神であっても、男性と女性が結ばれることにより子が生まれる、という伊邪那岐、伊邪那美以来の伝統を一貫して継承していることが分かる。

四　建波邇安王の反逆

【訓読】又此の御世に、大毘古命《おおびこ》をば高志道《こしのみち》に遣はし、其の子建沼河別命《たけぬなかはわけ》をば東《ひむがし》の方《かた》十二《とをまりふた》道《みち》に遣はして、其のまつろはぬ人等を和平《やは》さしめたまひき。又日子坐《ひこいます》王をば旦波《たには》国に遣はして、玖賀耳之御笠《くがみみのみかさ》（此は人の名なり）を殺さしめたまひき。故、大毘古命、高志国に罷《まか》り往きし時、腰裳服《こしもけ》せる少女《をとめ》、山代《やましろ》の幣羅坂《へらさか》に立ちて歌ひて曰はく、

御真木入日子はや　御真木入日子はや　己《おの》が緒《お》を　盗み殺《し》せむと　後《しり》つ戸よ
い行き違《たが》ひ　前つ戸よ　い行き違ひ　窺《うかが》はく　知らにと　御真木入日子はや

是に大毘古命、怪しと思ひて馬を返して、其の少女に問ひて曰はく、「汝《な》が謂へる言《こと》は何《なに》

の言ぞ」と。爾《ここ》に少女答へて、「吾《あ》は言《ものい》はず。唯歌を詠《よ》みつるのみ」と曰《い》ひき。即ち其の所《ゆく》如《へ》も見えず忽に失《う》せにき。

故、大毘古命更に還《かへ》り参上《まゐのぼ》りて、天皇に請《こ》ふ時、天皇答え、「此《こ》は山代国に任《ま》けたる我《わ》が庶兄《まませ》建波邇安《たけはにやす》王、邪《きたな》き心を起せし表《しるし》なるのみ。叔父《をじ》、軍《いくさ》を興して行くべし」と詔りたまひて、即ち丸邇《わに》臣の祖《おや》、日子国夫玖《ひこくにぶく》命を副《そ》へて遣はす時、即ち丸邇坂に忌瓮《いはいべ》を据ゑて罷《まか》り往きき。

是に山代の和訶羅河《わからかは》に至りし時、其の建波邇安王、軍《いくさ》を興して待ち遮《さへぎ》り、各中に河を挟みて、対《むか》ひ立ちて相挑《あいいど》みき。故、其の地を号づけて伊杼美《いどみ》と謂ふ。（今は伊豆美《いづみ》と謂ふなり）

爾に日子国夫玖命、「其廂《そなた》の人、先づ忌矢《いはいや》弾《はな》つべし」と乞ひて云ひき。

爾に其の建波邇安王、射つれども得中《えあ》てざりき。

是に国夫玖命の弾《はな》てる矢は、即ち建波邇安王を射て死にき。

故《かれ》、其の軍悉に破れて逃げ散《あら》けぬ。爾に其の逃ぐる軍を追ひ迫《せ》めて久須婆之度《くすばのわたり》に到りし時、皆迫め窘《たしな》めらえて、屎出《くそい》でて褌《はかま》に懸《かか》りき。故、其の地を号けて屎褌《くそばかま》と謂ふ。（今は久須婆《くすば》と謂ふ）。又其の逃ぐる軍を遮りて斬れば、鵜の如く河に浮きき。故、其の河を号けて鵜河と謂ふ。亦其の軍士《いくさびと》を斬りはふりき。故、其の地を号《なづ》けて波布理曾能《はふりその》と謂ふ。各此平《かくことむ》け訖《を》へて、参上《まゐのぼ》りて覆奏《かへりごとまを》しき。

【訳解】 この御世に大毘古命を高志道（北陸道）に遣わし、その子、建沼河別命を東海道方面の十二か国に遣わし、従わないものを平定された。また日子坐王を旦波《たには》国に遣はして、従わぬ玖賀耳之御笠を成敗された。大毘古命が高志国に出征された時、腰裳《こしも》をつけた少女が山城の幣羅坂（奈良市の北、木津町に到る坂）に立って次のように歌っていた。

　御真木入日子よ　御真木入日子よ　あんたの命を密かに狙って　裏門から覗《うかが》って
　誰かが来ると脇に逸《そ》れて表門に廻り　また表門から覗い　誰かが来ると脇に逸れて
　裏門に廻ったりして　狙っている者がいることを　知らない御真木入日子よ

これを聞いた大毘古命は、不審に思って馬を返し、その少女に「お前が言ったことはどういう意味なのだ」と尋ねた。すると少女は、「私は何か伝えたくて歌ったのではありません。ただ、歌を歌っただけですよ」と答え、たちまち姿を消してしまった。

胸騒ぎを覚えた大毘古命は、都に戻り、天皇に報告して対策を願った時、天皇は次のように言われた。

「これは山城国に遣わした私の腹違いの兄、建波邇安王（孝元天皇の皇子、建波邇夜須毘古命）が邪心を起こした徴《しるし》に相違ない。叔父《をじ》上、軍を興して討伐に行って下さい」と。そして丸邇臣の祖先である日子国夫玖命を副将とし、丸邇坂に酒甕《さかかめ》を据えて神に勝利を願い出立した。

軍が山城国の木津川に着いた時、建波邇安王の軍勢は対岸に布陣し、皇軍の行方を遮った。そして両軍は河を挟んで対峙した。それ故、その地を名づけて伊杼美（木津町付近）と呼んでいる。今は伊豆美と呼ぶ。

日子国夫玖命は、「そちらから、先づ合戦の合図の矢を放て！」と叫んだ。そこで建波邇安王は、日子国夫玖命を狙って矢を放ったが命中しなかった。次に国夫玖命が矢を放つと、その矢は建波邇安王に命中し、絶命した。その為、建波邇安王の軍は混乱に陥り、総崩れになり敗走した。

皇軍は逃げる反乱軍を追いつめ、久須婆の渡（枚方市楠葉の淀川の渡し場）に到った時、兵士は攻めたてられ、脱糞するほどの恐怖に襲われ、それが褌にかかった。それ故、その地を屎褌と呼んでいる。今は久須婆という。また逃げる反乱軍を遮って切り捨てると、死体は鵜のように川に浮かんだ。それ故、その川を名づけて鵜河と呼んだ。反乱軍を散々に斬り散らしたが、そんな訳で、その地を波布理曾能（山城国相楽《さがら》郡祝園《はふその》郷の辺り）と云う。

平定を終え、大毘古命は都に上り帰って天皇に復命した。

【解説】 かつて直木幸次郎は次のように書いていた。

「天皇の地位は神代より万世一系、切めなく順当に相続され、日本国家はその支配のもとに平和に発展したのでなければならない。この条件に合わない言い伝えは切りすてられたり、条件に合うように作りかえられたりして、『記・紀』ができあがったのである」（『日本神話と古代国家』講談社学術文庫　30）

無論、この見方は誤りである。神武天皇崩御の後もそうだが、崇神天皇と建波邇安王との争いのような話は、いくらでも出てくる。信長が『記紀』を学び、この話を知っていれば、易々と光秀に殺されることもなかっただろう。

所で、〝脱糞〟というと家康を思い出す。彼は、三方《みかた》ヶ原の戦いで信玄に敗れ、敗走した時、「恐怖の余り馬上で脱糞した」と云うが、同じようなことが、崇神天皇の時代にもあったことで、その話の信憑性が増すと云うものだ。

五　初国知所御真木天皇

【訓読】故《かれ》、大毘古命は先の命《みこと》の随《まにま》に、高志国に罷《まか》り行きき。爾《ここ》に東《ひむがし》の方《かた》より遣《つか》はさえし建《たけ》沼河《ぬなかは》別、其の父大毘古と共に、相津《あひづ》に往き遇《あ》ひき。故、其の地《ところ》を相津と謂ふ。是を以ちて各遣《つか》はさえし国の政《まつりごと》を和平《やは》して覆奏《かへりごとまを》しき。爾に天下《あめのした》太《いた》く平ぎ、人民《おほみたから》富み栄えき。

是に初めて男《をとこ》の弓端《ゆはず》の調《みつぎ》、女《をみな》の手末《たなすゑ》の調を貢《たてまつ》らしめたまひき。故、其の御世を称へて、初《はつ》国知所《くにしらしし》御真木《みまき》天皇と謂《まを》す。

又是の御世に、依網《よさみ》池を作り、亦軽《またかる》の酒折《さかをり》池をも作りき。天皇の御歳《みとし》、壱佰陸拾捌歳《ももちまりむそぢやとせ》、戊寅《つちのえとら》の年の十二月《しはす》に崩《かむあが》りましき。御陵《みはか》は山辺《やまのべ》道の勾《まがり》之《の》岡《をか》の上《へ》に在り。

【訳解】その後、大毘古命は先に天皇から受けた命《みこと》に従い、北陸道に出立していった。そして東海道方面に遣わされた建沼河別は、父君である大毘古と相津《あひづ》で会った。そんな訳で、その地を会津と云う。二人は夫々《それぞれ》遣わされた国を平定し、帰って天皇に報告した。こうして天下は太平になり、人民は富み栄えるに至った。

ここに至り天皇は、初めて男が弓矢で得た鳥獣の肉や皮や、女性が手作業で作った絹や布を献上することを、お許しになった。それ故、この御世を称へて、「初めて国を統治された御真木の天皇《すめらみこと》」と申し上げるのである。

またこの御世に、依網池を造り、また軽の酒折池も造った。天皇のご享年は百六十八歳、戊寅《つちのえとら》の年の十二月に崩御された。御陵は山辺道の勾之崗の辺《ほとり》にある。

【解説】 初国知所御真木天皇の「初国知所《はつくにしらしし》」とは、初めて国を領有統治せられた、という意味である。この御世になり、会津の辺りから九州（北部九州の邪馬台国は除く）までを領有統治された。仁徳天皇の「民の竈《かまど》」の話は有名だが、それ以前に崇神天皇は、「人民は富み栄えるに至った故に納税を認めることになった」とある。これが日本の伝統だった。

所が今の為政者は、「人民は富み栄えるに至らない」のに、乾いた雑巾から水を絞り出すように、あらゆる手段で金品を搾り取ろうとしている。「森林税」などを見れば、その精神が良く分かる。そのくせ為政者は、私腹を肥やすのに夢中で、ネコババ、脱税のし放題。このような伝統に外れた悪辣な政権は、やがて国民から見放されるに違いない。

所で、戦後、神武天皇と崇神天皇は同一人物、なる説が流されて久しい。田中英道氏の説は紹介したが、百田尚樹氏も次のように書いていた。

「神武天皇と崇神天皇は実は同一人物ではないかという説もあります。しかも不思議なことに『日本書紀』の中で、この二人の天皇は同じ「ハックニシラススメラミコト」という尊称が付されているのです。「ハックニシラススメラミコト」とは、「初めて国を作った男」という意味ですが、この奇妙な一致は単なる偶然とは思えません」（『新版　日本国紀』43）

神武天皇と崇神天皇の段を読み、両者を〝同一人物〟と思うこと自体、理解不能なのだが、氏は、重要な点を欠落させ、このように書いていた。

重要な点とは、『日本書紀（二）』（岩波文庫）には、神武天皇は「始馭天下之天皇《はつくにしらすすめらみこと》」、崇神天皇は「御肇国天皇《はつくにしらすすめらみこと》」と漢字にルビ付きで書いてあり、「ハックニシラススメラミコト」とカタカナで書いていない。漢字を載せれば、意味が異なることは誰にでも分かる。その漢字に、どなたかが、「はつくにしらすすめらみこと」と同じルビをふったに過ぎない。そして、誰が読んでも〝天皇〟を除き、このルビには無理がある。従って、漢字を欠落させ、ルビだけ引用し、「初めて国を作った男」と解釈したのは、不正確で偏っている。

例えば、宇治谷孟氏は、「始馭天下之天皇」を「始めて天下を治められた天皇」（『日本書紀

（上）』108）と訳し、崇神天皇は「御肇国天皇《はつくにしらすすめらみこと》」（130）のままとした。

また百田氏は、『古事記』は、神武天皇を「神倭《かむやまと》伊《い》波《は》礼《れい》毘《び》古《こ》天皇」と書き、崇神天皇を「初国知所《はつくにしらしし》御真木《みまき》天皇」と書き、漢字も読み方も全く異なる、ことも欠落させた。

読者に偏った情報を与え、読者が〝万世一系〟に疑義を持つよう仕向け、自らの疑念を表明し、読者が氏と同じ答えを出すよう誘導する。これは「騙しのテクニック」の一つ、「扇動のテクニック」（『新　文系ウソ社会の研究』290）そのものである。

一方、竹田氏は『現代語古事記』で次のように書いていた。

「崇神《すじん》天皇の御世《みよ》を称え、崇神天皇を「初国知《はつくにし》らし御真木天皇《みまきのすめらみこと》」と称したそうですが、『日本書紀』によれば、神武《じんむ》天皇《てんのう》も「始馭天下之天皇《はつくにしらすすめらみこと》」と称されているようです」（175）

〝そうですが〟や〝ようです〟と書くが、自分で書いたのなら、このような表現はしないものだ。その上で、百田氏と異なり、「別人物」と結論付けていた。

話を戻す。この天皇の崩御年は241年頃である。御陵は、JR桜井線の柳本駅から、銅鏡で名高い黒塚古墳を通り、なおも歩き近づくと、それは鬱蒼たる樹木に覆われた巨大な前方後円墳であった。

伊久米伊理毘古伊佐知命（第十一代　垂仁《すいにん》天皇）

【訓読】伊久米伊理毘古伊佐知命《いくめいりびこいさち》、師木の玉垣宮に坐《いま》して、天下《あめのした》治らしめしき。（中略）

この天皇の御歳《みとし》、壱佰伍拾参歳《ももちまりいそぢみとせ》、御陵《みはか》は菅原《すがはら》の御立野《みたちの》の中に在り。又其の大后《おほきさき》比婆須比売《ひばすひめ》命の時、石祝作《いはきつくり》を定め、又土師部《はにしべ》を定めたまひき。此の后は狭木《さき》の寺間陵《てらまのはか》に葬《はふ》りまつりき。

【訳解】伊久米伊理毘古伊佐知命、師木の玉垣宮に坐《いま》して、天下治《あめのした》らしめしき。（中略）

この天皇の享年は百五十三歳、御陵は菅原の御立野、奈良市尼辻西町・近鉄橿原線尼ヶ辻駅の近くに在る。又、天皇が存命中に、皇后の比婆須比売命が亡くなられたが、その時、石《いは》祝作《きつくり》（墓の石棺石室を作る部曲）を定め、又土師部《はにしべ》（土器や埴輪を作る部曲）を定められた。陵は奈良市山陵町陵前、大和西大寺駅の東北にある。

【解説】筆者は、師木の玉垣宮跡を訪れたことがある。JR桜井線、巻向駅から穴師への道を上って行くと、垂仁天皇纏向玉城宮跡なる石碑が立っていた。

日本書紀には「冬十月さらに纏向に都をつくり玉城宮《たまきのみや》といった」と書いてある。即ち、崇神天皇は纏向に都を造ったが、垂仁天皇は、その都をさらに拡大したということだ。

所が、巻向から大規模な遺跡が発見されたことから、ここを卑弥呼の都という学者や作家が多い。彼らは『日本書紀』や『魏志倭人伝』を〝正しい〟として読んでいないので、古代史の結構が分かっていない。その為、時に変節する。

例えば、２０１６年、井沢元彦氏は１９９８年以来の考えを変え、次のように変節した。

「現在ではやはり箸墓は卑弥呼の墓であり、纏向一帯が邪馬台国であったろうという考えに改めています。つまり、畿内説に変わったわけです」（『古代史15の新説』宝島社　213）

田中英道氏は、箸墓は崇神天皇＝神武天皇の陵と書き、井沢氏は卑弥呼の墓と書く。困った話である。共通点は、両氏は『記紀』を理解できていない、ということだ。

この天皇の崩御年は２９０年頃である。と云うことは、今まで、大和朝廷と邪馬台国は並立していたが、垂仁天皇の御世に邪馬台国は崩壊したことになる。詳細は、『最終結論「邪馬台国」はここにある』に譲る。

大帯日子淤斯呂和気天皇（第十二代　景行《けいこう》天皇）

【訓読・訳解】　大帯日子淤斯呂和気《おほたらしひこおしろわけ》天皇、纏向の日代宮《ひしろのみや》に坐《いま》して、天下《あめのした》治《し》らしめしき。（中略）。この大帯日子淤斯呂和気天皇の御歳《みとし》、壱佰参拾漆歳《ももちまりみそじななとせ》（百三十七歳）、御陵《みはか》は山辺《やまのべ》の道の上《へ》に在り。（天理市渋谷町向山の地）

【解説】 この天皇は垂仁天皇の第三子である。この天皇の御子たちは、記録にあるものが21名、記録にない者が59名、計80名の御子を残した。

筆者は、日代宮跡を訪れたことがある。垂仁天皇が居られた玉城宮跡の道を更に上って行くと、その石碑は立っていた。振り返ると、巻向の地を見下ろすことができた。

『日本書紀』には「冬十一月、天皇は美濃からお帰りになった。そしてまた纒向に都を造られた。これを日代宮という」とある。纒向とは、崇神、垂仁、景行天皇と三代にわたって造られた都であり、邪馬台国とは縁もゆかりも無い地だった。

所で、『古事記（中）』には、倭建《やまとたける》命の話が書いてある。例えば、「その御子の建《たけ》く荒き情《こころ》を惶《かしこ》みて詔りたまはく、〈西の方に熊《くま》曾《そ》建《たける》二人あり、これ伏《まつろ》はず礼《ゐや》无《な》き人等なり。故、其の人等《ども》を取れ〉とのりたまひて遣《つか》はしき」(136)とある。この意味は、「それまで熊曾は大和朝廷に伏《まつろ》っていた」、即ち従っていたのだ。

『日本書紀』には、「十二年秋七月、熊襲が背いて貢物を奉らなかった」とある。ではなぜ、「熊襲は、それまで大和朝廷に従い、貢物を奉っていた」のに後に背いたか。それは、邪馬台国を滅ぼすため、大和朝廷に貢を送り協力を得たが、滅ぼしたためにその必要性を感じなくなり、貢を止めた、ということだ。(198頁・図―7参照)

この天皇の崩御年は３２０年頃である。

若帯日子天皇（第十三代　成務《せいむ》天皇）

【訓読・訳解】若帯日子天皇《わかたらしひこのすめらみこと》、近淡海《ちかつあふみ》の志賀の高穴穂宮《たかあなほ》（滋賀県大津市坂本穴太町の地）に坐《いま》して、天下治らしめしき。（中略）。天皇の御歳《みとし》、玖拾伍歳《ここのそぢまりいつとせ》（九十五歳）、乙卯《きのとう》の年の三月《やよひ》十五日《とをまりいつか》に崩《かむあが》りましき。御陵《みはか》は沙紀《さき》の多他那美《たたなみ》（垂仁天皇の皇后の御陵の隣）に在り。

【解説】成務天皇は景行天皇の第四子である。この御世に、建内宿禰を大臣として、大小の国々の国造《くにのみやつこ》を定め、また国の境界を定め、大小の県主《あがたぬし》も定められた。武力ではなく、境界を定め、国や県に相応しいものを長《おさ》とし、太平を維持しようとした。この天皇の崩御年は３５０年頃である。

帯中日子天皇（第十四代　仲哀《ちゅうあい》天皇）

一　后妃と御子

【訓読】帯中日子《たらしなかひこ》天皇、穴門《あなと》の豊浦宮《とようら》、及《また》筑紫の訶志比宮《かしひ》に坐して、天下《あめのした》治らしめしき。此の天皇、大江王《おほえのみこ》の女《むすめ》、大中津《おほなかつ》比売命を娶《めと》して、生みませる御子、香坂王《かごさかのみこ》、忍熊王《おしくま》。（二柱）。

又息長帯比売命《おきながたらしひめ》、（是は大后《おほきさき》なり）、を娶して生みませる御子、品夜和気命《ほむやわけ》、次に大鞆和気命《おほともわけ》、亦の名は品陀和気命《ほむだわけ》。（二柱）。

此の太子《ひつぎのみこ》の御名《みな》に大鞆和気命《おほともわけ》負わせし所以《ゆゑ》は、初めて生《あ》れましし時、鞆《とも》の如き宍《しし》、御腕《みただむき》に生りき。故《かれ》、其の御名に著《つ》けき。是を以ちて腹中《はらぬち》に坐《いま》して国を知らしめしき。この御世に淡道《あはぢ》の屯倉《みやけ》を定めたまひき。


【訳解】　帯中日子天皇は穴門の豊浦宮（下関市長府町豊浦の地）、そして筑紫の訶志比宮（福岡市東区香椎に香椎宮《かしいぐう》がある）に居られて、天下をお治めになった。

この天皇、大江王の娘、大中津比売命を妻とし、生まれた御子は、香坂王と忍熊王のお二方である。また、息長帯比売命（神功皇后）を妻とし、生まれた御子は品夜和気命、次に大鞆和気命、またの名は品陀和気命のお二方である。

大鞆和気命に、このような名をつけたのは、生まれた時からその腕に、鞆のような力こぶがあったからである。それは、母の胎内に居られる時から、新羅征伐に携わり、国を治めて居られたのである。この御世に淡路島に朝廷の直轄地を定められた。

【解説】　仲哀天皇は、景行天皇の御子、倭建命の第二子である。日本書紀には、「熊襲が再び背いたので、仲哀天皇はこの地にやって来た」とある。

だが、この天皇はこの地で崩御され、神功皇后がその霊を祭ったのが香椎宮の始まりと伝えられている。神功皇后が亡くなった後、この宮に共に祭られるようになった。

二　息長帯比売命の神憑《かむがか》りと天皇崩御

【訓読】　其の大后《おほきさき》息長帯比売《おきながたらしひめ》命、当時《そのかみ》、帰神《かむがかり》したまひき。

故、筑紫の訶志比《かしひ》宮に坐《いま》して熊曾国《くまそのくに》を撃たむとしたまひし時、天皇《すめらみこと》御琴《みこと》を控《ひ》かして建内《たけしうち》宿禰《のすくね》の大臣《おほおみ》、沙庭《さには》に居て神の命《みこと》を請ひき。是に大后、帰神して言《こと》教へ覚《さと》して、「西の方《かた》に国あり。金銀《こがねしろがね》を本《はじめ》と為て、目の炎耀《かがや》く種々《くさぐさ》の珍《めずら》しき宝、多《さは》に其の国に在り。吾、今、其の国を帰《よ》せ賜はむ」と詔りたまひき。

爾《ここ》に天皇答へ、「高き地《ところ》に登りて西の方《かた》を見れば、国土《くにつち》は見えず。唯大海《おほうみ》のみ有り」と白《まほ》したまひて、詐為《いつわりせ》す神と謂ひて、御琴を押し退《そ》けて控きたまはず、黙《もだ》し坐《ま》しき。

爾に其の神大《いた》く忿《いか》りて、「凡《おほよ》そこの天下《あめのした》は、汝《いまし》の知らすべき国に非《あら》ず。汝は一道《ひとみち》に向ひませ」と詔りたまひき。

是に建内宿禰の大臣《おほおみ》、「恐《かしこ》し。我が天皇、猶《なほ》其の大御琴《おほみこと》をあそばせ」と白《まほ》しき。

爾に稍《やや》に其の御琴を取り依せて、なまなまに控《ひ》き坐《ま》しき。故、幾久《いくだ》もあらずて、御琴の音《おと》聞《きこ》えざりき。即ち火を挙げて見れば、既に崩《かむあが》り訖《を》へたまひぬ。

爾に驚き懼《お》ぢて、殯宮《あらきのみや》に坐《いま》せまつりて、更に国の大ぬさを取りて、生剝《いけはぎ》、逆剝《さかはぎ》、阿離《あはなち》、溝埋《みぞうめ》、屎戸《くそへ》、上通下通婚《おやこたはけ》、馬婚《うまたはけ》、牛婚、鶏婚、犬婚の罪の類《たぐひ》を種々《くだぐさ》求《ま》ぎて、国の大祓《おほはらへ》を為《し》て、亦《また》建内宿禰、沙庭《さには》に居て神の命《みこと》を請ひき。

是に教え覚したまふ状《さま》、具《つぶさ》に先の日の如く、「凡《おほよ》そ此の国は、汝命《いまし》の御腹に坐す御子の知らさむ国ぞ」とさとしたまひき。爾に建内宿禰、「恐《かしこ》し。我が大神、其の神の腹に坐す御子は、何《いづ》れの御子ぞ」と白《まを》せば、「男子《をのこ》ぞ」と答えて詔りたまひき。

爾に具さに、「今、かく言《こと》教へたまふ大神は、其の御名をしらまく欲《ほ》し」と請ひけらへば、即ち答へ、「是は天照大神の御心ぞ。亦底筒男《またそこつつのを》、中筒男《なかつつ》、上筒男《うはつつ》の三柱《みはしら》の大神ぞ。（この時に其の三柱の大神の御名は顕《あらは》れき）。今、まことに其の国を求めむと思ほさば、天神地祇《あまつかみくにつかみ》、亦《また》山の神、亦河海《またかはうみ》の諸《もろもろ》の神に悉《ことごと》に幣帛《みてぐら》を奉《たてまつ》り、我が御魂を船の上《うへ》に坐《ま》せて、真木《まき》の灰を瓠《ひさご》に納《い》れ、亦箸《はし》亦ひらでを多《さは》に作りて、皆皆《みなみな》大海に散らし浮かべて度りますべし」と詔りたまひき。

【訳解】　息長帯比売命は、その時、神がかりになられた。この天皇が筑紫の香椎宮におられ、熊襲国を討とうとなされた時、天皇が琴を弾き、建内宿禰の大臣が、神を迎え、神託を授かる場所に居て、神託を乞い求めていた。すると皇后に神が乗り移り、「西方に国がある。その国には金銀をはじめ、目のくらむような珍《めずら》しい宝が沢山在る。吾は今、其の国を服属させてあげようと思う」と仰せになった。

これを聞いた天皇は、「高い所に登って西方を見たが、国は見えず、ただ大海が見えるだけだ、偽りを言う神だ」と言って琴を押しやり、弾くのを止め、黙っておられた。すると、神が乗移った皇后は、神の怒りを次のように語った。

「この国は、そなたが統治すべき国ではない。直ちに黄泉の国へ行きなされ」と。

建内宿禰は、「恐れいりました。わが天皇よ、大御琴《おおみこと》を弾きなされませ」と申し上げた。

ここに天皇は、その琴を取り寄せ、しぶしぶ、お弾きになった。すると、間もなく琴の音が聞えなくなった。そこで火を灯して見ると、天皇は既にお亡くなりになっていた。

これを知った誰もが驚き恐れ、ご遺体を殯宮《あらき》に移し、国の罪や穢れを祓うため、生きた動物の皮を剥ぐ悪行、逆さハギ、畔の破壊、水路の埋め立て、神前への汚物のまき散らし、親子相姦、馬、牛、鶏、犬などとの獣姦の類《たぐい》などの悪行を探し求め、その悪行名を神前に供え、それらの大祓《おおはらへ》を行い、清めた後、建内宿禰は、神託を受ける庭で神託を乞い求めた。

ここに神が教え語られる様は、先日と全く同じで、神は皇后の口から、「そもそもこの国は、皇后のお腹に居られる御子が、統治すべき国である」と託宣された。

それを聞いた建内宿禰は、「恐れ多いことです。我が大神、皇后様のお腹に居ます御子は、男子か女子か、何れでしょうか」と申し上げると、「男子《おのこ》ぞ」と仰せられた。

更に、「今、かく教へ下さる大神の御名を承りたく存じます」と願い申し上げると、次のように仰せになった。

「これは天照大神の御心である。我らは、底筒男、中筒男、上筒男の三柱の大神であるぞ。（この時に其の三柱の大神の御名が明らかにされた）。今、まことに其の国を求めんと思うなら、天つ神、国つ神、山の神、川や海の諸《もろもろ》の神に供え物を奉《たてまつ》り、我が御魂を船の上《うえ》に乗せ祭り、杉や檜を焼いた灰を瓠《ひさご》に入れ、また箸《はし》と柏《かしわ》の葉を重ねて竹ぐしで固定した皿をたくさん作り、それら全てを大海に散らし、浮かべて海を渡るがよい」と。

【解説】 話は読んで字の如しなのだが、この場面が恐ろしくも異様なのは、例え神の言葉であっても、皇后が建内宿禰、他の群臣の前で、夫である仲哀天皇に向って、「そなたは直ちに黄泉の国へ行きなされ」と語ったことにある。

その通り天皇は亡くなり、ここに息長帯比売命は絶大な指導力を手に入れたと思われる。また、神託を信じ、新羅を征した故、神功皇后なる諡号を得たのであろう。

三　神功皇后の新羅親征と御子誕生

【訓読】 故《かれ》、備《つぶさ》に教へ覚《さと》したまひし如くして、軍《いくさ》を整へ船を双《な》めて度《わた》り幸《いでま》しし時、海原の魚、大き小さきを問はず悉《ことごと》に御船を負ひて渡りき。爾《ここ》に順風《おひかぜ》大《いた》く起りて、御船波の従《まにま》にゆきつ。故、其の御船の波瀾《なみ》、新羅の国に押し騰《あが》りて、既に半国《くにのなから》に到りき。

是に其の国王《こにきし》畏惶《かしこ》みて奏言《まを》す、「今より以後《のち》、天皇の命《みこと》の随《まにま》に、御馬甘《みまかひ》と為《し》て、年毎に船を双めて、船腹《ふなばら》乾《ほ》さず、柂檝《さをかぢ》乾さず、天地《あめつち》の共与《むた》、退《たゆ》むこと無く仕へ奉《まつ》らむ」と。

故、是を以ちて新羅国は御馬甘と定め、百済《くだら》国は渡《わたり》の屯家《みやけ》と定めたまひき。

爾に其の御杖を以ちて新羅の国王《こにきし》の門《かど》に衝き立て、即ち墨江《すみのえ》大神の荒御魂《あらみたま》を以ちて国守りますと神と為《し》て、祭り鎮《しづ》めて還《かへ》り渡りたまひき。

故、其の政《まつりごと》未だ竟《を》へざりし間、其の懐妊《はら》みたまふが産《あ》れまさむとしき。即ち御腹を鎮めたまはむと為て、石を取りて御裳《みも》の腰に纏《ま》かして、筑紫国に渡りて其の御子はあれ坐《ま》しつ。故、其の御子の生《あ》れましし地《ところ》を号《なづ》けて宇美《うみ》と謂ふ。亦其の御裳に纏《ま》きたまひし石は筑紫国の伊斗《いと》村《むら》に在り。

亦《また》筑紫の末羅《まつら》県の玉島《たましま》里に到り坐して、其の河の辺に御食《みをし》したまひし時、四月《うづき》の上旬《はじめのころ》に当りき。爾《ここ》に其の河中の磯《いそ》に坐して、御裳《みも》の糸を抜き取り、飯粒《いひほ》を餌《ゑ》に為て、其の河の年魚《あゆ》を釣りたまひき。（其の河の名を小河と謂ふ。亦其の磯の名を勝門比売《かちとひめ》と謂ふ）。

故、四月上旬《うづきはじめ》の時、女人《をみな》裳の糸を抜き、粒《いひほ》を餌《ゑ》に年魚を釣ること、今に至るも絶えず。

【訳解】 そこで、神が教え諭したようになされ、軍勢を集め、船を並べて渡っていく時、海原の魚は大小問わず皆御船を背負っているかの如きだった。また順風が吹き、御船は波に乗って進んでいった。それ故、御船の起こす波と軍勢は、新羅の国に押し寄せ、国の半ばにまで達した。

ここに新羅の国王は恐れ、「今後は、天皇の命に従い、御馬飼いとして、年毎に船を並べて、天地の続く限り、怠ることなく貢物を送ってお仕え致します」と申し上げた。

そこで新羅国を馬飼いと定め、百済国は半島の屯家《みやけ》と定められた。皇后は、御杖を新羅の国王の門に衝き立て、住吉の三大神の荒く猛き神霊を以って新羅を守る神として祭り、鎮《しず》め祭って海を渡ってお帰りになられた。

この親征が終わらないうちに、御子が生まれそうになった。そこで、皇后は御腹を鎮めようと、鎮懐石《ちんかいせき》を御裳《みも》の腰に据え、政を終え、筑紫国に帰ってから、御子はお生まれになった。その地を宇美《うみ》（福岡県粕屋郡宇美町の宇美八幡宮が応神天皇生誕の地と伝えられている）と名付けた。その御裳に巻いた石は伊斗村（筑前国怡土郡《いとぐん》糸島市に鎮懐石神社がある）に祀られている。

息長帯比売命が末羅県の玉島里（佐賀県東松浦郡玉部町）にやって来た時、その川辺で食事をなさった。それは四月上旬であったが、皇后は河中の岩に腰を下ろし、御裳《みも》の糸を抜き取り、飯粒を餌に鮎をお釣りになった。（その河の名を小河という。また、その岩の名を勝門比売という）。

そんな訳で、四月上旬になると、女たちは裳の糸を抜き、飯粒を餌に鮎を釣ること、今に至るまで絶えることはない。

【解説】　息長帯比売命の軍は、往きは福岡市の香椎宮付近から陸路、兵を募りつつ唐津へ行き、船で対馬の鰐浦に着き一気に新羅を攻めた。そして帰路、唐津に戻った頃、御子が生まれそうになった。そこで鎮懐石を御裳《みも》の腰に据え、筑紫の宇美で出産されたのだった。

所で百田尚樹氏は、新版になっても相変わらず次のように書いていた。

「『古事記』によると、応神天皇は父の仲哀天皇の死後、十五ヵ月後に生まれたことになっています」（『新版　日本国紀』41）

だが、このようなことは『古事記』には書かれていない。全くのデタラメである。委細かまわず氏は続けた。

「一方『日本書紀』では、仲哀天皇の崩御から十ヵ月と十日後に生まれたことになっていますが、いわゆる「十月十日」（人の妊娠期間）というのは、実は九ヵ月と十日なので、これも通常の妊娠期間より一ヵ月も長いことになります」（41）

百田氏も竹田氏同様、日本では昔から西暦が使われていたと誤認していた。この時代は太陰暦だから、「十月十日」とは約３００日となる。では、この妊娠日数は異常に長いのかと云うと、一般に云われる妊娠期間の９ヵ月と10日（２８０日）は絶対値ではない。産科医は、

37週（259日）から42週（294日）の間を正常分娩としている。

従って、「通常の妊娠期間より一ヶ月も長い」は間違いで、その差は6日、月経を考慮すれば2週間程遅れた、となろう。そして4～10％の妊婦が42週を超えて出産しているから、さほど不思議な話ではない。ネットで調べると、中国人のワンさんは、17ヵ月妊娠し、出産したとある。

だが、皇后の出産が遅れたことは確かであろう。そのため赤子は普通より大きく、「腕に盛り上がった鞆《とも》のような肉があった」のではないか。更に続けた。

「仲哀天皇の身長は一丈（約三メートル）あったとあり、その子の応神天皇は『古事記』では百三十歳（『日本書紀』では百十歳）まで生きたとあることから、そもそも二人の実在を疑う学者もいます」（42）

先ず、前の傍点部分だが、『日本書紀（上）』には、「（仲哀）天皇は容姿端正で身丈は十尺あった」（179）と書いてある。「身丈《みのたけ》は一丈」（153）と書いてあるのは、日本武尊の身丈である。

それを「約三m」と解釈したのだから、氏の常識を疑った。何故なら、例えば広辞苑で〝丈〟を当たると、「周尺で、約1・7メートル。成人男性の身長」とある。つまり、「一人前の立派な身の丈だった」ということだ。調べれば、誰でも分かる簡単な話だ。

次に後半の傍点部分だが、『魏志倭人伝』を読めば分かるが、日本では或る時代まで所謂〝春秋年〟を使っていた。それを西暦に直せば、約その半分まで生きたということだ。

氏は、〝丈〟の意味や〝春秋年〟を知らなかった。「だから二人の天皇は存在しなかった」なる結論に至ると思いきや、意外にも「仲哀天皇も神功皇后も実在したと考える方が自然です」(42)と書く。

氏は、「身長約三メートルや百三十歳まで生きた人間が実在したと考えているのか?」と、その論拠を探すと、この問題はほったらかしで、話は次のように展開した。

「歴史研究家の中には、この時に王朝が入れ替わったのではないかという説を唱える人もいます。仲哀天皇が、熊襲との戦いで戦死し、代わって熊襲が大和政権を滅ぼし(中略)。すくなくとも、応神天皇の父は仲哀天皇ではなかったのではないかと思うのです」(42)

氏は、ここで皇統の断絶が起きた、と思ったのだ。更に、自説を補強し、書き加えた。

「この新王朝説を私が排除しないもう一つの理由は、神功皇后とその子、応神天皇の諡号に「神」という文字が入っていることにあります」(42)

そうなら、後に登場する継体天皇には、なぜ、〝神〟の文字が用いられないのか？

この自己矛盾には目をつむり、結論に至る。

「敢えて大胆に推察すれば、ここで王朝が入れ替わり、その初代を表すために「神」の文字を用いたように思えるということなのです」（43）

これが4世紀以降の皇統に対し、氏が〝その皇統〟（197頁）を使う理由であろう。そして自分の〝思い〟に不都合な次なる『古事記』の記述を欠落させた。

「具《つぶさ》に先の日の如く、〈凡《おほよ》そ此の国は、汝命《いましみこと》の御腹《みはら》に坐《いま》す御子の知らさむ国ぞ〉」（『古事記（中）』181）

〝先の日〟とは天皇存命のとき、神が建内宿禰等に向って託宣した言葉であり、〝汝命《いましみこと》〟とは神功皇后を指す。また『日本書紀』には次のようにある。

「皇后は今はじめて孕《みごも》っておられる。その御子が国を得られるだろう」（『日本書紀（上）』184）

これは、神が神功皇后の口を借りて、仲哀天皇に向って発した言葉だ。即ち、両書には、仲哀天皇の存命中に皇后は妊娠していた、と書いてある。

ここでも百田氏は、生半可な知識で「編集の詐術」を使って偏った情報操作を行い、「騙しのテクニック」と「扇動のテクニック」を用いて、読者を〝万世一系否定〟へ導こうとしていたことになる。

一方、竹田恒泰氏には百田氏のようは「偏《かたより》」は見受けられなかったが、例えば神武天皇の享年を「百三十七歳」（149）と書き、次のように「解説」していたのは頂けない。

「『古事記』に書かれたことは〈真実〉なのであって、〈事実〉かどうかは、むしろどうでも良いというべきでしょう。私は神武天皇の存在は〈真実〉であると同時に、〈事実〉であると考えています」（『現代語　古事記』150）

これは科学や論理とは無縁の〝信仰告白〟のようなもの。困った話である。

四　酒楽《さかくら》の歌

【訓読・訳解】（前略）凡そ帯中津日子《たらしなかつひこ》天皇（仲哀天皇）の御年《みとし》、伍拾弐歳《いそぢまりふたとせ》（五十二歳）。（壬戌《みづのえいぬ》

の年の六月十一日《みなつきとをかまりひとひ》に崩《かむあが》りましき）。御陵《みはか》は河内の恵賀の長江（大阪府藤井寺市岡の地）にあり。（皇后《おほきさき》は御年一百歳《ももとせ》にて崩りましき。狭城楯列《さきのたたなみ》陵〔奈良市山陵町の地〕に葬《はふむ》りまつりき）。

【解説】仲哀天皇の崩御年は355年頃、神功皇后の崩御年は389年頃である。

品陀和気命（第十五代　応神《おうじん》天皇）

【訓読・訳解】品《ほむ》陀《だ》和《わ》気《け》命、軽島の明宮《あきらのみや》（橿原市大軽町付近）に坐《いま》して、天下《あめのした》治《し》らしめしき。（中略）。凡《おほよ》そ此の品陀天皇の御歳《みとし》、壱佰参拾歳《ももちまりみそとせ》（百三十歳）。（甲午《きのえうま》の年の九月九日《ながつきここのか》に崩《かむあが》りましき）。御陵《みはか》は川内《かふち》の恵賀《ゑが》の裳伏崗《もふしのをか》（大阪府羽曳野《はびきの》市《し》誉田《こんだ》）に在り。

【解説】品陀和気命は仲哀天皇の第4子である。仲哀天皇崩御の後、長らく神功皇后が摂政であられた。神功皇后がお亡くなりになった後、応神天皇が位に就かれた。この天皇の崩御年は410年頃である。

古事記　下巻

大雀皇帝《おほさざきのすめらみこと》より豊御食炊屋比売《とよみけかしきやひめ》命に尽《いた》るまで凡《おほよ》そ十九天皇《とをまりここのすめらみこと》

【概要】　下巻は、神話とは無縁の人間味あふれる記述となっている。具体的には、皇位継承をめぐる皇子たちの争い、反乱と殺害、有力氏族の攻防、波乱万丈の大和朝廷内部の様相や、支配者としての天皇像、天皇の后妃や御子たち、恋愛、皇后の嫉妬、謀略、闘争の物語などが描かれている。しかし、歴史的記述は薄く、『古事記』を知った時の人が、『日本書紀』を書く必要性を感じたことは誰もが理解できよう。

従って、下巻の全文は他書に譲り、本書では、天皇がどこで統治され、何歳で崩御し、何処に葬られたかに加え、若干のエピソードと論争のある部分について記したい。

大雀命（第十六代　仁徳《にんとく》天皇）

一　后妃と御子

【訓読・訳解】大雀《おほさざき》命、難波《なには》の高津宮（大阪城の南、難波宮跡）に坐《いま》して、天下《あめのした》治《し》らしめしき。

（中略）。此の大雀天皇の御子等、幷《あは》せて六柱なり。（男王《ひこみこ》五柱、女王《ひめ》一柱）。

二　聖帝の世

【訓読・訳解】　是《ここ》に天皇、高山《たかやま》に登りて四方《よも》の国を見て、「国中《くぬち》に烟《けぶり》発《た》たず。国皆貧窮《まづ》し。故《かれ》、今より三年《みとせ》に至るまで、悉《ことごと》に人民《たみ》の課《みつぎ》、役《えだち》を叙《ゆる》せ」と詔《の》りたまひき。

ここを以ちて大殿破《や》れ壊《こぼ》れて、悉に雨漏《も》れどもかつて修《おさ》め理《つく》ること勿《な》く、槭《うつはもの》をもちてその漏る雨を受けて、漏らざる処に遷《うつ》り避《さ》りたまひき。後《のち》に国中《くぬち》を見たまへば、国に烟満《けぶりみ》てり。故、人民《たみ》富めりと為《おも》ほして、今はと課《みつぎ》、役《えだち》を科《おは》せたまひき。是を以ちて百姓《おほみたから》栄えて、役使《えだち》に苦しまざりき。故、其の御世《みよ》を称へて聖帝《ひじりのみかど》の世《みよ》と謂《い》ふなり。（中略）

此の天皇の御歳《みとし》、捌拾参歳《やそぢまりみとせ》（八十三歳）、（丁卯《ひのとう》の年の八月十五日《はつきとをまりいつか》に崩《かむあが》りましき）。御陵《みはか》は毛受《もず》の耳原（大阪府堺市堺区大仙町）に在り。

【解説】　この天皇は応神天皇の第４子である。民の苦しさを知り、課役を免除した故、聖帝と呼ばれている。このような時代もあったのだ。この時代、皇后の嫉妬、天皇への反逆、新たな船の造船、大土木工事なども記されている。この天皇の崩御年は４２８年頃である。

伊耶本和気王（第十七代　履中《りちゅう》天皇）

【訓読・訳解】　子《みこ》（仁徳天皇の御子）、伊耶本和気王《いざほわけのみこ》、伊波礼《いはれ》（奈良県桜井市池之内）の若桜宮に坐《いま》して、天下《あめのした》治《し》らしめしき。（中略）。天皇の御歳《みとし》、陸拾肆歳《むそぢまりよとせ》（六十四歳）。（壬申《みづのえさる》の年の正月《むつき》三日《みか》に崩《かむあが》りましき）。御陵《みはか》は毛受《もず》（大阪府堺市西区）に在り。

【解説】　この天皇は仁徳天皇の第1皇子であり、男王《ひこみこ》2柱、女王《ひめみこ》1柱に恵まれた。ある日、弟に殺されそうになり、石上神宮に逃げ込んだ。その後、謀略もあり、勝利したものが次の天皇となった。崩御年は431年頃である。

水歯別命（第十八代　反正《はんぜい》天皇）

【訓読・訳解】　弟《いろど》（履中天皇の同母弟）、水歯別命《みずはわけ》、多治比《たぢひ》（大阪府羽曳野市郡戸付近と云われている）の柴垣宮に坐《いま》して、天下《あめのした》治《し》らしめしき。（中略）。天皇の御歳《みとし》、陸拾歳《むそとせ》（六十歳）。（丁丑《ひのとうし》の年の七《ふみ》月《つき》に崩《かむあが》りましき）。御陵《みはか》は毛受野《もずの》（大阪府堺市堺区北三国ケ丘町）に在り。

【解説】　この天皇は仁徳天皇の御子であり、履中天皇の同母弟である。この天皇には男王1柱、女王3柱が居られた。歯が立派だった故この謚号になった。崩御年は433年頃である。

男浅津間若子宿禰命（第十九代　允恭《いんぎょう》天皇）

【訓読・訳解】　弟《いりど》（反正天皇の同母弟）、男浅津間若子宿禰命《をあさつまわくごのすくね》、遠飛鳥宮《とほつあすか》（奈良県明日香村）に坐《いま》して、天下治らしめしき。（中略）。天皇の御歳《みとし》、漆拾捌歳《ななそぢまりやとせ》（七十八歳）。（甲午《きのえうま》の年の正月十五日《むつきとおまりいつか》に崩《かむあが》りましき）。御陵《みはか》は河内の恵賀の長枝（大阪府藤井寺市惣社）に在り。

【解説】　この天皇は仁徳天皇の御子で反正天皇の同母弟である。この天皇には男王5柱、女王4柱が居られた。この天皇の崩御年は454年頃である。
　この天皇の日嗣の御子は、木梨之軽太子《きなしのかるのひつぎのみこ》だったが、即位する前に、何と同母妹の軽大郎女《かるのおほいつらめ》と密通した。この事件を知った朝廷の官吏や人民は、軽太子に従わず、背き、弟の穴穂御子に心を寄せた。この罪を犯した軽太子を、『古事記』は「奸《たは》け」と書き、「軽太子は伊予の地に流され、軽大郎女は後を追ってきたが、共に自決された」と書く。

『日本書紀』は「婦女に暴行をして淫乱」と書き、「世継ぎ故、軽太子は処刑がむつかしいので、妹を伊予に移された」とある。同母兄妹の姦通は死を伴う禁忌だった。その結果、両陣営の戦いとなったが、戦うまでもなく、軽太子は引き出され「自殺した」と書く。

筆者が、竹田恒泰氏の見解、伊邪那岐と伊邪那美は兄妹の関係であり、「兄と妹の結婚は神々にとっては理想的な結婚と考えられています」なる見方を受け入れない根拠の一つがこれである。『古事記』が書かれた時代、同母兄妹の姦通は「婦女暴行、淫乱」故、死罪だった。それが、なぜ、神なら理想的な結婚なのか、根拠もないし、理解もできないからである。

穴穂御子（第二十代　安康《あんこう》天皇）

【訓読・訳解】　御子《みこ》（允恭天皇の御子）、穴穂御子《あなほのみこ》、石上《いそのかみ》（天理市田町）の穴穂宮に坐《いま》して、天《あめの》下治《したし》らしめしき。（中略）

天皇の御歳《みとし》、伍拾陸歳《いそぢまりむとせ》（五十六歳）。御陵《みはか》は菅原の伏岡《ふしみのをか》（奈良市宝来）に在り。

【解説】この天皇、叔父の大日下王《おほくさかのみこ》の娘を弟の大長谷王子《おほはつせ》（後の雄略天皇）の妻としたいと申し出た。処が、大日下王の部下、根臣《ねのおみ》の讒言《ざんげん》により、この天皇と叔父の関係は破壊され、結果として穴穂御子は叔父を殺し、その后を奪って自分の妻とした。

その妻には七歳の目弱王《まよわのみこ》という連子がいた。そして、上記の話を目弱王に知られ、穴穂御子は、寝ている隙に目弱王に首を斬られて死んでしまう。崩御年は４５７年頃である。

その復讐を果たしたのが、次の天皇《すめらみこと》となった大長谷若建命（雄略天皇）である。

大長谷若建命（第二十一代　雄略《ゆうりゃく》天皇）

【訓読・訳解】大長谷若建《おほはつせわかたけ》命、長谷《はつせ》（奈良県桜井市の黒崎付近）の朝倉宮に坐《いま》して、天下《あめのした》治《し》らしめしき。（中略）。天皇の御歳《みとし》、壱佰弐拾肆歳《ももちまりはたちよとせ》（百二十四歳）。（己巳《つちのとみ》の年の八月九日《はつきここのか》に崩《かむあが》りましき）。御陵《みはか》は河内の多治比の高鸇《たかわし》（大阪府羽曳野市島泉字高鷲原）に在り。

【解説】この天皇は允恭天皇の第5子である。この天皇には二人の妻がいたが、一人には子がなく、もう一人の妻から白髪《しらかみ》命と妹若帯比売《いもわかたらしひめ》命が生まれ、白髪命が次なる天皇となった。

雄略天皇は勇猛というか、乱暴というか、多くの皇族を殺害し、結果として自分を含め、允恭天皇の系統は絶えてしまう。崩御年は480年頃である。

白髪大倭根子命（第二十二代　清寧《せいねい》天皇）

【訓読・訳解】 御子《みこ》（雄略天皇の御子）、白髪大倭根子《しらがのおほやまとねこ》命、伊波礼《いはれ》の甕栗宮《みかくり》（桜井市池之内）に坐《いま》して、天下治《あめのしたし》らしめしき。此の天皇、皇后《おほきさき》無く、亦御子も無りき。故、御名代《みなしろ》に白髪部《しらかべ》を定めたまひき。故、天皇崩《かむあが》りましし後、天下治めたまふべき王《みこ》も無《な》かりき。（後略）

【解説】 この天皇には后も子もなかった故、崩御の後、皇統断絶の恐れがあった。そこで、次なる天皇を探した所、葛城の忍海《おしぬみ》（奈良県北葛城郡新庄町）の高木の角刺宮《つのさしのみや》に、履中天皇の御子、市辺忍《いちのべのおし》歯《は》別《わけ》王の妹、忍海郎女《いらつめ》がおられたが、男系断絶の恐れがあった。

所が、播磨国の長官だった小楯連《おだてのむらじ》が、志自牟《しじむ》という者の家の新築祝いに臨席した時、参加者全員が舞を舞うことになった。

その家の火を焚く役にあった二人の少年の番になった時、弟が、「実は自分たちは、雄略天皇に殺された履中天皇の御子である市辺忍歯別王の子である」と歌い舞った。

父が殺されたことを知った二人（意祁《おけ》王と袁祁《をけ》王）は、自分達も殺されると思い、逃げに逃げ、播磨の志自牟《しじむ》という人の家に入り、身分を隠して馬飼、牛飼として働いていたのだ。これを聞いた小楯《おだて》連は、「驚きて、床より転げ落ちて……」とその衝撃を記していた。そんな訳で、この二人が次の天皇になるのである。

清寧天皇の崩御年齢は記されていないが、崩御年は485年頃である。『日本書紀』によると、御陵は大阪府羽曳野市西浦字白髪にある。

袁祁之石巣別命（第二十三代　顕宗《けんぞう》天皇）

【訓読・訳解】　伊弉本別《いざほわけ》王（履中天皇）の御子、市辺忍歯《いちのべのおしは》王の御子、袁祁之石巣別《をけのいはすわけ》命は近飛鳥《ちかつあすかのみや》宮（不詳）に坐《いま》して、天下《あめのした》治《し》らしめすこと捌歳《やとせ》（八年）なり。（中略）

天皇の御歳《みとし》（享年）、参拾捌歳《みそぢまりやとせ》（三十八歳）、天下治めたまふこと八歳《やとせ》。御陵《みはか》は片岡の石坏崗《いはつきのをか》（奈良県北葛城郡香芝町大字北今市字的場）の上《へ》（辺り）に在り。

【解説】　この天皇は、先ず雄略天皇に殺された父の遺骸を探し出し、篤《あつ》く葬り、若き日に自分たちの食料を奪い取った猪飼を探し出し、斬って捨て、一族全員の膝の筋を断ち切り、復讐を果たした。次いで、父の仇、雄略天皇の陵を壊そうとしたが、兄に諫言され思い止まった。真に当時の価値観で生きた天皇であった。

この天皇の崩御年齢は記されていないが、崩御年は488年頃である。

意祁王（第二十四代　仁賢《にんけん》天皇）

【訓読・訳解】　袁祁王《をけのみこ》の兄《いろせ》、意祁《おけ》王、石上《いそのかみ》の広高宮《ひろたかのみや》（奈良県天理市）に坐《いま》して、天下《あめのした》治《し》らしめしき。

（後略）

【解説】　この天皇《すめらみこと》は、父を殺した雄略天皇の御子、春日大郎女を妻とし、男王《ひこみこ》2柱、女王《ひめみこ》4柱に恵まれた。また他の女性を妻とし、女王1柱が生まれた。そして雄略天皇の孫を次の天皇にすることから、意祁《おけ》王には復讐心は薄かったといえよう。

この天皇の崩御年齢は不明だが、崩御年は498年頃である。御陵は、日本書紀によると、大阪府南河内郡美陵町大字野中字ボケ山にある。

小長谷若雀命（第二十五代　武烈《ぶれつ》天皇）

【訓読・訳解】　小長谷若雀命《おはつせのわかさざき》、長谷《はつせ》の列木宮《なみきのみや》（奈良県桜井市出雲）に坐《いま》して、天下《あめのした》治らしめすこと捌歳《やとせ》（八年）なり。此の天皇、太子《ひつぎのみこ》无《な》かりき。故、御子代《みこしろ》と為《し》て小長谷部《をはつせべ》を定めたまひき。御陵《みはか》は片岡の石坏岡《いはつきのをか》（奈良県香芝市今泉）に在り。

天皇既に崩《かむあが》りまして、日続《ひつぎ》知らすべき王《みこ》無かりき。

故《かれ》、品太《ほむだ》天皇（応神天皇）の五世《いつつぎ》の孫《ひこ》、袁本杼《おほど》命を近淡海《ちかつあふみ》国（近江《あふみ》国）より上り坐《いま》さしめて、手白髪《たしらか》命（意祁《おけ》天皇の女王《ひめみこ》）に合せて（妻として迎え）、天下を授け奉《まつ》りき。

【解説】　この天皇は、仁賢天皇の男王である。日本書紀では様々な悪行を働く残忍な天皇として描かれているが、古事記では崩御年齢を含め、一切触れられていない。この天皇の崩御年は５０６年頃であり、御陵は、宮内庁によると奈良県香芝市今泉の地にある。

また、〝御子代《みこしろ》〟とは〝御名代《みなしろ》〟と同じであり、絶えてしまう小長谷若雀命の名を残すため、その名にちなんで設置された天皇直轄の部民をいう。

袁本杼命（第二十六代　継体《けいたい》天皇）

【訓読・訳解】品太王《ほむだのみこ》の五世《いつつぎ》の孫《ひこ》、袁本杼《をほど》命、伊波礼《いはれ》の玉穂《たまほ》宮（奈良県桜井市池之内付近）に坐《いま》して、天下《あめのした》治《し》らしめしき。（中略）

此の御世に竺紫君石井《つくしのきみいはゐ》、天皇の命《みこと》に従はずして、礼无《れいな》きこと多かりき。故、物部の荒甲大《あらかのおほ》連《むらじ》、大伴の金村 連《かなむらのむらじ》二人を遣はして、石井を殺したまひき。

天皇の御歳《みとし》、肆拾参歳《よそぢまりみとせ》（四十三歳）。（丁未《ひのとひつじ》の年の四月九日《うづきここのか》に崩《かむあが》りましき）。御陵《みはか》は三島の藍《あい》陵（大阪市茨木市太田、茶臼山古墳）なり。

【解説】この天皇《すめらみこと》は8人の后妃を得て、男王《ひこみこ》7柱、女王《ひめみこ》12柱に恵まれた。注目すべきは、筑紫の石井《いわい》の反乱に簡単に触れているが、これは新羅と組んだ大乱であり、触れざるを得なかったようである。この天皇の崩御年は534年頃である。

所で、百田尚樹氏は、継体天皇に対し、『日本国紀』に続き、『新版　日本国紀』でも強い疑念を表し、話は次のように始まった。

「『日本書紀』には、五〇六年に第二十五代武烈天皇が崩御した時、皇位継承者が見当たらず、

越前（現在の福井県北部）から応神天皇の五世の孫である男大迹王《おおどのおう》を迎えたとあります」（48）

だが『日本書紀』を読むと、大和朝廷の大連《おおむらじ》たちは、先ず、「仲哀天皇の五世の孫にあたる倭彦王《やまとひこのおおきみ》にお願いした」が、何と顔色《がんしょく》を失い、遁走し、行く方不明となった、とある。即ち、血統が繋がっていれば、誰もが天皇に推挙される、というものではない。

時の学者が調べた結果、次に白羽の矢が立ったのが、「性なさけ深く親孝行」な男大迹王《おおどおう》（袁本杼命《おおど》）だった。その出自は、応神天皇の五世の孫で、彦主人王《ひこうしのおおきみ》の子である。母を振媛《ふるひめ》という。振媛は垂仁天皇の七世の孫である。

男大迹王が生まれたのは越前ではない。近江国高島郡三尾（琵琶湖西岸の中央部）だったが、父が亡くなったため、母の実家、越前で暮らすことになったのだ。百田氏の疑念は続く。

「翌年、男大迹王は即位して天皇となりますが（継体天皇の名は死後の諡号）、何とこの時、継体天皇は五十七歳でした。平均年齢が三十歳未満であったと考えられている当時としては大変な高齢です。さらに奇妙なことに、継体天皇が都入りするのは即位後十九年も経ってからです。そもそも五代も遡らなければ天皇（応神天皇）に辿り着かない人物に、しかも五十七歳の老人に天皇を継いでもらいたいとお願いするのは、いささか不自然です」（48）

最初の傍点部分だが、氏が、57歳と信じたのは、『日本書紀』には「継体天皇は82歳で崩御、その年は即位後25年2月」とあるから、82－25＝57歳としたと思われる。

一方、『古事記』には43歳で崩御とある。これを用いれば43マイナス25＝18歳で即位となり、氏の主な疑念は消えてしまう。だが氏はこの事実を欠落させた。

では、なぜ『日本書紀』は、『古事記』の倍近い崩御年齢としたのか。実は、〝春秋年〟が影響していた。すると西暦では、82÷2＝41歳頃の崩御となる。だが、『古事記』を読まず、〝春秋年〟も知らない氏は、単に享年82歳とした。

天皇になるよう懇願された男大迹王は、疑い、直ぐには承諾しなかった。幸い、使者の中に知り合いが居り、説得に応じて大阪府枚方市樟葉《くずは》まで来て、そこで大伴金村大連《おおむらじ》が、鏡・剣を奉って、改めて即位を願ったが、王は「真の賢者を選んで欲しい」と辞退された。それを伏して願われ、ようやく即位されたのだ。

文中の傍線部分も正確には次の通り。この天皇は枚方《ひらかた》で即位すると、12年後に都を山城国乙訓《おとくに》（京都府南部）に移し、その7年後に大和の磐余《いわれ》の玉穂に移したのである。

嘗て氏は、『日本国紀』で次のように書いていた。

「現在、多くの学者が継体天皇の時に、皇位簒奪（本来、地位の継承資格がない者が、その地位を奪取すること）が行われたのではないかと考えている。私も十中八九そうであろうと思う。

つまり現皇室は継体天皇から始まった王朝ではないかと想像できるのだ」（31）

これは、戦後の俗説に盲従した〝万世一系〟の否定であるが、『新版　日本国紀』で次のように変わった。

「継体天皇の代で一種の政変があったとするなら、むしろ納得がいきます」（49）

この一文には根拠がないから、自ら〝妄想〟し〝納得〟するしかない。話は続く。

「継体天皇の即位も遠い血筋を持った同族の反乱であった可能性が高いと思われます。しかし『日本書紀』はそれらを押し隠し、継体天皇を正当な後継者としています」（51）

この流れは、「根拠はゼロなのだが、同族の反乱があったという、自分の妄想が正しいにもかかわらず、『日本書紀』の作者らは、それらを押し隠し、継体天皇は正当な後継者ではないのに、正当な後継者としています」となる。そこで先に引用した『新版　日本国紀』48頁の一文（267頁）を、事実に即して書けば次のようになる。

「翌年、男大迹王は即位して天皇となりますが、この時、継体天皇は18か16歳でした。

この王《みこ》は近江国で生まれ、母の実家、越前で育ち、群臣の推挙により枚方《ひらかた》で即位され、12年後に都を京都に遷し、その7年後に都を奈良に遷しました。武烈天皇の後、日嗣の御子がいなくなり、男系断絶の恐れがあったのですが、応神天皇の五世の孫、なさけ深く親孝行ゆえ、群臣に推挙された男大迹王により、万世一系は保たれたのです」。

2つの文章を比べれば分かる通り、氏は偏ったデータを用い、生半可な知識と根拠ゼロの妄想を重ね、応神天皇に続き、ここでも「騙しのテクニック」を用いて、自らが信じる〝万世一系否定〟へと読者を扇動していた。

因《ちな》みに竹田恒泰氏は、根拠ゼロを理由に、百田氏の「王朝交代説」を否定していた。

広国押建金日王（第二十七代　安閑《あんかん》天皇）

【訓読・訳解】　御子（継体天皇の御子）、広国押建金日《ひろくにおしたけかねひ》王、勾《まがり》（橿原市曲川町）の金箸宮《かなはしのみや》に坐《いま》して、天下治らしめしき。此の天皇、御子無かりき。乙卯《きのとう》の年の三月十三日《やよひとをまりみか》に崩《かむあが》りましき。御陵《みはか》は河内古市の高屋村（大阪府羽曳野市古市）に在り。

【解説】　この天皇は継体天皇の長子であるが、后妃も御子も記載されていない。崩御年は537年頃である。

建小広国押楯命（第二十八代　宣化《せんか》天皇）

【訓読・訳解】　弟《いろど》（安閑天皇の弟）、建小広国押楯命《たけをひろくにおしたて》、檜坰《ひのくま》の廬入野《いほりの》宮（奈良県高市郡明日香村檜前）に坐《いま》して、天下治らしめしき。（後略）

【解説】　この天皇は継体天皇の第2子であり、安閑天皇の同母弟である。2人の妃を得て、男王三人、女王二人の御子に恵まれたが、崩御に関しては何も書かれていない。崩御年は540年頃である。『日本書紀』によると御陵は奈良県橿原市鳥屋町に在る。

天国押波流岐広庭天皇（第二十九代　欽明《きんめい》天皇）

【訓読・訳解】　弟《おと》（宣化天皇の異母弟）、天国押波流岐広庭《あめくにおしはるきひろには》天皇、師木島（桜井市金屋の東南、初

瀬川の畔）の大宮に坐《いま》して、天下治らしめしき。（後略）

【解説】この天皇は継体天皇の嫡子《ひつぎのみこ》である。五人の后妃を得て25人の御子に恵まれた。次の敏達天皇から推古天皇まで、全て欽明天皇の御子である。この時代に仏教が百済からもたらされたが、全く触れられていない。

この天皇の崩御年齢は記されていないが、崩御年は572年頃である。『日本書紀』によると、御陵は奈良県高市郡明日香村に在る。

沼名倉太玉敷命（第三十代　敏達《びだつ》天皇）

【訓読・訳解】御子（欽明天皇の御子）、沼名倉太玉敷命《ぬなくらふとたましき》、他田宮《をさだのみや》（桜井市戒重の地）に坐《いま》して、天下治らしめすこと十四歳《とをまりよとせ》なりき。（中略）。（甲辰《きのえたつ》の年の四月六日《うづきむゆか》に崩《かむあが》りましき）。

御陵《みはか》は川内《かふち》の科長《しなが》（大阪府南河内郡太子町太子）に在り。

【解説】この天皇は欽明天皇の第2子である。4人の后妃を得て17人の御子に恵まれた。この時代、蘇我馬子の崇仏と物部守屋の廃仏の争いが激しくなるが、一切触れていない。

この天皇の崩御年齢は不明だが、崩御年は585年頃である。

橘豊日王（第三十一代　用明《ようめい》天皇）

【訓読・訳解】 弟《おと》（敏達天皇の異母弟）、橘豊日王《たちばなとよひのみこ》、池辺宮《いけのへ》（奈良県桜井市安倍の辺り）に坐《いま》して、天下治らしめすこと三歳《みとせ》なりき。（中略）。此の天皇、（丁未《ひのとひつじ》の年の四月十五日《うづきとをまりいつか》に崩《かむあが》りましき）。御《み》陵《はか》は石寸《いはれ》の掖上《わきがみ》（桜井市池之内）に在りしを、後に科長《しなが》（大阪府南河内郡太子町春日の地）の中の陵に遷《うつ》すなり。

【解説】 この天皇は欽明天皇の第4子である。3人の后妃を得て、男王5人、女王2人に恵まれた。その中に、推古天皇の摂政となられた聖徳太子がおられた。

この御世も、皇位を廻って有力豪族や皇子の間で、様々な見苦しい事件が起きていたが、何も書かれていない。天皇の崩御年は587年頃である。

長谷部若雀天皇（第三十二代　崇《す》峻《しゅん》天皇）

【訓読・訳解】 弟《おと》（用明天皇の腹違いの弟）、長谷部若雀《はつせべのわかささぎ》天皇、倉椅《くらはし》（奈良県桜井市倉橋）の柴垣宮に坐《いま》して、天下治らしめすこと四歳《よとせ》なり。（壬子《みづのえね》の年の十一月《しも》十三日《つきとをまりみか》に崩《かむあが》りましき）。御《み》陵《はか》は倉《くら》椅崗《はしのをか》（奈良県桜井市倉橋）の上《へ》に在り。

【解説】この天皇は欽明天皇の第12子である。『日本書紀』に依れば、多くの争いがあり、蘇我氏の専横、物部守屋の敗北、極め付きは、蘇我馬子による崇峻天皇の暗殺である。しかし全く触れられていない。天皇の崩御年は592年頃である。

豊御食炊屋比売命（第三十三代　推古《すいこ》天皇）

【訓読・訳解】妹《いも》（用明天皇の同母妹）、豊御食炊屋比売命《とよみけかしきやひめ》、小治田宮《おはりだのみや》（奈良県高市郡明日香村の辺り）に坐《いま》して、天下治らしめすこと卅七歳《みそぢまりななとせ》（三十七年）なりき。（戊子《つちのえね》の年の三月十五日《やよひとをまりいつか》、癸丑《みづのとうし》の日に崩《かむあが》りましき）。御陵《みはか》は大野崗《おほののをか》の上《へ》（橿原市和田付近）に在りしを、後に科長《しなが》（大阪府南河内郡太子町山田の地）の大陵《おほみささぎ》に遷《うつ》すなり。

【解説】初の女性天皇の時代、摂政の聖徳太子により様々な施策が行われた。仏教を広め、冠位十二階の制定、十七条憲法の制定、新羅との戦い、随との対等外交の展開などである。だが、古事記には何も書かれていない。天皇の崩御年は628年頃である。

所で筆者は、手間がかかるであろうに、なぜ改葬などしたのか、と常々疑問に思っていた。竹田恒泰氏の『現代語　古事記』の「解説」にはその答えは見当たらなかった。そこで、『日本書紀（下）』（講談社学術文庫）を開くと、亡くなる前、天皇は群臣に次のように言い残していた、とあった。

「この頃五穀がみのらず、百姓《おおみたから》は大いに飢えている。私のために陵《みささぎ》を建てて、厚く葬《ほうむ》ってはならぬ。ただ竹田皇子《みこ》（敏達《びだつ》天皇と推古天皇の皇子）の陵に葬ればよろしい」（118）

天皇の御心、「国民が苦しい時、彼らに無用な負担をかけることのなきよう」。これがその理由であった。

あとがき

筆者は、以前から『古事記』を書いてみたいと思っていたが、屋上屋を架すようで、気が進まなかった。

所が、『古事記』や古代史に関する関連本を読んでいるうちに、保守系作家と云われる竹田恒泰氏や百田尚樹氏、田中英道氏等も、日本の神々や古代史について、とんでもない考えを持っていることを知ってしまった。

お若い竹田恒泰氏の『現代語　古事記』は、肝心な所で『古事記』に書いていないのに勝手に書き足し、日本の神々と歴史を冒涜する部分があり、「解説」に於いても、残念ながら科学と論理からの視点と解析が欠落していた。

また百田尚樹氏に関しては、『日本国紀』を「大幅に加筆修正した」と銘打った、『新版日本国紀〈上〉』になっても、原文に当たって事実確認をしたかも不明で、見方が科学的でなく、古臭く、しかも偏っており、相変わらず多くの問題をはらんでいた。

奥付を見ると、「編集　有本香」とあるから、氏も百田氏の偏見や誤りに気づいていないとすると、保守としてはまずい。これはますます大変なことになった、と思った。

これからの日本に影響力を持つお三方と、彼らのファンや読者、即ち、多くの保守の方々が、あんな歴史観に頭が汚染されてしまったら大変だ、なるい思いで、『古事記』の各段や条の中で、最大限の親切心を出し、貴重な紙幅を割き、懇切丁寧に問題点を「解説」し、修正させていただいた。これを知れば皆、随喜の涙を流すに違いない。ただ、余りに多くの紙幅を要する部分は、残念ながら拙著の紹介に止めざるを得なかった。

嘗て筆者は、出版社を通して田中英道氏に二度ほど質問したことがある。だが、なしのつぶて、回答は来なかった。ある時、メールで質問する機会を得たのだが、「二度とあなたとは話したくない」と拒絶のメールが来た。何か不都合な質問でもあったのだろうか。

筆者は氏とは逆で、出版社を通して得られた自著への反論や質問は有難く頂戴し、全て答えてきた。そして誤りに気付いた時はお礼を述べ、増刷の度に訂正してきた。これからもその方針に変わりはない。また、今まで論評した方からの申し出があれば、公開討論でもなんでも応じる積りである。

所で、筆者は、高校時代は山岳部に属していた。その顧問が五十嵐尚という国語の教師であり、理系を選択したものの、「現代国語」の他に人気のない「古文」と「漢文」を学ばざるを得なかった。それがこんな所で役に立つとは思っても見なかった。

尚、本書の出版を決断してくださった展転社の皆様に、心から感謝する次第である。

日本の神々がわが国を見限らないことを祈りつつ

令和七年二月　長浜浩明

長浜浩明（ながはま　ひろあき）

昭和22年群馬県太田市生まれ。同46年、東京工業大学建築学科卒。同48年、同大学院修士課程環境工学専攻修了（工学修士）。同年4月、(株)日建設計入社。爾後35年間に亘り建築の空調・衛生設備設計に従事、200余件を担当。
主な著書に『文系ウソ社会の研究』『続・文系ウソ社会の研究』『日本人ルーツの謎を解く』『古代日本「謎」の時代を解き明かす』『韓国人は何処から来たか』『新文系ウソ社会の研究』『最終結論「邪馬台国」はここにある』『日本人の祖先は縄文人だった！』『謀略の戦争史』『原発と核融合が日本を救う！』『新版 韓国人は何処から来たか』（いずれも展転社刊）『脱原発論を論破する』（東京書籍出版刊）『日本の誕生』（ＷＡＣ）などがある。
［代表建物］
国内：東京駅八重洲口・グラントウキョウノースタワー、伊藤忠商事東京本社ビル、トウキョウディズニーランド・イクスピアリ＆アンバサダーホテル、新宿高島屋、目黒雅叙園、警察共済・グランドアーク半蔵門、新江ノ島水族館、大分マリーンパレス
海外：上海・中国銀行ビル、敦煌石窟保存研究展示センター、ホテル日航クアラルンプール、在インド日本大使公邸、在韓国日本大使館調査、タイ・アユタヤ歴史民族博物館
［資格］
一級建築士、技術士（衛生工学、空気調和施設）、公害防止管理者（大気一種、水質一種）、企業法務管理士

科学で読み解く日本神話と古事記

令和七年二月十一日　第一刷発行

著　者　長浜　浩明
発行人　荒岩　宏奨
発　行　展　転　社

〒101-0051 東京都千代田区神田神保町2-46-402
ＴＥＬ　〇三（五三一四）九四七〇
ＦＡＸ　〇三（五三一四）九四八〇
振替〇〇一四〇-六-七九九九二

印刷製本　中央精版印刷

ISBN978-4-88656-587-7

てんでんBOOKS
[価格は税込]

新版 韓国人は何処から来たか　長浜浩明
●ジェノグラフィック・プロジェクト、形質人類学、分子人類学で韓国人のルーツを明らかにし、韓国史の真実を解明。　1760円

原発と核融合が日本を救う！　長浜浩明
●あのEUも原発を安価なクリーンエネルギーと認めるようになった、日本はどうする？　1870円

謀略の戦争史　長浜浩明
●日清・日露・大東亜戦争からソ連崩壊までを描いた日本近現代史。過去に深い考慮を払うことが平和を守る礎となる！　3960円

日本人の祖先は縄文人だった！　長浜浩明
●日本人の祖先は縄文時代には日本列島に住んでいた。科学的・論理的な分析によって、日本人のルーツを導き出す。　1650円

最終結論「邪馬台国」はここにある　長浜浩明
●長らく決着がつかなかった邪馬台国論争。文献と考古資料を根拠に、不毛な論争に終止符を打つ！　1540円

新文系ウソ社会の研究　長浜浩明
●虚偽と邪悪の「行動心理学」。騙しのテクニックを解明し、ウソの害毒を乗り越えるための解決方法を明らかにする。　2200円

古代日本「謎」の時代を解き明かす　長浜浩明
●古代史に正気を取り戻す。「大阪平野の発達史」が明かす古代史の真実。「皇紀」を「西暦」に直すと古代史が見えてくる。　1958円

日本人ルーツの謎を解く　長浜浩明
●過てる縄文・弥生観に終止符を打つ！司馬遼太郎・山本七平の縄文・弥生観はもはや失当！　1870円